Judith Bündgens-Kosten | Peter Schildhauer (Hrsg.)
Englischunterricht in einer digitalisierten Gesellschaft

Judith Bündgens-Kosten |
Peter Schildhauer (Hrsg.)

Englischunterricht in einer digitalisierten Gesellschaft

BELTZ JUVENTA

Dieses Buch ist erhältlich als:
ISBN 978-3-7799-6205-2 Print
ISBN 978-3-7799-5507-8 E-Book (PDF)

1. Auflage 2021

© 2021 Beltz Juventa
in der Verlagsgruppe Beltz · Weinheim Basel
Werderstraße 10, 69469 Weinheim
Alle Rechte vorbehalten

Herstellung: Ulrike Poppel
Satz: text plus form, Dresden
Druck und Bindung: Beltz Grafische Betriebe, Bad Langensalza
Printed in Germany

Weitere Informationen zu unseren Autor_innen und Titeln finden Sie unter: www.beltz.de

Inhalt

QUERSCHNITTSTHEMEN

1 Englischunterricht in einer digitalisierten Gesellschaft: *The Times They Are a-Changin'* oder *there is nothing new under the sun?*

Peter Schildhauer und Judith Bündgens-Kosten

1.1 *Let's talk about...* Medien im Englischunterricht

Wenn wir heute darüber sprechen, wie Englischunterricht in einer digitalisierten Gesellschaft aussehen könnte, dann beziehen wir uns damit auf viele verschiedene Diskurse. Diskurse über die Rolle von Fremdsprachen in der Gesellschaft. Diskurse über die Ziele des Fremdsprachenunterrichts. Diskurse über die Verwendung von Medien im Sprachunterricht. Alle diese Diskurse wandeln sich – aber keiner davon ist neu. Lassen Sie uns das kurz am Beispiel „Medien im Sprachunterricht" betrachten.

Das folgende Bild stammt aus „Orbis sensualium pictus", dem mehrsprachigen und multimodalen Meisterwerk des tschechischen Pädagogikgenies *Jan Amos Komenský,* besser bekannt unter seinem lateinischen Namen „Comenius". Es zeigt eine Schulszene als Illustration des Schulwortschatzes, der im Zentrum dieser Lektion steht.

Abbildung 1.1: Ein hochmodernes Lehrmedium (Stand: 1658)

In Abbildung 1.1, der ein Faksimile der Originalausgabe von 1658 zugrunde liegt, ist ein hochmodernes Lehr-/Lernmedium klar erkennbar – eine Tafel.

1853, also fast zweihundert Jahre nach Comenius, widmete James Pillans in seinem Geografielehrbuch „Elements of Physical and Classical Geography" zwei Seiten den praktischen und didaktischen Fragen der Tafelnutzung. Er schwärmt dabei vom Potenzial der Tafel, fast so, als würde er den Kund*innen ein *Interactive Whiteboard* anpreisen:

> „This knowledge will be still better secured, and the picture of the country in the learner's mind be made more vivid, if the first lines of geography be taught, not be presenting to the eye the confounding intricacy of an engraved and lettered map, but by means of a board [...]. The information conveyed to the ear of the pupil at the same moment that his eye is fixed on the subject of it, will have a double chance of being deeply impressed and long remembered." (Pillans 1854, xxx–xxxii)

Gleichzeitig ist sich Pillans aber auch der Schwierigkeiten bewusst, dieses Potenzial im Unterricht auch nutzbar zu machen. Auch heute noch investieren Referendar*innen oft viele Stunden, um ihre Tafel-Skills zu perfektionieren – obwohl die Tafel mittlerweile ein fest etabliertes Lehrmedium ist.

Ein weiteres Beispiel: 1937 revolutionierte Adolf Reichwein mit *„Schaffendes Schulvolk"* unseren Blick auf Film als Lernmedium. Dennoch besuchen Lehramtsstudierende auch in 2020 noch Veranstaltungen zum Einsatz von Filmen im Unterricht. Dass ein Medium ‚alt' ist, senkt vielleicht die Hemmschwelle, es einzusetzen – aber macht diesen Einsatz nicht an sich einfach. Den Film vorzuführen ist dabei i.d.R. nicht das Hindernis, sondern ihn so einzusetzen, dass er Schüler*innen bei der Entwicklung relevanter fachspezifischer und fachübergreifender Kompetenzen unterstützt. Die Tafel, der Film, das Internet – unterschiedlich alt, aber alle, auf ihre eigene Art, voraussetzungsreich im unterrichtlichen Einsatz.

TL;DR:[1] *Medien sind seit Menschengedenken Teil formaler Lehr-/Lernprozesse. Das Bewusstsein, dass sie ein hohes Potenzial besitzen, das aber nicht ganz einfach zu nutzen ist, ist nicht neu.*

---

1 „TL;DR" steht für „too long; didn't read". Diese Abkürzung wird sowohl genutzt, um einen übermäßig langen Beitrag zu kritisieren, als auch um anzukündigen, dass jetzt eine Kurzzusammenfassung für all diejenigen, die den eigentlichen Text zu lang fanden, folgt. In diesem Sinne verwenden wir hier TL;DR als überspitzte Zusammenfassungen in Tweetlänge.

Alles neu macht die Digitalisierung? Nun, nicht alles. Was heute „Digitalisierung im Englischunterricht" heißt, wurde traditionell unter dem Begriff „CALL" verhandelt. „Computer assisted language learning" als Forschungsdisziplin existiert seit etwa Ende der 1980er Jahre. Seitdem gibt es unter diesem Schlagwort internationale Konferenzen, Fachzeitschriften und Sammelbände.

Dabei konnte der Computer zuerst kaum mehr als eine behavioristische *Skinner machine*[2]. So passierte es, dass *Computer-assisted language learning* in Theorie und Praxis lange dem fachdidaktischen Wissensstand hinterherhinkte. Hanson-Smith (2003) beschreibt in ihrer historischen Abhandlung einen „return in CALL to an earlier pedagogical model" (22), und stellt fest, dass CALL „has, interestingly, replicated this 50-year development [within TESOL] in a foreshortened or accelerated manner, retracing the entire pedagogical history of TESOL methods in only about 12 years." (Hanson-Smith 2003, S. 26)

Dies hatte viele Gründe – einer davon der, dass die Technologie wenig mehr konnte als exakt das. Wenn man als einziges Werkzeug einen Hammer besitzt, sieht jedes Problem wie ein Nagel aus.

Heute ist der CALL Werkzeugkoffer gut gefüllt. Von „A" wie „Augmented Reality" bis „Z" wie „Zoom", und dazwischen die ganze Welt der digitalen Spiele, Kollaborations- und Kommunikationswerkzeuge, Multimedia-Produkte und Apps. Dennoch: Auch wenn die großen Augen der Duolingo-Eule uns jetzt vorwurfsvoll anblicken mögen, so manche App, so manches Spiel ist auch heute noch nicht weit davon entfernt von dem, was „Spanish for Teaching Machines" auch schon konnte.

TL;DR: Auch beim medienvermittelten Sprachenlernen gilt: Es braucht eine reichhaltige Toolbox. Und heute steht diese reichhaltige Toolbox tatsächlich zur Verfügung.

Ob mit Apps oder ohne Apps, Sprachunterricht bleibt Sprachunterricht. Aber, irgendwie auch nicht. Auch wenn die schiere Verfügbarkeit (moderner) Hardware an sich den Sprachunterricht nicht in seiner Essenz verändert, bietet die Toolbox, die im Rahmen der Digitalisierung entsteht, durchaus das Potenzial dazu. Die Frage ist, wie sie eingesetzt wird. Welche Konzepte, Methoden, Einstellungen, Erfahrungen ihre Verwendung bestimmen.

TL;DR: It's (not) the technology, stupid!

---

2 Für die *Skinner machine* wurden übrigens tatsächlich Sprachkurse produziert: http://teachingmachin.es/2018/08/15/update.

Im folgenden Abschnitt werden wir besprechen, inwiefern „Englischunterricht in einer digitalisierten Gesellschaft" tatsächlich mehr sein kann als alter Wein in neuen Schläuchen. Bzw. wie wir verhindern können, dass es am Ende heißt „the more things change, the more they stay the same".

1.2 Digitalisierung im Englischunterricht – Mehr als 0 und 1[3]

In seinem Beitrag „Ebenen der Digitalisierung" stellt der Englischdidaktiker Wolfgang Hallet (2018) zurecht fest, dass es – gerade aufgrund der Allgegenwärtigkeit des Begriffs „Digitalisierung" im Alltag – immens wichtig ist, sich erst einmal darüber klar zu werden, was der Begriff eigentlich meint – und was Digitalisierung für den Englischunterricht bedeuten kann. Ein Buch, das die Phrase „digitalisierte Gesellschaft" im Titel trägt, muss das natürlich erst recht tun und dies umso dringender, als Diskussionen über Digitalisierungsprozesse im Bildungssystem oftmals sehr emotional und auf der Basis scheinbarer Gegensätze wie „Pädagogik vor Technik" (Zierer 2017) geführt werden.[4] Hallets Beitrag erleichtert diese Präzisierung, indem dort Bedeutungsfacetten des Wortes „Digitalisierung" unterschieden werden, die bereits auf den Englischunterricht bezogen sind. Sie werden feststellen, dass alle diese Bedeutungsfacetten weit mehr einbeziehen als die bloße Darstellung, Übertragung und Speicherung von Informationen in 0 und 1. Wir werden dies im Folgenden thesenartig in Anlehnung[5] an Hallets Vorschlag vorstellen und zugleich einen Einblick auf die Beiträge im vorliegenden Band liefern. Wir konzentrieren uns dabei auf folgende Facetten:

- Digitalisierung als Veränderung unserer Lebenswelt

---

3 Wir konnten nicht widerstehen und haben die Überschrift dem sehr lesenswerten Buch *Mehr als 0 und 1 – Schule in einer digitalisierten Welt* von Beat Döbeli Honegger angelehnt.

4 Zu einer ausführlichen Auseinandersetzung mit pädagogischen Antinomien des digitalen Wandels vgl. Albrecht/Preis/Schildhauer (2020) und, darauf aufbauend, Krommer (2020). Krommer (2019a) zeigt, warum „der Grundsatz ‚Pädagogik vor Technik' bestenfalls trivial ist".

5 Wir tun dies hier verkürzt, bewusst pointiert und zugleich anknüpfend an Diskurse der fachübergreifenden Mediendidaktik. Zur Vertiefung empfehlen wir interessierten Leser*innen daher einen Blick auf Hallets Videovortrag zu den sechs Dimensionen der Digitalisierung. Empfehlenswert ist auch der darauf aufbauende Beitrag von Carola Surkamp (2019), der die Lehrer*innenbildung als eine weitere Ebene hinzufügt – letztlich ist auch der vorliegende Band eine Fortbildung im Taschenformat…

- die Ausweitung des Konzepts *kommunikative Kompetenz* als Folge von Digitalisierung
- Digitalisierung als Veränderung der Unterrichtstechnologien (Hard- und Software)
- Digitalisierung als *mögliche* Veränderung des Sprachenlernens

1.3 Digitalisierung ist eine grundlegende Veränderung unserer Lebenswelt

Mittlerweile muss man sich wohl sehr anstrengen, um noch einen Lebensbereich zu finden, der nicht von der Verfügbarkeit von Informationen in Form von 0 und 1 in irgendeiner Weise beeinflusst ist. Ganz wesentlich ist dabei die Verfüg- und Zugänglichkeit von Wissen (z. B. Küchler 2020) – natürlich ist die Wikipedia *das* einschlägige Beispiel hierfür – aber darüber hinaus generell die prinzipielle Möglichkeit für jede*n, Inhalte nicht nur zu konsumieren, sondern selbst zu erstellen. Für die veränderten Rollen, die damit einhergehen, hat sich der Begriff *prosumer* als Kofferwort aus *producer* und *consumer* eingebürgert. Da auf dem Bildschirm letztlich alles aus dem selben ‚Stoff' gemacht ist (nämlich Pixel) und grundsätzlicher jede digitale Information auf Ketten aus 0 und 1 zurückgeht, ist die gemeinsame Nutzung verschiedener Zeichensysteme wesentlich vereinfacht worden (Stichwort: Multimodalität[6]). Auf diesen Entwicklungen aufbauend entstehen neue bzw. wandeln sich bestehende kommunikative Formate, von den Forum-Posts, Homepages und Webchats der ersten Jahre des World Wide Web über Blogs, Wikis und Tweets, bis hin zu den Vlogs, Snaps und Insta-Posts der Gegenwart.[7]

Seit den Anfängen des World Wide Web findet ein Großteil der Kommunikation in den benannten und vielen weiteren digitalen Formaten auf Englisch statt. Als Weltverkehrssprache (Lingua Franca) kommt im Zeitalter der Digitalität im Wesentlichen dem Englischen die Aufgabe zu, Sprachnutzer*innen verschiedener Erstsprachen miteinander zu verbinden.

Der Beitrag von *Carolin Zehne* in diesem Band argumentiert dafür, diese Daseinsform des Englischen als Lingua Franca (abseits des sonst dominierenden Standard-Britischen oder -Amerikanischen) in Form eines Online-Listening-Journals in den Englischunterricht zu integrieren, das Schüler*innen im Umgang mit der Lingua Franca schult. Zugleich verdeutlicht *Johanna Uhl-Martins* Kapitel, dass durch die Dominanz des Englischen *online* viele

---

6   Eine sehr konzise Einführung zum Feld „Multimodalität" liefert Stöckl (2016).
7   Einführend zum Gebiet der Medienlinguistik bspw. Luginbühl (2015). Zum Teilgebiet der Internetlinguistik empfiehlt sich das Studienbuch von Marx und Weidacher (2014).

Schüler*innen bereits ganz alltäglich mit dem Englischen in Berührung kommen. Daraus ergeben sich informelle und subjektiv sehr bedeutsame Lernprozesse, die ein moderner Englischunterricht aufgreifen sollte. Das Englische als Lingua Franca macht es außerdem vielfach möglich, dass internationale Online-Gemeinschaften entstehen (man denke nur an die weltweite Fortnite-Community sowie YouTuber*innen und Instagram-Influencer*innen mit Millionen Follower*innen), die global-vernetzte (Sub-)Kulturen ausbilden. *Lotta Königs* Beitrag in diesem Band macht deutlich, dass sich damit „die Gegenstände (inter-)kultureller Lernprozesse" für den Englischunterricht erweitern, und zeigt, wie digitale Medien für einen interessiert-forschenden Zugang zu digitalen Kulturen genutzt werden können.

Ganz allgemein bringen diese Veränderungen der Lebenswelt einen grundlegend erweiterten Anspruch an den Englischunterricht mit sich: Diskurs- und Äußerungsfähigkeit sind seit langem erklärte Ziele des Englischunterrichts – jetzt geht es aber um die kompetente Teilhabe an vielfältigen und sehr dynamischen digitalen Kulturen (vgl. auch Klippel 2019).

TL;DR: Digitalisierung verändert unsere Lebenswelt. Das hat auch Einfluss auf die Rolle des Englischen.

1.4 Digitalisierung führt zu einer Erweiterung der Zieldimension *kommunikative Kompetenz*

Aus dem bisher Gesagten geht hervor, dass *kommunikative Kompetenz, das* Kernziel des Englischunterrichts der BRD seit den 1960er Jahren (vgl. Hermes 2016), sich nicht länger auf (Print-)Schriftlichkeit und einige wenige eher standardsprachliche Register der Mündlichkeit beschränken kann. Digitale Kommunikation ist multimodal, oft mehrsprachig (Androutsopoulos 2015; Thorne/Sauro 2015) und ungemein diversifiziert. Gemeinschaften, die sich auf digitalen Plattformen bilden, entwickeln ihre eigenen Gepflogenheiten, ihre eigenen Textsorten mit Konventionen, die es für eine erfolgreiche Teilhabe an Diskursen zu befolgen gilt. Wer die „digital wilds", also die vielfältigen informellen Settings im Internet, erfolgreich navigieren möchte, benötigt eine ganze Reihe sprachlicher und nicht sprachlicher Kompetenzen – die sich gleichzeitig, en passant, auch in diesen Settings weiterentwickeln lassen (Sauro/Zourou 2019). Nicht von ungefähr ist *Social Media Manager* (m/w/d) ein hoch spezialisierter (und gefragter!) Beruf. Was *Social Media Manager*innen* (wenn sie ihren Job gut machen) auszeichnet, ist die Vielfältigkeit ihrer kommunikativen Kompetenz. Sie verfügen über *multiliteracies,* wie sie bereits 1996 von der New London Group als Bildungsziel vorgeschlagen wurden, und die in der Englischdidaktik des deutschsprachigen Raumes vielfältig weiter ausgestaltet wurden (z. B. Elsner/Helff/Viebrock 2013; Blell/Kupetz 2010; Blell et al. 2016). Damit in Teilen verschränkt ist das Ringen um ein Verständnis von digitaler Kompetenz als *digital literacy*, die z. b. wie folgt gefasst werden kann:[8]

> „not just as the ability to operate a machine or decipher a particular language or code, but as the ability to creatively engage in particular social practices, to assume appropriate social identities, and to form or maintain various social relationships [using digital media, JBK/PS]" (Jones/Hafner 2012, S. 11)

Für den Englischunterricht bedeutet dies einerseits, dass sich Schüler*innen verstärkt mit multimodalen Texten auseinandersetzen müssen, um das Zusammenwirken verschiedener Zeichensysteme verstehen zu lernen – z. B. durch die Analyse von (Kurz-)Filmen, wie *Jan-Erik Leonhardt* und *Britta Viebrock* in ihrem Beitrag zum vorliegenden Band anhand der Apps CLOSE-UP und TopShot zeigen. Andererseits fordern Didaktiker*innen das Ende von Simulationen (Krommer 2018) und damit die (angeleitete) Teilhabe an authentischer[9] (nicht nur, aber auch: digitaler) Kommunikation. *Bob Blume* zeigt anhand praktischer Beispiele, wie dies insbesondere auf *Social Media*-Plattformen wie Twitter gelingen kann, und welche Funktionen dies für Lehrkräfte übernehmen kann.

TL;DR: 📖 + 📈 + 🖼 + 🎶 = ☺

1.5 Digitalisierung verändert die Unterrichtstechnologien

Diese These schließt unmittelbar an unsere einleitenden Bemerkungen an: Auch wenn populäre Digitalisierungsdiskurse dies gern suggerieren (Stichwort: „Pädagogik vor Technik") – Technologien (oder auch: Medien) halten nicht erst mit der Digitalisierung Einzug in die Klassenzimmer. In Form von Tafel und Kreide (siehe das Comenius-Beispiel), Stift auf Papier, Federkiel auf Pergament oder Papyrus sind sie seit Jahrtausenden Teil von Lehr-Lern-Szenarien (zugespitzt nach Krommer 2019b; vgl. auch Schmidt/Strasser 2018). Zugleich sind sich viele Autor*innen darin einig, dass die Digitalisierung eine

---

8   Einen Überblick in dieser komplexen Debatte schafft Burger (2020).

9   „Authentisch" ist ein weiterer komplexer Begriff. Bündgens-Kosten (2013) identifiziert mit sprachlicher, kultureller und funktionaler Authentizität drei Lesarten – hier sind (in Anteilen) alle drei gemeint.

weitere Medienrevolution nach der Erfindung des Buchdrucks bedeutet, wodurch eine neue Aufmerksamkeit auf die nun als „neu" bezeichneten Medien gelenkt wird (Muuß-Merholz 2019a). Besonders greifbar wird dies, wenn im Zuge des Digitalpakts digitale Whiteboards und Tablets an Schulen Einzug halten bzw. heftig über den BYOD-Ansatz[10] gestritten wird.

Die Beiträge im vorliegenden Band sind eher auf Ebene konkreter Anwendungen (siehe folgende These) als im Bereich der Hardware angesiedelt. Zwei Artikel beziehen sich jedoch (auch) explizit auf Hardwarefragen: So beschreibt *Tanja Freudenau* in ihrem Beitrag zu digitalen Nachschlagewerken nicht nur Online-Wörterbücher, sondern auch digitale Hörstifte und deren Potenziale – gerade mit Blick auf den Unterricht mit Lernenden auf A1-Niveau. *Christian Ludwig* wendet sich mit *Head-Mounted-Displays* einer innovativen Technologie zu, die *Virtual Reality* Anwendungen im Englischunterricht möglich macht.

TL;DR: Von der Gutenberg- zur Turing-Galaxis – auch im Unterricht!

1.6   Digitalisierung *kann* das Sprachenlernen verändern

Untrennbar mit Hardware verbunden – denn durch diese überhaupt erst ermöglicht – ist eine immense Bandbreite an Online- und Offline-Anwendungen bzw. Ressourcen, die im Englischunterricht eingesetzt werden können. Nach Hallet (2018) betreffen diese sowohl das Sprachenlernen im engeren Sinne als auch die Gestaltung der Unterrichtskommunikation generell. Im Bereich der Unterrichtskommunikation zeigt der Beitrag von *Margitta Kuty*, auf welche Weise digitale Ressourcen Szenarien begünstigen, die unter dem Begriff *Flipped Classroom* zusammengefasst werden können – und wie sich diese auf die Gestaltung der Interaktion im Englischunterricht auswirken.

Für Englischlehrer*innen ist es u.E. essentiell, die jeweiligen Potenziale zur Verfügung stehender Ressourcen zu erkennen und kritisch bewerten zu können.[11] Zu Recht stellen Cope und Kalantzis (2007), beide Mitglieder*innen der früheren New London Group, die Frage, was eigentlich das „Neue" an den „neuen Medien" sei und inwiefern dies zu neuen Qualitäten des Ler-

---

10 BYOD = Bring Your Own Device – ein Ansatz, der auf die Integration von verschiedenen schülereigenen Geräten (z.B. Smartphones, Tablets, etc.) in den Unterricht abzielt (im Gegensatz zu von der Schule gestellten oder vorgegebenen Geräten).
11 Siehe dazu auch die Aufstellung zur anzustrebenden *digital literacy* von Englischlehrkräften bei Schmidt und Strasser (2018).

nens führen kann. Die Ergebnisse sind (stark verkürzt) in Tabelle 1.1 dargestellt[12]:

Neue Medien ermöglichen…	Dies kann zu „Neuem Lernen" führen in Bezug auf…
Eigenständigkeit, z. B. in der Wahl der Angebote, im Auftreten als *prosumer* (statt *consumer*), in der Partizipation an Diskursen etc.	**Lernende als Gestalter*innen**, z. B. in der gemeinsamen Konstruktion von Wissen in handlungs- und produktionsorientierten Verfahren
Vielfalt der Angebote, Möglichkeiten des Ausdrucks auf verschiedenen Plattformen und in verschiedenen Textsorten	**Berücksichtigung der Vielfalt der Lernenden** hinsichtlich breit gefächerter Angebote im Bereich von Rezeption und Produktion
Multimodalität als Verknüpfung verschiedener Zeichensysteme	**Multiliteracies** als Erweiterung des Fokus auf die Produktion und analytisch-kritische Rezeption multimodaler Texte in verschiedenen Textsorten
Konzeptionelles Denken, da bspw. soziale und semantische Netzwerke (Vernetzung von Wissen) sowie (Wirk-)Mechanismen von Angeboten durchschaut und bewusst gehandhabt werden müssen	**Metakognition** als die Fähigkeit, eigene Lernprozesse und den Umgang mit digitalen Medien zu reflektieren und bewusst zu steuern

Tabelle 1.1: Neue Medien – Neues Lernen (nach Cope/Kalantzis 2007)

Mit einem Blick auf die rechte Spalte der Tabelle ließe sich anmerken, dass
sich in den Schlagworten zahlreiche Prinzipien des Englischunterrichts verbergen, die keineswegs neu sind: Handlungsorientierung, Lerner*innenorientie-
rung, (authentische) Kommunikation, (Trans-)Kulturalität, Vielfalt (authentischer) Texte, die Förderung von Lerner*innenautonomie im Sinne selbstgesteuerten Lernens sowie die Fähigkeit des kritischen Umgangs mit medialen
Angeboten (vgl. auch Rossa 2019). Zugleich wird auch deutlich, dass die
behavioristischen *drill-and-kill* Angebote (Bündgens-Kosten 2016), die sich
letztlich in vielerlei Sprachlernsoftware verbergen (auch in den zusätzlichen
Übungsangeboten digitaler Lehrwerke, vgl. z.B. Kurtz 2019), weit von diesen
konstruktivistischen Prinzipien entfernt sind.

Digitale Tools haben damit das Zeug, beides zu sein: Sie können uns unterstützen, die Prinzipien eines modernen, kommunikationsorientierten Englischunterrichts zu verwirklichen. Sie können uns aber auch dabei unterstüt-

---

12 Die Termini haben wir frei ins Deutsche übersetzt. Im Original lauten die Paare: *Agency – Designers, Divergence – Diversity, Multimodality – Synesthesia* und *Conceptualisa-
tion – Metacognition*.

zen, sinnentleerte *pattern-drills* zu effektivieren. Der Mediendidaktiker Jöran Muuß-Merholz (2019b) hat dies sehr schön mit der Metapher eines großen Verstärkers gefasst:

> „Digitale Medien fungieren als große Verstärker. Sie verstärken das, was schon da ist. Insofern können Sie ein Stück weit tatsächlich Katalysator sein, aber nicht per se in eine gewünschte Richtung, sondern als Unterstützung von vorhandenen Anlagen." (S. 62)

Alle Beiträge, die Sie auf den nächsten Seiten finden, liefern Ideen, die sich der rechten Spalte der Tabelle zuordnen lassen. Sie zeigen damit, wie digitale Medien im Englischunterricht als „großer Verstärker" für die grundlegenden Prinzipien *guten* Englischunterrichts dienen können.

Drei Artikel widmen sich z. B. dem Bereich des Schreibens und zeigen damit insbesondere, wie Lernende auf vielfältige Weise zu Gestalter*innen werden können:

- *Patrick Brauweiler* thematisiert die Besonderheiten digitalen Schreibens generell und zeigt, wie der Schreibprozess auf vielfältige Weise kollaborativ gestaltet werden kann.
- *Carina Leonhardt, Mark Turpin* und *Stefanie May* stellen vor, wie interaktive Geschichten nicht nur rezeptiv, sondern auch produktiv mithilfe der Software bzw. Web-Ressource Twine in den Englischunterricht eingebunden werden können.
- *Patricia Skorge* liefert Einblicke in den Einsatz einer Vielfalt von digitalen Tools im Bereich des kreativen Schreibens.

Ein Beispiel für ein dezidiert multimodales Lernszenario stellen *Carolyn Blume* und *Andreas Hübner* anhand des digitalen Spiels For Crown and Colony vor, das einen (meta-)kognitiv fordernden Zugang zu einem bedeutenden Abschnitt der amerikanischen Geschichte ermöglicht. Ähnlich multimodal und spielerisch geht es im Artikel von *Judith Bündgens-Kosten* zu Breakout Games zu – aber Vorsicht: Leser*innen dieses Beitrags finden sich *mysteriously trapped!*

Die Vielfalt der Lernenden steht im Zentrum des Kapitels von *Katharina Böhm, Peter Schildhauer* und *Carolin Zehne*, das anhand des Konzeptes *Universal Design for Learning* zeigt, wie potentielle Lernbarrieren im Englischunterricht mithilfe ausgewählter digitaler Tools abgebaut werden können. Vielfalt ist auch das Leitmotiv des Beitrags von *Judith Bündgens-Kosten* und *Viviane Lohe*: Während die Dominanz des Englischen gerade in digitalen Begegnungen nicht geleugnet werden kann (s.o.), weisen die Autorinnen darauf hin, dass die sprachliche Realität nicht *English-only* sondern mehrsprachig ist. Sie zeigen anhand von Beispielen aus dem Feld des *Multilingual Computer-Assisted Language Learning*, wie dieser Umstand produktiv im Englischunterricht genutzt werden kann.

Dem Bereich des konzeptionellen Denkens bzw. der meta(sprachlichen) Kognition lässt sich schließlich *Peter Schildhauers* Beitrag zuordnen, der einen Einblick in die Arbeit mit großen digitalen Sprachsammlungen (Korpora) gibt und zeigt, wie diese helfen können, Lernende zunehmend selbst die Lösung zu Fragen der angemessenen Verwendung der Zielsprache finden zu lassen.

TL;DR: Digitalisierung ist das Natriumglutamat des Unterrichts. Es verstärkt – Wohlgeschmack genau wie Fehlgeschmack.

Um auf die Frage zurückzukommen, die wir eingangs aufgeworfen haben: Es liegt an uns, zu entscheiden, wohin die digitale Reise geht, sprich: inwiefern „Englischunterricht in einer digitalisierten Gesellschaft" eine weitere Annäherung an die Ideale des modernen Englischunterrichts bedeutet. Die Beiträge dieses Buches möchten auf vielfältige Weise Inspiration dafür bieten.

1.7 Vom Web zum Buch und wieder zurück: Personal Learning Environments

Es ist natürlich widersprüchlich, ein gedrucktes Buch über Digitalisierung zu schreiben. Die Autor*innen haben deshalb, zur Unterstützung der Umsetzung von Papier-Ideen in digitale Lernszenarien, wo immer möglich Links zu relevanten Websites, Apps und Programmen eingefügt.

Aber, ist Lehren und Lernen in Zeiten der Digitalisierung nicht mehr, als einem Link zu folgen? Gehört dazu nicht auch der aktive Diskurs? Das Teilen, Kuratieren, Kommentieren, Kontextualisieren (vgl auch Kompetenzrahmen in Kultusministerkonferenz 2018, S. 18, Nummer 5.4.2)? Selbstverständlich! Daher finden Sie immer wieder im Buch „PLE Kästen". PLEs – *Personal Learning Environments* – sind (digital unterstützte) Kontexte, in denen Inhalte organisiert und geteilt werden und in denen eine Interaktion über diese Inhalte möglich ist (Martindale/Dowdy 2010). Anders als das klassische *Virtual Learning Environment* (Lernplattformen wie Moodle und Co.), sind PLEs persönliche Mischungen aus digitalen und nicht digitalen Ressourcen, auf die man flexibel zurückgreifen kann. Im persönlichen PLE mag dann die Universitätsbibliothek vertreten sein, der Ordner zum Nachschlagen im Lehrerzimmer oder der eigene Instagramfeed (vgl. auch B. Blume in diesem Band).

TL;DR: Von Print zu Netz in wenigen Sekunden!

Dies schließt dann den metaphorischen Papier-Medien-Kreis wieder. Denn so, wie dieses Buch Sie in die sozialen Medien zurückführt, ist dieses Buch aus den sozialen Medien entstanden, und stellte – nicht nur Corona-bedingt – eine Übung in der Verwendung digitaler Kollaborationstools dar. Wir hoffen, dass das, was ursprünglich als *Direct Message* auf Twitter begann und mit E-Mail, Skype, Zoom, Google Drive, Hessenbox sowie Trello geformt wurde, Ihnen auch in Buchform gute Dienste leisten wird.

Abschließend bleibt uns nur noch, einen herzlichen Dank auszusprechen an die Lehrkräfte an Schule und/oder Studienseminar, die im double-blind Verfahren als Peer-Feedbackgeber*innen für die Autor*innen fungiert und mit ihrem Blick aus der Praxis ganz wesentlich dazu beigetragen haben, dass die Artikel auf den folgenden Seiten tatsächlich Anregungen bieten, die Sie (vielleicht gleich morgen?) in Ihren Klassen umsetzen können. In alphabetischer Reihenfolge waren dies:

Bettina Attig, Christine Gardemann, Angelika Josting-Klingenberg, Martin van Kampen, Susanne Leonhardt, Stefanie May, Subin Nijhawan, Janina Reinhardt, Marco Talarico und Sandra Winkelmann.

Unser Dank gilt außerdem Luka Junkern für seine unbezahlbare Unterstützung beim Lektorat.

PLE-Kasten

Lassen Sie uns dieses Gespräch online fortführen!

twitter.com/PetSchildhauer

twitter.com/JudithBK

Twitter-Handles sowie weitere Kontaktmöglichkeiten der Autor*innen finden Sie am Ende des Buches, bei den Autor*innen-Profilen.

Allgemeine Twitter-Hashtags, die zu den Themen dieses Buchs passen:

#twitterlehrerzimmer

#twlz

#edupnx

Auf diesem Padlet finden Sie für den Einstieg zahlreiche Kolleg*innen, die sprachliche Fächer unterrichten und im #twitterlehrerzimmer aktiv sind: https://padlet.com/nbuecker/sprachen. Das Padlet basiert auf diesem Versuch eines Gesamtüberblicks zum #twitterlehrerzimmer von Marc Albrecht-Hermanns (twitter.com/lbrechthermanns): https://padlet.com/marc_albrechthermanns/Twitter

Auf diesem Trello-Board kuratiert Sebastian Staak (twitter.com/SebastianStaak) eine regelmäßig aktualisierte und nach Fächern sortierte Aufstellung von Webinaren zur individuellen Fortbildung: https://trello.com/b/awvx1TFG/webinar-radar-für-lehrerinnen

Literatur

Albrecht, Christian/Preis, Matthias/Schildhauer, Peter (2020): Verstetigung im Wandel: Antinomien als Konstanten digitaler Transformation? In: Beißwenger, Michael/Bulizek, Björn/Gryal, Ingra/Schacht, Florian (Hrsg.): Digitale Innovationen und Kompetenzen in der Lehramtsausbildung, S. 15–41.

Androutsopoulos, Jannis (2015): Networked multilingualism: Some language practices on Facebook and their implications. In: International journal of bilingualism, 19(2), S. 185–205. www.doi.org/10.1177/1367006913489198.

Blell, Gabriele/Kupetz, Rita (Hrsg.) (2010): Der Einsatz von Musik und die Entwicklung von *audio literacy* im Fremdsprachenunterricht. Frankfurt a. M.: Lang.

Blell, Gabriele/Grünewald, Andreas/Kepser, Matthias/Surkamp, Carola (Hrsg.) (2016): Film in den Fächern der sprachlichen Bildung. Baltmannsweiler: Schneider Hohengehren.

Bündgens-Kosten, Judith (2013): Authenticity in CALL: Three domains of „realness". In: ReCALL, 25(2), S. 272–285.

Bündgens-Kosten, Judith (2016): Drill-and-kill oder serious game? Spiele mit Spaß- und Lernfaktor. In: Praxis Fremdsprachenunterricht – Englisch, 3/2016, S. 7–8.

Burger, Claudia (2020): Digitale Fremdsprachenkompetenzen? Vorüberlegungen zur Modellierung digitaler Englischkompetenzen im Rahmen des Projekts „Digi_Gap – Digitale Lücken in der Lehrkräftebildung schließen". In: PraxisForschungLehrer*innenBildung, 2(4), S. 190–216.

Cope, Bill/Kalantzis, Mary (2007): New media, new learning. In: The international journal of learning, 14(1), S. 75–80.

Elsner, Daniela/Helff, Sissy/Viebrock, Britta (Hrsg.) (2013): Films, graphic novels & visuals: Developing multiliteracies in foreign language education – An interdisciplinary approach. Berlin et al.: LIT.

Hallet, Wolfgang (2018): Ebenen der Digitalisierung. In: Surkamp, Carola/Khuen, Yvonne (Hrsg.): Digitalisierung im Englischunterricht. www.klett.de/inhalt/digitalisierung-im-englischunterricht/ebenen-der-digitalisierung/6443 (Abfrage: 29. 08. 2020).

Hanson-Smith, Elizabeth (2003): A brief history of CALL theory. In: The CATESOL journal 15, H. 1, S. 21–30.

Hermes, Liesel (2016): Gab's das nicht schon mal? Zur Diskussion des „Englischunterrichts für alle" in den 1960er und 1970er Jahren. In: Doff, Sabine (Hrsg.): Heterogenität im Fremdsprachenunterricht. Impulse – Rahmenbedingungen – Kernfragen – Perspektiven. Tübingen: Narr Francke Attempto, S. 47–60.

Jones, Rodney H./Hafner, Christoph A. (2012): Understanding digital literacies: A practical introduction. London, New York: Routledge.

Klippel, Friederike (2019): Nicht-technische Überlegungen zum digitalen Wandel im Fremdsprachenunterricht. In: Burwitz-Melzer, Eva/Riemer, Claudia/Schmelter, Lars (Hrsg.): Das Lehren und Lernen von Fremd- und Zweitsprachen im digitalen Wandel. Tübingen: Narr Francke Attempto, S. 102–113.

Krommer, Axel (2018): „Authentische Kommunikation in digitalen Medien: Schluss mit Simulationen." www.goethe.de/de/spr/mag/21180151.html (Abfrage: 29. 08. 2020).

Krommer, Axel (2019a): Warum der Grundsatz „Pädagogik vor Technik" bestenfalls trivial ist. In: Krommer, Axel/Lindner, Martin/Mihajlović, Dejan/Muuß-Merholz, Jöran/ Wampfler, Philippe (Hrsg.): Routenplaner #Digitale Bildung. Hamburg: Verlag ZLL21, S. 67–72.

Krommer, Axel (2019b): Wider den Mehrwert! Argumente gegen einen überflüssigen Begriff. In: Krommer, Axel/Lindner, Martin/Mihajlović, Dejan/Muuß-Merholz, Jöran/ Wampfler, Philippe (Hrsg.): Routenplaner #Digitale Bildung. Hamburg: Verlag ZLL21, S. 131–139.

Krommer, Axel (2020): „Didaktische Schieberegler. Oder: Distanzlernen und pädagogische Antinomien." www.axelkrommer.com/2020/07/02/didaktische-schieberegler-oder-distanz-lernen-und-padagogische-antinomien/ (Abfrage: 29. 08. 2020).

Küchler, Uwe (2020): Digital learning and the humanities. In: PraxisForschungLehrer*innenBildung, 2(4), S. 178–189.

Kultusministerkonferenz (2016): Strategie der Kultusministerkonferenz „Bildung in der digitalen Welt". www.kmk.org/fileadmin/Dateien/veroeffentlichungen_beschluesse/2018/ Strategie_Bildung_in_der_digitalen_Welt_idF._vom_07.12.2017.pdf (Abfrage: 11. 9. 2020).

Kultusministerkonferenz (2018): Strategie der Kultusministerkonferenz „Bildung in der digitalen Welt". www.kmk.org/fileadmin/Dateien/pdf/PresseUndAktuelles/2018/Digitalstrategie_2017_mit_Weiterbildung.pdf (Abfrage 29. 08. 2020).

Kurtz, Jürgen (2019): Lehrwerkgestütztes Fremdsprachenlernen im digitalen Wandel. In: Burwitz-Melzer, Eva/Riemer, Claudia/Schmelter, Lars (Hrsg.): Das Lehren und Lernen von Fremd- und Zweitsprachen im digitalen Wandel. Tübingen: Narr Francke Attempto, S. 114–125.

Luginbühl, Martin (2015): Media linguistics: On mediality and culturality. In: 10plus1: Living linguistics, 1(1), S. 9–26. www.10plus1journal.com/?page_id=177 (Abfrage: 29. 09. 2020).

Martindale, Trey/Dowdy, Michael (2010): Personal learning environments. In: Veletsianos, George (Hrsg.): Emerging technologies in distance education. Edmonton, AB: AU Press, Athabasca University, S. 177–193.

Marx, Konstanze/Weidacher, Georg (2014): Internetlinguistik: Ein Lehr- und Arbeitsbuch. Tübingen: Narr.

Muuß-Merholz, Jöran (2019a): Das blaue und das grüne Medium: Der Medienbegriff des Pinguins. In: Krommer, Axel/Lindner, Martin/Mihajlović, Dejan/Muuß-Merholz, Jöran/Wampfler, Philippe (Hrsg.): Routenplaner #Digitale Bildung. Hamburg: Verlag ZLL21, S. 41–47.

Muuß-Merholz, Jöran (2019b): Der große Verstärker: Digitale Medien als Trojaner, Katalysator oder Kontrollmaschine. In: Krommer, Axel/Lindner, Martin/Mihajlović, Dejan/ Muuß-Merholz, Jöran/Wampfler, Philippe (Hrsg.): Routenplaner #Digitale Bildung. Hamburg: Verlag ZLL21, S. 57–64.

Pillans, James (1854): Physical and classical geography. S. xxx–xxxii. www.archive.org/details/elementsphysica01pillgoog/page/n35 (Abfrage: 11. 9. 2020).

Rossa, Henning (2019): Der digitale Wandel als Entwicklungsaufgabe für den Fremdsprachenunterricht. *Augmenting the reality of language teaching.* In: Burwitz-Melzer, Eva/ Riemer, Claudia/Schmelter, Lars (Hrsg.): Das Lehren und Lernen von Fremd- und Zweitsprachen im digitalen Wandel. Tübingen: Narr Francke Attempto, S. 195–204.

Sauro, Shannon/Zourou, Katerina (2019): What are the digital wilds? In: Language, learning & technology, 23(1), S. 1–7.

Schmidt, Torben/Strasser, Thomas (2018): Media-assisted foreign language learning: Concepts and functions. In: Surkamp, Carola/Viebrock, Britta (Hrsg.): Teaching English as a foreign language. Stuttgart: Metzler, S. 211–231.

Stöckl, Hartmut (2016): Multimodalität: Semiotische und textlinguistische Grundlagen. In: Klug, Nina-Maria/Stöckl, Hartmut (Hrsg,): Handbuch Sprache im multimodalen Kontext. Berlin, Boston: De Gruyter Mouton, S. 3–35.

Stumpfer, Frauke (2020): Die Buch-Pandemie. Rien: Steinlaus.

Surkamp, Carola (2019): Digitalisierung des Literaturunterrichts: Ebenen, Potentiale, Herausforderungen. In: Burwitz-Melzer, Eva/Riemer, Claudia/Schmelter, Lars (Hrsg.): Das Lehren und Lernen von Fremd- und Zweitsprachen im digitalen Wandel. Tübingen: Narr Francke Attempto, S. 257–268.

The New London Group (1996). A pedagogy of multiliteracies: Designing social futures. Harvard educational review, 66 (1), S. 60–93. www.doi.org/10.17763/haer.66.1.17370 n67v22j160u.

Thorne, Steven L./Sauro, Shannon/Smith, Bryan (2015): Technologies, identities, and expressive activity. In: Annual review of applied linguistics, 35, S. 215–233. www.doi.org/10.1017/S0267190514000257.

Zierer, Klaus (2017). Lernen 4.0. Pädagogik vor Technik: Möglichkeiten und Grenzen einer Digitalisierung im Bildungsbereich. Baltmannsweiler: Schneider Hohengehren.

Schwerpunkt: Sprechen und Schreiben

2 Kollaboratives Schreiben im Englischunterricht in einer Kultur der Digitalität

Patrick Brauweiler

2.1 Schreiben in einer Kultur der Digitalität

Das Schreiben hat sich durch die Digitalisierung verändert. Es sind Schreibformate wie der Chat, die E-Mail oder der Blog hinzugekommen; im Alltag wird mehr als je zuvor geschrieben und das meiste davon passiert in einer digitalen Umgebung (Dürscheid/Frick 2016, S. 7 f.).

Auch der Prozess des Schreibens hat sich verändert. Sei es Papier und Schreibgerät, Schreibmaschine oder E-Mail, das Medium beeinflusst die Art und Weise, in der wir kommunizieren. Konventionen im Chat sind andere als der Briefverkehr vergangener Jahrhunderte. Diese Veränderung unterstreicht auch die Kultusministerkonferenz in ihrem Strategiepapier „Bildung in der digitalen Welt", wenn sie schreibt: „Durch die Digitalisierung entwickelt sich eine neue Kulturtechnik – der kompetente Umgang mit digitalen Medien –, die ihrerseits die traditionellen Kulturtechniken Lesen, Schreiben und Rechnen ergänzt und verändert" (KMK 2017, S. 13).

Schreiben in einer Kultur der Digitalität ist mehr als der reine Werkzeuggebrauch, der Prozess des Schreibens selbst verändert sich (vgl. Krommer 2018). Man schreibt schneller und mehr und versteht das Schreiben noch mehr als vorher als *work in progress*, da Texte leicht ergänzt und überarbeitet werden können. Geschrieben wird mit Tastatur, Eingabe-Stift, Touchscreen oder per Sprachdiktat. Texte können durch Audio-, Bild- und Videoergänzungen multimedial gestaltet werden. Dies muss bei der Frage des Textinhalts und -aufbaus und des Adressatenbezugs mitbedacht werden. Texte sind vermehrt nicht mehr für den Printgebrauch, sondern für eine digitale Umgebung (z. B. Blogs, Wikis) geschrieben und enthalten Hyperlinks und Verweise. Texte werden damit zunehmend diskontinuierlicher und unter Umständen kürzer. Die Textformate sind vielfältiger und die Textkonventionen andere geworden, man denke beispielsweise nur an Emojis und GIFs (vgl. Mihajlović 2017).

Auch auf die Schule im Allgemeinen und den Englischunterricht im Speziellen hat dies Auswirkungen. Viele Schüler*innen kommunizieren im Internet in *Online Game Communities* und auf Social Media auch außerhalb des Unterrichts bereits in der Lingua Franca Englisch (vgl. Matz 2014, S. 33). Beim schulischen Schreibkompetenztraining in einer Kultur der Digitalität geht es in der Konsequenz nun nicht mehr nur darum, analoge Schreibprozesse digital abzubilden, wie es Mediencurricula vieler Schulen suggerieren. Es geht um mehr als die reine Beherrschung von Textverarbeitungsprogrammen wie beispielsweise Word, um dort seine vormals analog geschrieben Texte nun zu tippen. Sicher, Schreibprogramme bieten Zusätze wie Rechtschreibprüfungen und Layoutoptionen, aber der Prozess des Schreibens ändert sich mit ihnen nicht automatisch.

2.1.1 Gemeinschaftlichkeit als Merkmal digitalen Schreibens

Ein besonderes Merkmal für das Schreiben in einer Kultur der Digitalität ist die Gemeinschaftlichkeit (vgl. Stalder 2019, S. 135 ff.). Deutlich wird das durch den omnipräsenten Gebrauch von *social software,* d.h. Tools, Apps, Programmen und Social Media-Netzwerken, die Menschen erlauben, gleichzeitig Produzent*in wie auch Rezipient*in zu sein, eine Reaktion (oft durch Likes und Kommentare) zu erhalten und so in der digitalen Gesellschaft sichtbar zu sein (vgl. Würffel 2008, S. 2 f.).

> „Solche prozeptiven[1] Umgebungen zeichnen sich dadurch aus, dass sie im besten Fall gemeinschaftlich gestaltet werden, dass die an der Gestaltung Teilnehmenden fließende Rollen einnehmen und dass die hergestellten Artefakte immer unfertig sowie Kollektivgut sind." (Würffel 2008, S. 3).

In einer vernetzten digitalen Gesellschaft ist Kollaboration zentral, aber die Textproduktions- und „Prüfungskultur, an der sich viele Schulen orientieren, rechnet Leistungen einzelnen Personen zu. Diese Vorstellung ist in allen relevanten gesellschaftlichen Bereichen überholt: Ein Haus bauen, eine Fernsehserie drehen, den Klimawandel bekämpfen, eine neue Idee entwickeln und umsetzen – das machen Menschen gemeinsam mit anderen und mit allen erdenklichen Hilfsmitteln. Kommunikation und Kollaboration sind zentral." (Wampfler 2018, o. S.).

Die Bundeszentrale für politische Bildung definiert kollaboratives Arbeiten folgendermaßen:

---

1 D. h. gleichzeitig produktiv und rezeptiv nutzbar.

„Wichtig beim kollaborativen Arbeiten ist die Ablösung von hierarchischen Arbeitsstrukturen. Inhalte und Ziele eines Arbeitsprozesses werden in diesem Fall von allen Beteiligten gemeinsam und transparent ausgehandelt, Rollen und Aufgaben ergeben sich dynamisch und – das ist das Besondere – entsprechend den individuellen Fähigkeiten aller Beteiligten. Alle tragen mit ihren jeweiligen Erfahrungen und Kompetenzen zur Lösung einer Gesamtaufgabe bei." (BPB 2015, o. S.).

Das kollaborative Arbeiten grenzt sich damit von kooperativen Arbeitsmethoden ab. Beim kooperativen Arbeiten wird stärker arbeitsteilig vorgegangen und das Endprodukt wird additiv aus den Teilergebnissen zusammengesetzt (vgl. Pallaske/Zündorf 2014, S. 38). Die schulische Praxis hat gezeigt, dass kollaboratives Arbeiten schrittweise erlernt werden muss und zunächst Rollen, Schreibbereiche etc. durchaus vorgegeben werden sollten (siehe 2.2.1 und 2.2.2). Mit zunehmender Erfahrung mit den kollaborativen Schreibumgebungen und Arbeitsweisen kann der Schreibprozess dann mehr und mehr im Sinne ‚echter‘ Kollaboration innerhalb der Schüler*innengruppe ausgehandelt werden.

Die Kultusministerkonferenz erachtet die Zusammenarbeit in digitalen Umgebungen als eine der anzustrebenden Kompetenzen in einer digitalen Welt und formuliert in diesem Zusammenhang in ihrem Strategiepapier zwei von den Schüler*innen zu erwerbende Teilkompetenzen „Digitale Werkzeuge für die Zusammenarbeit bei der Zusammenführung von Informationen, Daten und Ressourcen nutzen" und „Werkzeuge bei der gemeinsamen Erarbeitung von Dokumenten nutzen" (KMK 2017, S. 16).

Kollaboration und Kommunikation, die neben Kreativität und kritischem Denken so zentral für die gemeinschaftlichen Praktiken in einer Kultur der Digitalität sind, sind zwei der „vier K", der vier Kompetenzen für das 21. Jahrhundert, entwickelt von der US-amerikanischen Initiative P21 (Partnership for 21st Century Learning), in der sich Fachleute aus Wirtschaft, Bildung und Politik zusammengeschlossen haben. Im Jahr 2013 stellte Andreas Schleicher vom Bildungsdirektorat der OECD das Modell auf der Digitalmesse re:publica vor (vgl. Schleicher 2013; Samuelis 2019). Diese Kompetenzen sollen Schüler*innen bereit machen für die Anforderungen des 21. Jahrhunderts, in der die Welt in rasantem Umbruch ist und wir viele Probleme und Herausforderungen, vor denen die Schüler*innen in ihrem zukünftigen Leben stehen werden, womöglich noch gar nicht kennen (vgl. Fadel et al. 2017).

Was konkret Kollaboration im Kontext der Digitalität meint, wird deutlich, wenn man typische digitale Textformate genauer betrachtet. Das bekannteste Beispiel digitalen kollaborativen Schreibens ist vielleicht Wikipedia.

Jede*r Internet-User*in ist eingeladen, neue Artikel anzulegen und schon bestehende Einträge zu überarbeiten und zu ergänzen. Dabei steht nicht die Angst im Vordergrund, man könnte den Artikel verschlechtern und Falschinformationen verbreiten, sondern die Hoffnung, dass aus dem *wisdom of the masses* etwas Wertvolles und Besseres entsteht.

Auch (digitale) Publikationen aller Art, ob wissenschaftlich oder journalistisch, durchlaufen einen digitalen *Peer-Review* (vgl. Stalder 2019, S. 151), werden zur Kommentierung und/oder Bearbeitung freigegeben und so immer weiter verbessert. In dem folgenden Tweet ruft der Schweizer Lehrer, Autor und Fachdidaktikdozent Philippe Wampfler @phwampfler dazu auf, seinen Entwurf für einen Fachartikel zu ergänzen und zu kommentieren (Abbildung 2.1).

Abbildung 2.1: Tweet von Philippe Wampfler

Die Journalistin und Schriftstellerin Kathrin Passig hat ein öffentliches kollaboratives Textdokument über kollaboratives Schreiben erstellt, in dem jede*r, der/die über den Link verfügt, kommentieren und ergänzen kann (vgl. Passig 2016).

Im beruflichen Umfeld sind agile Projektmethoden schon länger an der Tagesordnung. In multiprofessionellen Projektgruppen werden gemeinsam Präsentationen und Kalkulationen erstellt, wird kommentiert und verändert und in Videokonferenzen werden Ergebnisse besprochen. Aus diesem Grund geht Afra Sturm ganz zu Beginn ihres bereits 2008 erschienen Artikels zu kooperativem Schreiben in der Schule gar soweit, das gemeinschaftliche Schreiben eine in der Schule zu entwickelnde Grundkompetenz zu nennen. Begrifflich unterscheidet sie allerdings nicht zwischen kooperativem und kollaborativem Schreiben (vgl. Sturm 2008).

Auf Social Media findet man immer mehr gemeinschaftliche E-Book- oder Blog-Projekte, die die Community gemeinsam erstellt und mit einer Creative Commons Lizenz[2] zur Verbreitung anbietet (z. B. https://www.visual-books.com/hybridunterricht.html).[3]

Wird digitale Kollaboration in Schule und Unterricht praktiziert, bildet das die außerschulische Wirklichkeit auf mehreren Ebenen ab. Wird der fremdsprachliche Schreibkompetenzerwerb mit kollaborativen Tools und Methoden verknüpft, erwerben Schüler*innen überfachliche Kompetenzen für eine agile, digitalisierte außerschulische Welt. Das Strategiepapier „Bildung in einer digitalisierten Welt" der Kultusministerkompetenz unterstreicht das bisher Gesagte. Kollaboration in digitalen Lernumgebungen befähigt Schüler*innen „sich im Team zu organisieren, gemeinsam Lösungen zu entwickeln, selbstständig Hilfen heranzuziehen und ermöglich[t] unmittelbare Rückmeldungen." (KMK 2017 S. 13 f.). Wie das in der Praxis aussieht, zeigt mein (@MrBrauweiler) Tweet eines O-Tons eines Sechstklässlers im Nachgang zu einer Projektarbeit im Fach Gesellschaftslehre einer Gesamtschule (Abbildung 2.2).

Für die Schreibkompetenzentwicklung im schulischen Fremdsprachenunterricht bedeutet das, dass Schüler*innen in komplexen Schreibaufgaben gemeinsam Texte planen, ggf. schreiben, kommentieren und überarbeiten. Dabei müssen die Lernenden laufend kommunizieren: über die Inhalte, die Form, die Ziele und die Umsetzung ihrer Lern- und Schreibprodukte. Sie kommentieren und reflektieren diese gemeinschaftlich. Auch die Fragen nach Ort und Zeit sowie Fragen des Ablaufs müssen gemeinschaftlich geklärt werden, d. h. wo, wann und wie gearbeitet wird. Während diese Fragen in der Schule von der Lehrkraft bei jüngeren Schüler*innen noch vorgegeben bzw. angeleitet werden müssen, ist es das Ziel schulischer Methoden- und Medien-

---

2   Creative Commons ist eine gemeinnützige US-Organisation, die verschiedene Lizenzverträge anbietet, mit denen Urheber*innen ihre Werke zur Nutzung unter bestimmten Bedingungen freigeben können. Siehe creativecommons.org/licenses/?lang=de (Abfrage 4. 8. 2020).

3   Diese Lizenzen zeigen auch, dass die Frage des Urheberrechts eine neu zu diskutierende ist. Wenn gemeinschaftlich an einem Produkt gearbeitet wird, wer ist dann der/die Urheber*in? Bei Publikationen, die ähnlich einem Sammelband klare Kapitel mit jeweiligen Autor*innen haben, ist das Ganze klar. Aber wie geht man mit Texten um, in die das geistige Eigentum mehrerer Autor*innen/Kommentator*innen fließt?

Patrick Brauweiler NRW
@MrBrauweiler

O-Ton 6. Klässler: "Ich geb dir (ja, unsere S duzen uns...) gleich die Präsi frei, dann kannst du kommentieren. Heute Abend hab ich nen Meet mit Tim und Lars, dann überarbeiten wir's. Upload Deadline is Dienstag, oder?" Also Corona, you turn kids into project managers...

2:26 nachm. · 7. Juni 2020 aus Köln, Deutschland · Twitter for iPhone

ılı Tweet-Aktivität anzeigen

44 Retweets und Kommentare   **442** „Gefällt mir"-Angaben

Abbildung 2.2: Tweet von Patrick Brauweiler

kompetenzentwicklung, diese Aspekte zunehmend selbstverantwortlich zu klären (vgl. MSW NRW 2007, S. 43). Mit anderen kommunizieren, gemeinsam etwas schaffen, Impulse und Kommentare aufgreifen, aufeinander reagieren, den Arbeitsprozess gemeinschaftlich organisieren und sich über das Arbeitsprodukt und dessen Qualitätsansprüche verständigen, das alles gab es natürlich auch schon vor der Verbreitung der digitalen Medien, aber diese haben dazu geführt, dass lernende Subjekte autonomer werden können. Sie können entscheiden, mit wem sie wie, wann und woran arbeiten. Dabei spielen die synchrone und asynchrone Kommunikation im Chat und in Kommentaren eine herausragende Rolle. Es kann entschieden werden, welche Informationsquellen genutzt werden, und es bestehen viele Möglichkeiten, wie diese verarbeitet und aufbereitet werden. Nach der Fertigstellung sollte das Arbeitsprodukt, wenn möglich, digitale Öffentlichkeit erfahren.

Da digitale Schreibtools generell asynchron, d.h. zeitlich und räumlich versetzt, verwendet werden können und man per Link immer darauf zurückgreifen kann, eignen sich kollaborative Schreibprozesse sehr gut für länger dauernde, internationale Projekte mit beispielsweise der Partnerschule oder im Rahmen eines eTwinning[4]-Projektes.

---

4 Das *eTwinning*-Programm ist eine Initiative der Europäischen Kommission. Schulen können sich über die Internetseite www.etwinning.net registrieren und vernetzen, Partnerschaften mit Schulen im Ausland aufbauen und gemeinsame pädagogische Projekte entwickeln.

2.1.2 Anmerkung zum Datenschutz und zur Auswahl von geeigneten Programmen

Bei der Verwendung der im Folgenden vorgestellten digitalen Tools ist eine zentrale Frage auch immer die des Datenschutzes. Grundsätzlich bieten sich anmeldefreie Tools an, die idealerweise ihre Daten in Europa verarbeiten, um damit DSGVO-konform zu sein. Viele Schulen haben inzwischen auch eigene Software-/Cloud-Lösungen vom Schulträger gestellt bekommen, mit denen viele der hier vorgestellten Ideen und Abläufe ebenfalls realisiert werden können. Zweifel sollten aber stets mit dem/der Datenschutzbeauftragten der Schule, den kommunalen Medienberater*innen oder dem Schulträger geklärt werden. Die Nutzung von an der Schule vorhandenen Software-Lösungen oder von anmeldefreien und kostenlosen browserbasierten Programmen und Open Source Programmen sollte nicht nur im Sinne des Datenschutzes vor kosten- und anmeldepflichtigen Tools und Apps bevorzugt werden. Auch macht es im Hinblick auf Komplexitätsreduzierung und eine schnellere Bedienbarkeit Sinn, wenige, aber vielseitig einsetzbare Programme zu benutzen als für jeden Schritt eine eigene App. So muss nicht langwierig in die Funktionsweise von Tools eingeführt werden und der Schreibprozess und nicht das Handling von Programmen steht im Vordergrund.

Hierfür existieren verschiedene digitale Werkzeuge, mit denen Schreibprozesse einfach und kollaborativ umgesetzt werden können. Kommerzielle Textverarbeitungsprogramme wie Microsoft Word und Apples Pages sowie Google Docs bieten eine Freigabeoption. So ist es möglich, auf allen Stufen des Schreibprozesses mit anderen Menschen zusammenzuarbeiten, da das Dokument aus dem Programm heraus freigegeben werden kann. So kann jeder, der über diese Freigabe und das Programm verfügt, je nach Einstellung darin schreiben oder Änderungen vornehmen oder kommentieren.

Kostenfrei und ohne Anmeldung nutzbar sind browserbasierte *collaborative real-time editors* wie https://zumpad.zum.de/ oder https://cryptpad.fr/. Während auf https://zumpad.zum.de/ nur einfache Textdokumente erstellt werden können, ist es auf https://cryptpad.fr/ beispielsweise auch möglich, Präsentationen und Tabellen zu erstellen. Jede*r, der/die über den entsprechenden Link verfügt, kann in das Dokument schreiben. Wie der Begriff „real-time" bereits verrät, sieht man hier in Echtzeit die Eingaben aller Beteiligten auf dem Schreibdokument. Es gibt eine Chatspalte und eine Kommentarfunktion, so dass sich diese *Webtools* hervorragend zum kollaborativen Arbeiten eignen (siehe Abbildung 2.3). Alle Mitwirkenden können sich in den *real-time editors* einen freiwählbaren Namen geben und auch eine Farbe zuweisen, mit der dann der eingegebene Text hinterlegt wird. So kann nachvollzogen werden, falls gewünscht, wer was geschrieben hat. Die Lernenden

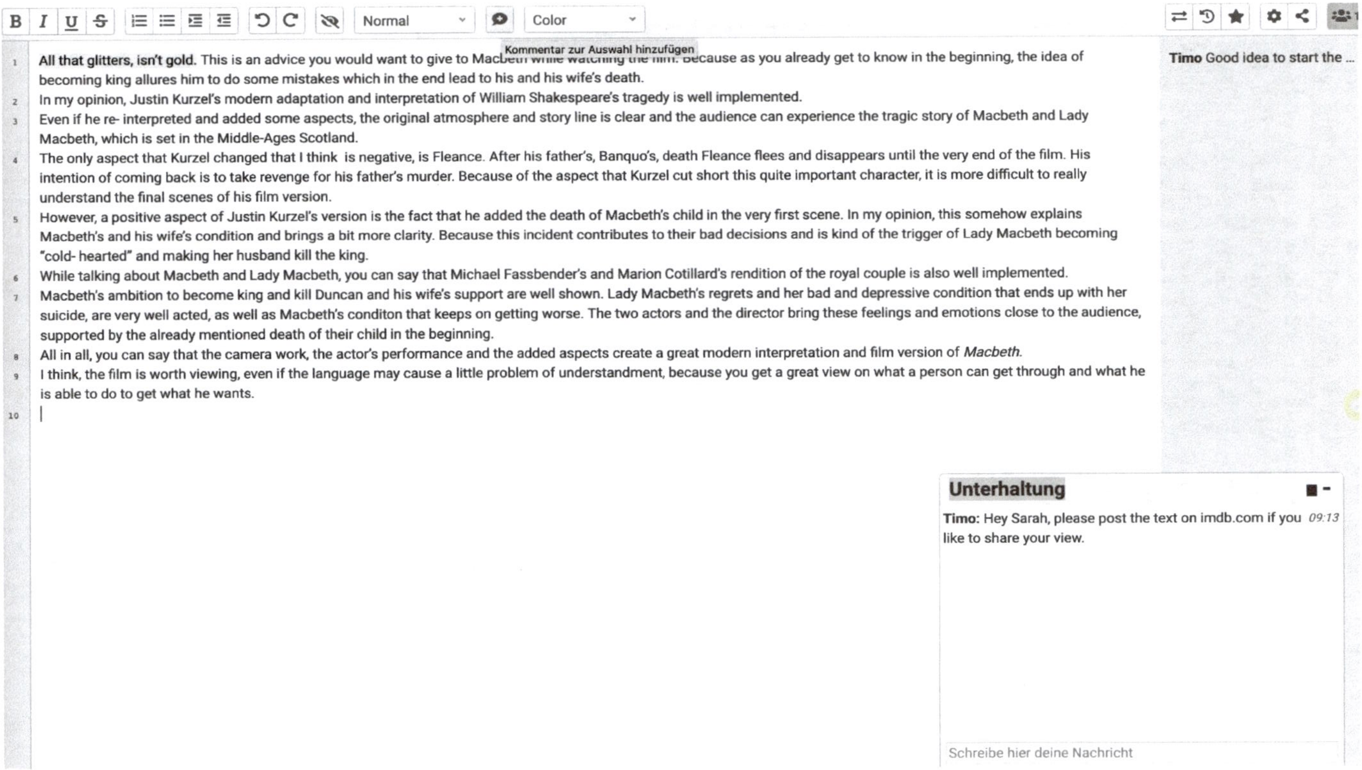

B *I* U S ≡ ≡ ≡ ≡ ⊃ C ∅ Normal › **Q** Color ›

Kommentar zur Auswahl hinzufügen

1 **All that glitters, isn't gold.** This is an advice you would want to give to Macbeth while watching the film, because as you already get to know in the beginning, the idea of becoming king allures him to do some mistakes which in the end lead to his and his wife's death.

2 In my opinion, Justin Kurzel's modern adaptation and interpretation of William Shakespeare's tragedy is well implemented.

3 Even if he re- interpreted and added some aspects, the original atmosphere and story line is clear and the audience can experience the tragic story of Macbeth and Lady Macbeth, which is set in the Middle-Ages Scotland.

4 The only aspect that Kurzel changed that I think is negative, is Fleance. After his father's, Banquo's, death Fleance flees and disappears until the very end of the film. His intention of coming back is to take revenge for his father's murder. Because of the aspect that Kurzel cut short this quite important character, it is more difficult to really understand the final scenes of his film version.

5 However, a positive aspect of Justin Kurzel's version is the fact that he added the death of Macbeth's child in the very first scene. In my opinion, this somehow explains Macbeth's and his wife's condition and brings a bit more clarity. Because this incident contributes to their bad decisions and is kind of the trigger of Lady Macbeth becoming "cold- hearted" and making her husband kill the king.

6 While talking about Macbeth and Lady Macbeth, you can say that Michael Fassbender's and Marion Cotillard's rendition of the royal couple is also well implemented.

7 Macbeth's ambition to become king and kill Duncan and his wife's support are well shown. Lady Macbeth's regrets and her bad and depressive condition that ends up with her suicide, are very well acted, as well as Macbeth's conditon that keeps on getting worse. The two actors and the director bring these feelings and emotions close to the audience, supported by the already mentioned death of their child in the beginning.

8 All in all, you can say that the camera work, the actor's performance and the added aspects create a great modern interpretation and film version of *Macbeth*.

9 I think, the film is worth viewing, even if the language may cause a little problem of understandment, because you get a great view on what a person can get through and what he is able to do to get what he wants.

10 |

Unterhaltung

Timo: Hey Sarah, please post the text on imdb.com if you *09:13* like to share your view.

Timo Good idea to start the …

Schreibe hier deine Nachricht

Abbildung 2.3: Screenshot – collaborative real-time editor

können per Link oder per QR-Code auf das Dokument auf ihrem Gerät zugreifen.

Für Ideensammlungen und Mind-Maps ist das kostenlose Webtool https://flinga.fi/ zu empfehlen. Dort können Ideen kollaborativ und zeitgleich gepostet werden und diese können dann beliebig verschoben und gerankt werden. Bei https://flinga.fi/ gibt es zwei Modi: Whiteboard und *Wall*. Bei der Einstellung Whiteboard kann Text oder Bildmaterial gepostet und frei verschoben werden. Außerdem sind Farben und Formen (z. B. Kreise und Quadrate) auswählbar, in und auf denen der Text erscheint. Mit einem Stifttool können freie Linien gezogen werden, was sich für Mind-Maps anbietet. Bei der Einstellung *Wall* erscheinen die Beiträge (Text oder Bild) der Schüler*innen unter- oder nebeneinander. Sie können nach bestimmten Kriterien gerankt werden (neuester Eintrag, ältester Eintrag, Gewichtung mit Herzchen). Auch hier können die Beiträge farblich unterschiedlich markiert werden.

2.2 Möglichkeiten der Kollaboration im Schreibprozess

Im Folgenden soll aufgezeigt werden, wie Kollaboration bei jedem Schritt des Schreibprozesses (vgl. Kieweg 2009, S. 4 f.) mit einfachen digitalen Tools umgesetzt werden kann und so gezeigt werden, wie zeitgemäße digitale kollaborative Schreibprozesse aussehen könnten. Diese Anregungen werden in 2.3 mittels Unterrichtsbeispielen konkretisiert.

2.2.1 Planning – Ideen sammeln und organisieren

Egal ob eine spannende Geschichte, der Blogeintrag über die Austauschfahrt nach England, die Analyse einer Kurzgeschichte oder ein *Comment* zu einem kontroversen Thema, am Anfang steht die Ideenfindung, das Brainstorming. In der Fremdsprache ist das nicht nur das rein inhaltliche Konzept, sondern auch die Wortschatzsammlung und die Sammlung von passenden Sprachstrukturen. Wenn dies kollaborativ geschieht, können das Vorwissen und die Ideen der Gruppe genutzt werden, was im weiteren Schreibprozess im besten Fall zu inhaltlich und sprachlich reicheren Texten führt. So wird den Schüler*innen bewusst, welchen Wert die inhaltliche und sprachliche Vorbereitung im Rahmen der Entwicklung von Schreibkompetenz hat.

Auf einem *zumpad* oder *crypad* (siehe 2.1.2) schreiben die Schüler*innen zeitgleich ihre Ideen brainstorm-artig auf. Bei Lerngruppen, die wenig Erfahrung mit kollaborativen Schreibtools haben, macht es zunächst Sinn, das Dokument mit Überschriften oder *writing cues* vorzustrukturieren und verschiedene Dokumente für Kleingruppen vorzubereiten. Bei größeren Gruppen wird es sonst leicht unübersichtlich. Diese können den Lernenden per Link oder QR-Code zugänglich gemacht werden.

Neben der Listenform eignet sich auch das gemeinsame Erstellen einer Mind-Map. Auf dem https://flinga.fi/ Whiteboard kann einfach kollaborativ in Kleingruppen eine Mind-Map erstellt werden, wobei ähnlich der *Placemat*-Methode die Gruppenmitglieder nacheinander für einen ‚Ast‘ zuständig sind. Es wird reihum gewechselt, um gerade mit jüngeren Lernenden den Arbeitsprozess zu strukturieren. Außerdem ist es sinnvoll, dass die Lehrkraft besonders in jüngeren Jahrgängen die Kategorien und die Struktur in ihren Grobzügen vorgibt. Auch hier kann bei mehr Erfahrung der Lernenden mit der Methode und den Tools weniger Vorgabe erfolgen und die Schüler*innen werden sich selbstständiger organisieren.

Wie bereits in 2.1.1 angemerkt, sind hier die Übergänge zwischen kooperativen (d.h. arbeitsteiligen) Verfahren und kollaborativen Schreibprozessen in der Schule je nach Erfahrung der Lehrgruppe fließend zu verstehen. Anfangs werden Aufgaben und Schreibbereiche stärker vorgegeben, später werden diese Aspekte dynamisch bei der Arbeit selbstständig von der Gruppe ausgehandelt.

Nach der Ideensammlung können die Gruppenergebnisse per Beamer oder auf dem Whiteboard gesichtet, präsentiert, ergänzt und korrigiert werden.

2.2.2 *Drafting* – Ideen kohärent und adressatengerecht versprachlichen

Bei der eigentlichen Texterstellung muss zwischen zwei verschiedenen Formen des kollaborativen Schreibens unterschieden werden. Im ersten Fall wird gemeinsam an einem Text geschrieben, es werden Formulierungen diskutiert und es muss viel kommuniziert werden, um zum gewünschten Produkt zu kommen. Diese Arbeit ist anspruchsvoll und muss von den Lernenden geübt werden. Oftmals erlebt man, dass sich die Schüler*innen schwer einigen können und am Ende doch eine Person federführend entscheidet, was geschrieben wird. Es sollten deshalb vor dem Schreiben im Plenum oder in der Kleingruppe Regeln für den Schreibprozess ausgehandelt werden:

- Schreiben alle gleichzeitig am Gesamttext oder teilen sich die Gruppenmitglieder Textpassagen auf?
- Darf ohne Nachfrage gelöscht, verändert und korrigiert werden?

Für den Anfang bietet es sich auch hier an, Rollen vorzugeben, um den Schreibprozess zu strukturieren. So kann man den Schüler*innen der Kleingruppe inhaltliche Aspekte zuweisen, oder man kann Aufgaben im Schreibprozess zuweisen (Schreiber*in, Ordner*in, Korrektor*in) (vgl. Hirsch 2019).

In einem zweiten Fall wird nur die Planungsphase und die Feedback- und Überarbeitungsphase kollaborativ gestaltet, die Textproduktion des ersten Entwurfes auf der Grundlage der kollaborativen Ideensammlung (siehe 2.2.1) ist zunächst eine individuelle Arbeit.

2.2.3 Feedback and Editing – korrigieren und umformulieren

Der erste Entwurf – *the first draft* – wird nun von den Mitschüler*innen in einem *Peer-Feedback*-Verfahren kommentiert und korrigiert, um dann in einem für die Autor*innen wie auch die Adressat*innen angemessenen Endprodukt zu münden. Was „angemessen" bedeutet, hängt natürlich vom jeweiligen Schreibprodukt ab und sollte in der Vorbereitung entsprechend thematisiert werden. Im schulischen Kontext ist es auch hier sinnvoll, in Kleingruppen zu arbeiten. Bei Lerngruppen mit wenig Erfahrung mit kollaborativen Schreibprozessen kann die Lehrkraft per Checkliste o. ä. Überarbeitungskriterien vorgeben (z. B. Inhalt, Grammatik, Orthografie, Wortschatz, Kohärenz, Struktur) und mehrere Überarbeitungsschleifen einplanen, in denen jede*r Schüler*in für jeweils einen Aspekt zuständig ist. Es muss vorher ausgehandelt werden, ob direkt im Text geändert und korrigiert oder zunächst alle Änderungs- und Korrekturwünsche in die Kommentarspalte geschrieben werden sollen. Die Lehrkraft kann sich als ein*e Kommentator*in unter vielen einschalten[5]. Wie in 2.1.2 erwähnt, kann in *real-time editors* durch den Farbcode nachvollzogen werden, wer welche Korrekturen und Änderungen im Text vorgenommen hat. Am Ende sind es die Autor*innen des Ursprungstextes, die Änderungs- und Kommentarwünsche akzeptieren oder verwerfen. In den Kommentar-/Chatspalten können auch Rückfragen an die Kommentierenden/Korrigierenden gestellt werden. Durch eine solch intensive Überarbeitungsphase werden nicht nur überfachliche Kollaborationsmethoden geübt, sondern auch der Blick für Textaufbau, sprachliche Aspekte und je nach Pro-

---

5 Welches Gewicht die Stimme der Lehrkraft in diesen Kollaborationsprozessen hat, kommt auf die Gruppe, das Lehrer*in-Schüler*innen-Verhältnis und die Erfahrung der Gruppe mit kollaborativen Lehr-Lernprozessen an. Hilfreich ist in meiner Praxiserfahrung, wenn die Schüler*innen grundsätzlich die Erfahrung machen, dass auch die Meinung der Lehrkraft diskutabel ist und nicht das letzte Wort sein muss. Außerdem sollte bereits früh im Lernprozess eine kriteriengeleitete Feedback-Kultur etabliert werden.

dukt auch sinnvolles und ansprechendes Layout hervorragend geschult, da jede*r Schüler*in im Laufe des Feedback-Prozesses gleichzeitig Rezipient*in als auch Produzent*in ist. Die Praxis hat gezeigt, dass die Schüler*innen mit zunehmender Erfahrung durch das kriteriengeleitete Überarbeiten und das Feedback der Mitschüler*innen ihre Texte zunehmend besser strukturieren, sprachlich angemessener schreiben und je nach Produkt passendere Text-Bild-Kombinationen und übersichtlichere Seitenlayouts wählen.

2.2.4 *The final version* – das Schreibprodukt und den Schreibprozess reflektieren, Öffentlichkeit schaffen und Reaktionen einfordern

Die Schüler*innen-Texte sollten nach Fertigstellung innerhalb der Klasse oder des Kurses gelesen oder vorgetragen werden und es sollte gemeinsam kriterienorientiert reflektiert werden, welche Texte aus welchen Gründen inhaltlich und formal besonders gelungen sind. Aber auch der Schreibprozess sollte mit Leitfragen reflektiert werden:

- How did you organize the writing process within your group?
- What worked well and what would you do differently next time?
- Should our rules for collaborative writing that we set up be changed?
- How would the text be different if you had written it individually?

Bei der Masse an Textprodukten, die Schüler*innen in Laufe ihre Schullaufbahn erstellen, stellt sich die Frage nach dem Speicherort. Gemeinschaftlichkeit befördert nicht nur den Planungs- und Schreibprozess, sondern ist auch bei der Publikation der erstellten Texte ein Merkmal digitaler Schreibkultur, wie ihn auch Schüler*innen erfahren können. Gemeinschaftlichkeit entsteht da, wo Texte anderen Personen zugänglich gemacht und Reaktionen oder Kommentare zugelassen werden. Welche Form der Öffentlichkeit angestrebt wird, muss je nach Textinhalt und Plattform mit Schüler*innen und Eltern, auch und besonders im Sinne des Datenschutzes, verhandelt werden.

Die schulische Öffentlichkeit ist sicher am naheliegendsten und, was den Datenschutz angeht, am unbedenklichsten. Die Texte könnten in digitaler oder ausgedruckter Form als Klassen-Reader zur Verfügung gestellt werden, und dienen z. B. je nach Schreibprodukt als Prüfungsvorbereitung. Eine weitere schulinterne Zielgruppe können Eltern oder allgemein die gesamte Schulgemeinschaft sein. So kann beispielsweise ein *Poetry-Slam* Abend veranstaltet werden oder die Texte werden auf der Schulhomepage veröffentlicht. Partnerschulen und internationale Projekte (z. B. eTwinning) sind weitere

Zielgruppen für Texte. Schon die Schreibprodukte sind hier idealerweise in internationaler Kollaboration entstanden. So könnten beispielsweise Stadtführer als Vorbereitung auf den Besuch und den Gegenbesuch der Austauschgruppen erstellt werden oder es wird an interkulturellen Projekten im Rahmen eines Wettbewerbes zu aktuellen Themen gearbeitet.

Sollen die Schüler*innen-Produkte einer breiteren Öffentlichkeit zugänglich gemacht werden, so muss der Datenschutz je nach Vorhaben bedacht werden. Die folgenden Ideen dienen daher lediglich als Anregung. Filmkritiken könnten beispielweise auf www.imdb.com veröffentlicht werden, Buchrezensionen auf www.amazon.com oder www.goodreads.com. Argumentative Stellungnahmen zu aktuellen Themen könnten auf Social-Media-Seiten (z.B. Facebook, Instagram, YouTube) von Medienunternehmen (z.B. The Guardian, Time Magazine, The Economist) gepostet werden. Es ist auch denkbar, dass die Lehrkraft eine Instagram-Seite für den Kurs erstellt, auf der die Texte unter eigene oder Creative-Commons-Bilder in den Bildkommentar gepostet und durch entsprechende Hashtags auffindbar gemacht werden. Selbst erstellte Clips zu Texten (z.B. Gedichte, Songs, Reden) könnten auf YouTube oder Vimeo veröffentlich werden. Es besteht ebenfalls die Möglichkeit, Leserbriefe an Medienunternehmen per E-Mail zu senden, z.B. an die New York Times unter letters@nytimes.com. Die jeweiligen E-Mail-Adressen und Formatvorgaben für Leserbriefe sind auf den Internetseiten der Medienunternehmen zu finden.

Der Vorteil bei all diesen Plattformen ist, dass sie eine echte außerschulische Öffentlichkeit erreichen und je nach Thema, Produkt und Plattform entsprechende Reaktionen (positiv wie negativ) hervorrufen können. Der Nachteil bei den meisten Kanälen ist, dass zum Senden und Posten von Inhalten ein Account vorhanden sein muss. Viele Schüler*innen nutzen privat einen oder mehrere Social Media-Kanäle, so dass sie diese zum Einstellen der schulisch erstellten Inhalte nutzen könnten. Alternativ kann ein Klassen- bzw. Kurs-Account von der Lehrkraft erstellt werden und es wird gemeinschaftlich entschieden, welche Schreibprodukte veröffentlicht werden.

2.3 Beispiele für digitale kollaborative Schreibprojekte im Englischunterricht

2.3.1 Klasse 8: Rap-Song über New York City

Schüler*innen einer Klasse 8 könnten kollaborieren, um Sprachmaterial für einen Rap-Song über New York City zu sammeln, diesen zu schreiben und auf einen vorgegebenen oder selbst gewählten Beat zu rappen. Dies wird dann mit einem digitalen Schnittprogramm mit passenden Creative-Commons-Bildern hinterlegt.

Gemeinsam werden vor dem Schreiben inhaltliche und formale Kriterien für die Textform herausgearbeitet, z. B. durch das gemeinsame Analysieren von Rap-Songs, die die Schüler*innen kennen und selbst hören.

Planning

Die Sammlung erfolgt entweder in Listenform mit einem *real-time editor* oder als *Mind-Map* mit https://flinga.fi/ (Format Whiteboard) (siehe 2.1.2). Die Lernenden werden in Kleingruppen aufgeteilt und jede Kleingruppe bekommt per Link oder QR-Code Zugang zu einem Schreibdokument. Passende *Cues* für die Sammlung könnten die Fragen

- What can you see?
- What can you hear?
- What can you feel?
- What can you smell?
- What can you taste?

sein. Die Schüler*innen schreiben zeitgleich, wobei die Schüler*innen zunächst für einen *Cue* Ideen aufschreiben; nach einer vorgegebenen Zeit wird gewechselt. Am Ende der Schreibphase sollte die Kleingruppe gemeinschaftlich die sprachliche Korrektheit der Einträge kontrollieren.

Im Anschluss stellen sich die Schüler*innen ihre Sammlungen vor. Es wird kommentiert und ggf. korrigiert. Im Nachgang an die Präsentationsphase haben die Gruppen dann erneut Gelegenheit, ihre Kleingruppensammlung zu ergänzen.

Drafting

In der Kleingruppe schreiben die Schüler*innen ihre Rap-Texte. Sie nutzen dazu erneut einen *real-time editor*. In einer ersten Phase schreiben die Schüler*innen jeweils eine Strophe und bedienen sich dabei der Ideensammlung. Diese Strophen werden dann von der Gruppe in eine inhaltlich sinnvolle Reihenfolge gebracht und so verändert, dass ein kohärenter Text entsteht. Gemeinsam wird dann ein passendes Intro, Refrain und Outro überlegt und geschrieben.

Feedback and Editing

Im Anschluss an die Textproduktion korrigiert die Gruppe nun ihre eigenen Texte sprachlich. Die Kleingruppe liest dann die Texte von zwei anderen Gruppen und gibt in der Kommentarspalte Feedback. Die Schüler*innen sollten Korrekturen anmerken, aber nicht im Text korrigieren. Die Überarbeitung und das Annehmen und Ablehnen von Kommentaren obliegt der Gruppe, die den Text geschrieben hat.

Mögliche Impulse für das Feedback:
- Does the text meet the criteria that we set up? What needs to be changed?
- Comment on passages that you like/don't like.
- Correct any language mistakes.

Im Anschluss werden die erhaltenen Kommentare verarbeitet.

The final version

Für die Rap-Songs suchen die Lernenden im Internet nach frei verwendbaren Rap-Beats und sprechen darauf ihren Rap-Song, den sie mit der Sprachaufnahme-Funktion ihres Smartphones oder Tablets aufnehmen. Sollte Interesse und Zeit vorhanden sein, kann daraus dann ein mit Creative-Commons-Bildern hinterlegter Film entstehen, den die Lernenden mit einem digitalen Schnittprogramm wie z. B. iMovie (Apple) oder Movie Maker (Windows) erstellen.

Die Songs bzw. Videos werden in der Klasse angehört und mithilfe von Leitfragen kommentiert.

Beispiele für Leitfragen:
- Which rap do you like best? Why?
- Which passage(s) work(s) well? Why?
- What image of New York City is conjured up? What creates this image?

Der kollaborative Schreibprozess selbst sollte ebenfalls mit den Impulsen aus 2.2.4 reflektiert werden.

Die Rap-Songs könnten bei einem Poetry-Abend in der Schule vorgetragen werden. Sollte die Lehrkraft einen Blog betreiben, könnten die Texte nach Rücksprache mit Eltern und Schüler*innen dort oder auf der Schulhomepage veröffentlicht werden. Falls Videos erstellt wurden, kann eine breitere Öffentlichkeit durch eine Veröffentlichung auf Videoportalen wie YouTube oder Vimeo erreicht werden. Dafür braucht die Lehrkraft ein YouTube-Konto zum Upload von Videos und das Einverständnis der Eltern und Schüler*innen sollte vorliegen.

2.3.2 Oberstufe: Argumentative Essays zu einem aktuellen, kontroversen Thema

In der Oberstufe bietet es sich an, Argumente für einen argumentativen Essay gemeinsam zu sammeln (vgl. Wampfler 2020, S. 84 ff.). Kontroverse Themen für diese Aufgabe sollten sich idealerweise aus aktuellen Anlässen und Interessen der Lernenden und nicht nur aus dem Lehrplan ergeben, aber dennoch sinnvoll daran anknüpfen, wie z. B. die *Fridays for Future*-Bewegung.[6]

Planning
Die Schüler*innen sammeln in Kleingruppen gemeinsam nach vorheriger Internet-Recherche Pro- und Kontra-Argumente. Dazu zeigt der Lehrer und Blogger Bob Blume in einem Blogpost eindrücklich auf, dass auch Facebook eine gute Quelle für Argumente sein kann und hier auch je eine gelungene und weniger gelungene Argumentation am Beispiel veranschaulicht und analysiert werden können (vgl. Blume 2019). Es sollte entschieden werden, ob alle Schüler*innen gleichzeitig sowohl Pro- und Kontra-Argumente in das Dokument schreiben oder ob einzelne Lernende zunächst Argumente für eine Seite sammeln und dann gewechselt wird. Sie nutzen dazu das Tool https://flinga.fi/ und wählen dort den Modus *Wall* (siehe 2.1.2). Es sollten für eine bessere Übersichtlichkeit zwei unterschiedliche Farben für die Pro- und die Kontra-Argumente gewählt werden

Anschließend können diese Argumente gewichtet werden. Welche Argumente hält die Gruppe für stark, welche eher für schwach? Dazu kann man die Argumente mit Herzchen „liken" und die Einstellung erlaubt es dann, die Einträge je nach Anzahl der *Likes* zu sortieren. Diese Gewichtung sollte in der Gruppe begründet und reflektiert werden.

Is everybody ok with the ranking? What is the strongest argument in your opinion? Why?

Jetzt wird eine sinnvolle Reihenfolge der Argumente in Gruppen für die anschließende Texterstellung diskutiert.

Drafting
Die Schüler*innen teilen sich nun die Argumente auf und führen sie in einem *real-time editor* in Absätzen aus. Es kann entschieden werden, nur die stärks-

---

6 Auf der folgenden Internetseite der New York Times findet man eine anregende Liste für geeignete kontroverse writing prompts: www.nytimes.com/2018/04/12/learning/over-1000-writing-prompts-for-students.html (Abfrage 4. 8. 2020).

ten Argumente pro Seite auszuwählen. Die Schüler*innen schreiben dann ‚ihre' Paragraphen, führen die Argumente aus, zitieren Quellen und geben Beispiele.

Feedback and Editing

Nach dem ersten Schreiben der Absätze lesen die Schüler*innen die Absätze der anderen Kleingruppenmitglieder und kommentieren in der Kommentarspalte des *real-time editors.*

Mögliche Impulse für die Kommentare:
* Do the given examples support the argument?
* Does the author of the paragraph give sources for his/her facts, figures and examples? Are the sources trustworthy?
* Correct language mistakes.

Die Absätze werden dann ggf. überarbeitet. Dann teilt sich die Kleingruppe auf und ein Teil der Gruppe formuliert die Einleitung und der andere das Fazit. Es kann auch überlegt werden, ob die Schüler*innen sich den Text in ein eigenes Dokument kopieren und jeweils ein eigenes persönliches Fazit formulieren. Diese Texte werden erneut gegengelesen, kommentiert und ggf. überarbeitet.

Jetzt werden die Texte der Kleingruppen ein bis zwei anderen Kleingruppen zur Verfügung gestellt, die erneut kommentieren. Es schließt sich dann eine abschließende Überarbeitungsphase an.

The final version

Alle oder ausgewählte Texte werden im Plenum vorgetragen und kriterienorientiert kommentiert. Das Fazit der einzelnen Gruppen wird begründet und diskutiert. Es ist auch denkbar, eine Debatte zu veranstalten, wobei der überzeugendste Text gekürt wird. Der kollaborative Schreibprozess sollte mit den Impulsen aus 2.2.4 reflektiert werden. Bei Unklarheiten und Fragen und je nach verfügbarer Zeit könnten die Gruppen ihre Texte dann erneut überarbeiten, bevor gemeinsam über eine Möglichkeit zur Veröffentlichung nachgedacht wird. Als Plattformen bieten sich Social Media-Plattformen wie Facebook oder Instagram an, wo die Essays oder ggf. nur das persönliche Fazit auf Seiten von Medienunternehmen als Reaktion auf aktuelle Debatten-*Posts* gepostet werden können. Es sollte im Ermessen der Schüler*innen sein, ob sie ihre eigenen schon vorhandenen Social Media Accounts für diese Posts nutzen möchten. Eine Alternative wäre auch die Texte eventuell in gekürzter und angepasster Form als Leserbrief (siehe 2.2.4) zu senden.

2.4 Fazit

Kollaborative Schreibprozesse mit digitalen Medien sind vielfältig in der Schule durchführbar. Die Kollaboration entlastet und wirkt komplexitäts-reduzierend, da die Lernenden auf den verschiedenen Stufen des Schreibpro-zesses auf die Kompetenzen und das Wissen der Gruppe zählen können und für das Endprodukt nicht alleine verantwortlich sind (vgl. Würffel 2008, S. 7). Durch kleine Gruppen und anfänglich noch verstärke Anleitung und Vorga-ben von Seiten der Lehrkraft kann Überforderung und Unübersichtlichkeit reduziert werden. Es kann damit auch dem Effekt entgegengewirkt werden, dass sich einzelne Lernende aus dem Schreibprozess heraushalten (vgl. Wampfler 2020, S. 83 f.). Die Lehrkraft wird zum/zur Lernbegleiter*in, indem sie durch das Anbieten von vielfältigen anregenden Schreibanlässen Anlässe zum Kompetenzerwerb der Lernenden schafft, wenn nötig mehr Struktur, Anleitung und Feedback gibt und idealerweise eine Kommentarstimme unter vielen ist. Die Schüler*innen gewinnen einen vertieften Einblick in die Stufen des Schreibprozesses und ein Bewusstsein für qualitativ hochwertige Schreib-produkte und deren Wirkung, da sie im Kollaborationsprozess immer wieder gleichzeitig Produzierende und Konsumierende sind. Nicht zuletzt erwerben die Schüler*innen im Sinne von Afra Sturm (vgl. Sturm 2008) durch ein frü-hes Heranführen an kollaborative digitale Schreibprozesse eine grundlegende Kompetenz für das spätere Berufsleben in einer digitalisierten Welt.

PLE-Kasten

Twitter

#twitterlehrerzimmer

twitter.com/ninatoller

twitter.com/blume_bob

twitter.com/mediendidaktik_

twitter.com/uhl_edu

twitter.com/phwampfler

Playlist „Gedankenschach", kuratiert von Dejan Mihajlović:

https://tinyurl.com/Gedankenschach

Plattform für innovative Unterrichtsprojekte: www.teachoz.io

Linklisten und Unterrichtsprojekte des Autors: www.patrickbrauweiler.de

Literatur

Blume, Bob (2019): „Diskussion Fridays for Future: Argumente und Erwiderungen". www.bobblume.de/2019/10/25/diskussion-fridays-for-future-argumente-und-erwiderungen/ (Abfrage: 09.08.2020).

Bundeszentrale für politische Bildung (BPB) (2015): „Gemeinsam arbeiten – gemeinsam mehr wissen?" www.bpb.de/lernen/digitale-bildung/werkstatt/210491/gemeinsam-arbeiten-gemeinsam-mehr-wissen (Abfrage: 02.07.2020).

Dürscheid, Christa/Frick, Katrina (2016): Schreiben digital: Wie das Internet unsere Alltagskommunikation verändert. Stuttgart: Kröner.

Fadel, Charles/Bialik, Maya/Trilling, Bernie (2017): Deutsche Übersetzung von Jöran Muuß-Merholz. Die vier Dimensionen der Bildung: Was Schülerinnen und Schüler im 21. Jahrhundert lernen müssen. Hamburg: ZLL21.

Hirsch, Nele (2019): „Methodenideen mit der Etherpad Farbmarkierung". www.ebildungslabor.de/blog/etherpadfarben/ (Abfrage: 02.07.2020).

Kieweg, Werner (2009): Schreibprozesse gestalten, Schreibprozesse entwickeln. In: Der Fremdsprachliche Unterricht Englisch 97, S. 2–8.

KMK (2016) – Kultusministerkonferenz (2016): Bildung in der digitalen Welt – Strategie der Kultusministerkonferenz. www.kmk.org/fileadmin/Dateien/pdf/PresseUndAktuelles/2017/Digitalstrategie_KMK_Weiterbildung.pdf

KMK (2017) – Kultusministerkonferenz (2017): „Strategie ‚Bildung in der digitalen Welt'". www.kmk.org/fileadmin/Dateien/veroeffentlichungen_beschluesse/2018/Strategie_Bildung_in_der_digitalen_Welt_idF._vom_07.12.2017.pdf (Abfrage: 01.07.2020).

Krommer, Axel (2018): „Wie ein Common-sense Medienbegriff zu pädagogischen Fehlschlüssen führt". www.axelkrommer.com/2018/08/27/wie-ein-common-sense-medienbegriff-zu-paedagogischen-fehlschluessen-fuehrt/ (Abfrage: 03.08.2020).

Matz, Frauke (2014): Schreiben. In: Lütge, Christiane (Hrsg.): Englisch Methodik: Handbuch für die Sekundarstufe I und II. Berlin: Cornelsen Scriptor, S. 33–50.

Mihajlović, Dejan (2017): „Kommunikation, Kollaboration, Kreativität und kritisches Denken – mehr als Buzzwords". www.mihajlovicfreiburg.com/2017/04/18/kommunikation-kollaboration-kreativitaet-und-kritisches-denken-mehr-als-buzzwords/ (Abfrage: 04.08.2020).

MSW NRW = Ministerium für Schule und Weiterbildung des Landes Nordrhein-Westfalen (2007): Kernlehrplan Sekundarstufe I. Gymnasium. Englisch (G8). Frechen: Ritterbach.

Pallaske, Christophe/Zündorf, Petra (2014): Kollaboratives Schreiben mit Etherpads. In: Geschichte lernen, H. 159/160, S. 38–41.

Passig, Kathrin (2016): „Gemeinsames Schreiben". docs.google.com/document/d/1Hey4tG4yI7QU1G0RG2GXRE-7B0-_mG8lpdabVTQjYqg/edit (Abfrage: 06.08.2020).

Samuelis, Theresa (2019): „Unterrichten nach dem 4K Modell". www.bpb.de/lernen/digitale-bildung/werkstatt/297360/unterrichten-nach-dem-4k-modell (Abfrage: 03.07.2020).

Schleicher, Tobias (2013): „21st century skills – Keynote auf der re:republica 2013". www.YouTube.com/watch?v=Ibb5KE6Cl_w (Abfrage: 02.07.2020).

Stalder, Felix (2019): Kultur der Digitalität. 4. Auflage. Berlin: Suhrkamp.

Sturm, Afra (2008): „Kooperatives Schreiben – eine grundlegende Fertigkeit". www.schreiben.zentrumlesen.ch/myUploadData/files/zl-rundschreiben_nr15_kooperatives-schreiben.pdf (Abruf: 07.08.2020).

Wampfler, Philippe (2018): „Was ist digitale Didaktik?" www.schulesocialmedia.com/2018/05/26/was-ist-digitale-didaktik/ (Abfrage: 04.08.2020).

Wampfler, Philippe (2020): Digitales Schreiben: Blogs & Co. im Unterricht. Ditzingen: Reclam.

Würffel, Nicola (2008): Kooperatives Schreiben im Fremdsprachenunterricht: Potentiale des Einsatzes von Social Software-Anwendungen am Beispiel kooperativer Online-Editoren. In: Zeitschrift für Interkulturellen Fremdsprachenunterricht 13, H. 1. (auch online unter: www.tujournals.ulb.tu-darmstadt.de/index.php/zif/article/viewFile/226/218 (Abfage: 02.07.2020).

3 Unterrichtsanregungen zum Einsatz von Twine im Literaturunterricht der Oberstufe am Beispiel von *Short Stories*

Carina Leonhardt, Mark Turpin und Stefanie May

3.1 Einleitung

Häufig als Oberbegriff für verschiedene interaktive Genres, wie z. B. *Text-adventures, Multiple-Choice Adventures* oder aber *Hypertext Narratives* verwendet, bezieht sich *Interactive Fiction* (IF) grundlegend auf ein Computerspielgenre, in welchem die Spielwelt und die Handlung als Text in Form von sich verzweigenden Handlungssträngen präsentiert wird. Den Spieler*innen werden verschiedene Entscheidungsoptionen und Navigationsmöglichkeiten durch den Text geboten, wodurch sie die Handlung in eine bestimmte Richtung lenken und so selbst Teil der Geschichte werden. Diese Art der Interaktivität und non-Linearität ist jedoch nicht neu. Bereits in den 1980er Jahren erfreuten sich sogenannte „Spielbücher" (engl.: *Choose your own Adventure Books*) als analoge Vorgänger von IF großer Beliebtheit und ermöglichten den Leser*innen eine gewisse Einflussnahme auf den Verlauf der Handlung. Das Treffen von Entscheidungen erfolgt hier allerdings durch das Umblättern im Buch bzw. das hin und her Springen im Text. Diese Art von Texten ist mit IF nun digital repräsentiert. Die Leser*innen bzw. Spieler*innen werden an verschiedenen Stellen des Texts durch das Klicken auf sogenannte Hyperlinks aufgefordert, bestimmte Entscheidungen zu treffen. Hierdurch entwickelt sich sodann die Handlung.

Die Digitalisierung und die damit einhergehenden Entwicklungen haben dazu geführt, dass sich nicht nur neue Genres und Textformen entwickeln, sondern auch eine neue Form des Erlebens dieser Texte entsteht. Im modernen fremdsprachlichen Literaturunterricht kann es vor diesem Hintergrund nicht mehr nur darum gehen, literarisches Verstehen und Lernen sowie die Lese- und Schreibkompetenzen der Schüler*innen durch die Auseinandersetzung mit linearen und analogen, d. h. schriftlichen und gedruckten Texten, zu fördern. Vielmehr sollten auch diejenigen Texte in den fremdsprachlichen (Literatur-)Unterricht einbezogen werden, die für Schüler*innen relevant sind und einen Lebensweltbezug aufweisen. Geht man von einem erweiterten

Textbegriff aus, der auch multimodale, interaktive und non-lineare Texte mit einschließt, so beschäftigen sich Schüler*innen in ihrer Freizeit mit zahlreichen Texten. Hierzu zählen z. B. Computer- oder Videospiele, Filme, Serien und Hörspiele (vgl. mpfs 2018). Vor diesem Hintergrund ist es bedeutend, den Schüler*innen einen reflektierten und bewussten Umgang mit diesen Medien zu vermitteln und ihnen die Ausbildung digitaler, sozialer, evaluativer sowie reflexiver Kompetenzen sowie den Umgang mit Produktions- und Rezeptionsformen der neuen Genres und Textformen zu ermöglichen (vgl. u. a. Hallet 2007; Nünning/Surkamp 2010; Bredella 2012; KMK 2016; Surkamp/Khuen 2018). Hierzu zählt insbesondere, zu verstehen, dass Texte bzw. Literatur nicht mehr nur linear oder ausschließlich textbasiert sind, sondern eben multimodal – d. h. sie verbinden Schriftsprache mit (audio-)visuellen Elementen – non-linear und interaktiv. All dies erfordert einen (Literatur-) Unterricht, der die Chancen und Möglichkeiten ebendieser Texte nutzt, sie als Teil des fremdsprachlichen und literarischen Lernens begreift und den Schüler*innen somit das Erleben und Erfahren von Literatur ermöglicht.

Durch den Einsatz von *Interactive Fiction* im fremdsprachlichen Literaturunterricht kann dieser Forderung begegnet werden. Am Beispiel von *Short Stories* beschreibt dieser Artikel, wie sich *Interactive Fiction* in den Englischunterricht der Sekundarstufe II zur Förderung des literarischen Lernens und Verstehens integrieren lässt. Vor diesem Hintergrund wird Twine in einem ersten Schritt als ein Tool vorgestellt, um *Interactive Fiction* zu erstellen und für den Unterricht nutzbar zu machen. In einem zweiten Schritt werden sodann die Potenziale dieses Tools für den fremdsprachlichen (Literatur-) Unterricht aufgezeigt. Der Artikel schließt mit konkreten Unterrichtsanregungen für den Einsatz von *Twine* im fremdsprachlichen Literaturunterricht der Sekundarstufe II.

3.2 Interactive Fiction und Twine

Die Digitalisierung hat zahlreiche Möglichkeiten hervorgebracht, interaktive Texte nicht nur zu rezipieren, sondern mithilfe bestimmter Tools auch leicht zu produzieren, zu publizieren und mit anderen zu teilen. Eines dieser Tools ist Twine. Bei Twine handelt es sich um ein Open Source Programm, mit welchem online (oder nach kostenlosem Download der Software auch offline) interaktive, non-lineare und Hypertext-basierte Geschichten erstellt sowie anschließend gespielt und durchlebt werden können. Twine zählt zu den Autorenwerkzeugen, mit denen sogenannte *branching narratives*, welche eine Mischform aus (Computer-)Spiel und Text darstellen, erstellt werden können. Zwar fehlen klassische Elemente eines Computerspiels, wie z. B. Avatare,

Animationen, Steuerungsmechanismen oder Levels. Dennoch können die interaktiven Geschichten in Twine mit Audiodateien, Bildern oder Videos ergänzt und somit multimodal präsentiert werden. Das eigentliche *Gameplay* ist jedoch auf das Treffen von Entscheidungen reduziert (vgl. Kaindel 2019). Eine Geschichte, die mit Twine erstellt wird, lebt also von Entscheidungsoptionen und Verzweigungen *(Branches)* der Handlung. Letztere präsentiert sich den Spieler*innen im Programm als eine Abfolge von Textpassagen, die verschiedene Entscheidungsmöglichkeiten in Form von Links enthalten. Indem die Spieler*innen an verschiedenen Stellen im Text aufgefordert werden, eine Entscheidung zu treffen und somit einem Link zu folgen, werden sie auf eine neue Seite geführt, die die Handlung auf dieser Entscheidung basierend fortsetzt.

Zum Erstellen der interaktiven Geschichten werden keine Programmierkenntnisse benötigt, was das Programm gerade für den unterrichtlichen Einsatz attraktiv macht. Die relativ schlichte Programmoberfläche lässt sich einfach bedienen, so dass unmittelbar mit dem Schreiben einer Geschichte begonnen werden kann. Die nachfolgenden Screenshots zeigen ein Beispiel für eine Verzweigung der Handlung inklusive Kurzbefehlen, wie sie zunächst im Programmiermodus des Programms angelegt werden (Abbildung 3.1) sowie die finale Präsentation der Handlung im Spielmodus (Abbildung 3.2).

Um eine Geschichte in Twine zu erstellen und die für das Programm charakteristischen Entscheidungsoptionen anzulegen, sind lediglich wenige Kurzbefehle notwendig. Die nachfolgende Abbildung zeigt eine solche Entscheidungsoption, wie sie im Programmiermodus erstellt und präsentiert wird. Die hierfür notwendigen Kurzbefehle lassen sich ebenso im Twine *Handbook* nachlesen, welches über die Programmwebsite aufrufbar ist (siehe PLE-Kasten). Weiterhin gibt es online zahlreiche Videotutorials, die die Funktionsweise und die Möglichkeiten des Programms eingängig erläutern.

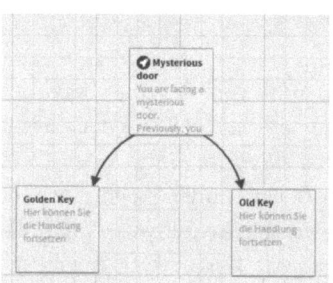

You are facing a mysterious door. Previously, you have found two keys that might be useful to open the door. One is a beautiful, shimmery, golden key. The other is an old, rusted key.

Would you rather choose [[the golden key? | Golden Key]] or do you want to use [[the old key? | Old Key]] to open the mysterious door?

Abbildung 3.1: Entscheidungssituation im Programmiermodus

Sind die Entscheidungsoptionen im Programmiermodus angelegt, kann die
Geschichte durchlebt, bzw. gespielt werden. Hierfür wird auf den Play-Button
im rechten Rand des Browserfensters geklickt und die Geschichte präsentiert
sich wie in Abbildung 3.2 dargestellt.

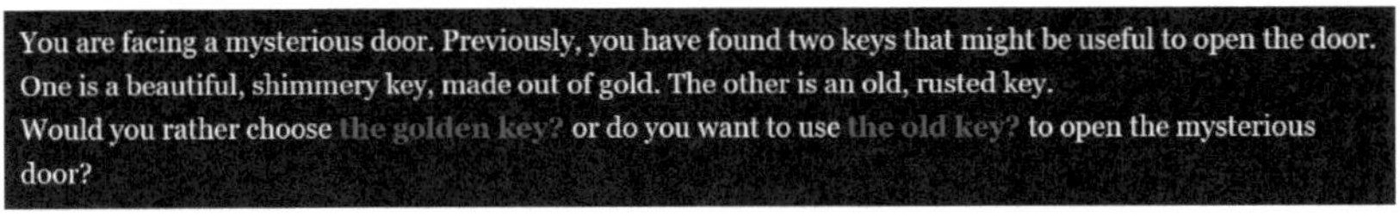

You are facing a mysterious door. Previously, you have found two keys that might be useful to open the door.
One is a beautiful, shimmery key, made out of gold. The other is an old, rusted key.
Would you rather choose the golden key? or do you want to use the old key? to open the mysterious
door?

Abbildung 3.2: Spielmodus

Welche Potenziale bietet Twine nun für den Einsatz im fremdsprachlichen
(Literatur-)Unterricht?

3.3   Twine im fremdsprachlichen (Literatur-)Unterricht

Im Grunde ist Twine ein Tool, um Geschichten zu erzählen, zu entwickeln
und spielend zu durchleben. Hierbei lassen sich zwei Perspektiven unterscheiden: Zum einen können bereits existierende bzw. durch die Lehrkraft erstellte interaktive Texte rezipiert und durchlebt werden, wodurch *Interactive
Fiction* als eine Form literarischer Texte präsentiert wird. Zahlreiche Texte
finden sich beispielsweise auf der *Interactive Fiction Database* (siehe PLE-
Kasten), einer Plattform, auf welcher zahlreiche, hauptsächlich englischsprachige IF-Texte zu finden sind und auf welcher auch eigene Texte mit der
Community geteilt werden können. Zum anderen lässt sich Twine zur Produktion von interaktiven Texten als Antwort auf traditionelle, d.h. analoge
und gedruckte literarische Texte in den Unterricht integrieren.

Rezipieren Schüler*innen beispielsweise online publizierte interaktive
Texte, so können diese im Anschluss mit traditionellen bzw. analogen literarischen Texten verglichen werden. Hierdurch lernen die Schüler*innen, wie
literarische Texte aufgebaut sind, setzen sich mit den interaktiven Textformen und Genres auseinander und lernen diese ebenfalls als eine Form von
Literatur kennen. Ebenso können Textausschnitte von analogen literarischen
Texten mit Twine als interaktiver Text präsentiert werden, um den Lernenden eine intensive Auseinandersetzung mit der Handlung, Konflikten der Figuren sowie bedeutenden Entscheidungen zu ermöglichen. Da eine Entscheidung in Twine mit unmittelbaren Konsequenzen für die Handlung der Geschichte verbunden ist, müssen die Schüler*innen genau lesen. Dies fördert
sowohl das erlebnisorientierte als auch das fokussierende, genaue Lesen *(close
reading)*, wirkt sich auf die fremdsprachliche Lesekompetenz und das Text-

verständnis aus und fördert die Problemlösekompetenz der Lernenden. Auch erhalten die Lerner*innen durch das Treffen von Entscheidungen ein gewisses Maß an Autonomie und Kontrolle, was sich positiv auf deren Motivation auswirken kann. Dadurch, dass die Mehrzahl der im Netz publizierten interaktiven Texte in englischer Sprache vorliegen, bietet der Einsatz interaktiver Texte im Englischunterricht letztlich eine gute Möglichkeit des Sprachinputs.

Produzieren Schüler*innen Texte mit Twine, können beispielsweise der Anfang oder das Ende eines Textes fortgesetzt, zusätzliche Szenen oder Kapitel erfunden oder aber verschiedene fiktionale Universen und literarische Welten miteinander verbunden werden (wie z.B. im Erasmus+ Projekt Fan-TALES, siehe PLE-Kasten). Beispielsweise könnte Harry Potter in einem Sherlock Holmes-Universum auftreten oder aber die Figuren der Drei ??? in der Welt des Harry Potter auf Spurensuche gehen. Hierdurch versetzen sich die Lernenden in verschiedene literarische Figuren, tragen eigene Sichtweisen, Interpretationen und Deutungen an den ursprünglichen literarischen Text heran und handeln aktiv dessen Bedeutung aus.

Mithilfe von interaktiven Texten können Rezipient*innen folglich den Handlungsverlauf einer Geschichte durch ihre Eingebundenheit in und ihre Einflussnahme auf die Handlung leichter nachvollziehen, in das Handlungsgeschehen eintauchen und bedeutende Entscheidungen, Konflikte und Ereignisse besser verstehen. Im Vergleich zu analogen Texten bieten interaktive Texte einen interaktiven Zugang zu Handlung und Komposition des entsprechenden Textes und können so das Erleben von literarischen und fiktionalen Texten erleichtern. Dies kann für den fremdsprachlichen (Literatur-)Unterricht insofern von Bedeutung sein, als es gerade in der gymnasialen Oberstufe um die Ausbildung von Textverstehenskompetenzen geht, die die Schüler*innen zur eigenständigen Analyse und Deutung literarischer Texte befähigen sollen (vgl. KMK 2012; Kimes-Link 2013). Für die Arbeit mit literarischen Texten im fremdsprachlichen Unterricht ergibt sich jedoch die Schwierigkeit, dass es sich nicht nur um sprachlich komplexe Texte handelt und die Schüler*innen diese nicht nur sprachlich verstehen müssen. Vielmehr geht es darum, verschiedene (kulturelle) Perspektiven zu übernehmen, die poetische Funktion von Sprache wahrzunehmen, textanalytische Fähigkeiten auszubilden sowie, ausgehend von den eigenen kognitiven und emotionalen Sinnbildungsprozessen, ästhetische Erfahrungen mit literarischen Texten zu machen (vgl. Burwitz-Melzer 2003; Surkamp 2013).

Non-lineare, interaktive Texte bieten vielfältige Möglichkeiten der Verstehens- und Bedeutungsaushandlung (vgl. Lütge 2018). Im Fokus eines modernen und multimodale sowie interaktive Texte berücksichtigenden fremdsprachlichen (Literatur-)Unterrichts steht demnach nicht mehr nur der literarische Text an sich und das analytische Sprechen über und Interpretieren von Texten. Vielmehr geht es um die Leser*innen mit ihren kognitiven, subjektiven und emotionalen Sinnbildungsprozessen (vgl. ebd.). Der literaturdidaktische Verstehensbegriff erachtet Lesen und literarisches Verstehen damit nicht als einen passiven Akt der reinen Informationsentnahme (vgl. Nünning/Surkamp 2010). Stattdessen geht es um die aktive und kreative Bedeutungskonstitution und um das subjektive Erleben literarischer Texte. Dies wird in Twine über die Rezeption oder Produktion von interaktiven Texten realisiert. Wie dieser Einsatz in der konkreten Unterrichtspraxis nun gelingen kann, beschreibt der nachfolgende Abschnitt.

3.4 Twine im Englischunterricht der Sekundarstufe II: Ein Praxisbeispiel einer Unterrichtsreihe[1]

Im Zentrum der nachfolgend skizzierten Unterrichtsanregungen steht die Arbeit mit literarischen Texten in der Oberstufe. Am Beispiel von dystopischen *Short Stories* wird gezeigt, wie sich durch den Einsatz von Twine komplexe literarische Texte in der Fremdsprache Englisch sowohl rezeptiv als auch produktiv bewältigen lassen. Die Verbindung von Twine mit (analogen) dystopischen *Short Stories* eignet sich gut, um den Lernenden eine tiefergehende Auseinandersetzung mit der Textgattung zu ermöglichen und textanalytische Herangehensweisen an einen Text einzuüben. Im Fokus der Analyse dystopischer *Short Stories* stehen hier insbesondere die Bedeutung des Endes, die Atmosphäre, das gesellschaftliche Problem, das im Text deutlich wird, oder auch der Konflikt, vor welchem die Protagonist*innen stehen. Gerade diese Konfliktsituationen und bedeutungtragenden Entscheidungen lassen sich mit Twine nachvollziehen und leichter analysieren. Auch das oftmals ungelöste Ende, welches Raum für Interpretationen lässt, kann durch Twine und die Möglichkeit, alternative Handlungsverläufe zu erstellen, analysiert und anhand der Bedeutung seiner verschiedenen Ausgänge für die Geschichte interpretiert und reflektiert werden.

Twine und *Interactive Fiction* tragen so dazu bei, analoge, d.h. gedruckte *Short Stories* zu ergänzen und im Zusammenspiel mit diesen das literarische Lernen und Verstehen der Schüler*innen zu fördern.

---

1 Die Autor*innen danken Jan-Erik Leonhardt für die Anregungen zur Gestaltung der Unterrichtsreihe.

3.4.1 Einführung in Short Stories

In der Einführung in die Unterrichtseinheit geht es zunächst allgemein um die Gattung der *Short Story* und deren Charakteristika. Hierfür können zunächst verschiedene analoge *Short Stories* gelesen werden, um die Schüler*innen an die Gattung heranzuführen und deren Merkmale herauszuarbeiten. Es geht darum, die Struktur einer *Short Story* nachzuvollziehen und deren Gestaltungsmerkmale in ihrer Wirkung zu erfassen. Ein Beispiel für eine geeignete *Short Story* ist „Laura" von Robert O'Neill, in welcher es um ein Paar geht, das in einem Restaurant in einen Streit gerät. Die Kurzgeschichte endet mit einem Autounfall.

3.4.2 Eine Short Story schreiben

In der darauffolgenden Einheit werden die anhand der Kurzgeschichte „Laura" erarbeiteten Gattungsmerkmale von *Short Stories* vertieft und die Schüler*innen an eine besondere Form der *Short Story* herangeführt, nämlich an dystopische *Short Stories*. Hierfür wird eine analoge dystopische *Short Story* zunächst in Auszügen gelesen (z. B. den Anfang oder das Ende). Geeignet wäre hier z. B. „Ten with a flag" von Joseph Paul Haines, in welcher eine schwangere Frau durch seitens der Regierung durchgeführte Tests erfährt, dass ihr Kind sehr begabt sein wird und es somit der Gesellschaft zugutekommen wird. Die Zukunft des Kindes wird anhand der Tests vorhergesagt und stellt die Eltern vor bestimmte Konflikte. Die Aufgabe für die Schüler*innen besteht nun darin, die *Short Story* auf Grundlage der Textvorlage zunächst analog weiterzuschreiben und sie anschließend mit dem Original zu vergleichen. Hierdurch verinnerlichen die Schüler*innen die zuvor behandelten Charakteristika einer *Short Story,* wenden diese selbst an und vergleichen die Wirkung der entstehenden Texte mit derjenigen des Originals. Ferner machen die Schüler*innen eigene Schreiberfahrungen mit dem Verfassen linearer Texte. Da die Protagonist*innen dystopischer Geschichten häufig vor einem Konflikt oder vor bedeutungsträchtigen Entscheidungen stehen und das Ende oftmals ungelöst bleibt, eignet sich diese Übung besonders, um Konflikte nachzuvollziehen und durch das Fortschreiben der Geschichte eigene Interpretationen an den Text heranzutragen. Am Ende der Einheit werden die entstandenen Texte mit ihren Wirkungen mit dem Originaltext verglichen, welcher nun gemeinsam in vollständiger Länge gelesen wird. Ebenso werden die Erfahrungen während des Schreibens in einem abschließenden und reflektierenden Unterrichtsgespräch thematisiert. Hier werden dann auch die Besonderheiten und Merkmale dystopischer *Short Stories* (wie z. B. das gesellschaftliche Problem, die Atmosphäre oder die Bedeutung des Endes) herausgearbeitet und mit denjenigen Charakteristika von *Short Stories* verglichen, die in der Einführungseinheit besprochen wurden.

3.4.3 Eine interaktive Short Story schreiben

Nachdem nun die Charakteristika von *Short Stories* im Allgemeinen und von dystopischen *Short Stories* im Besonderen eingeführt und besprochen wurden, wird in dieser Einheit nun das Programm Twine eingesetzt, um den Schüler*innen den Zugang zur Analyse und Interpretation eines Textes zu erleichtern. Hierfür müssen die Funktionen des Programms nicht gesondert eingeführt werden. Stattdessen können sich die Schüler*innen diese mithilfe zahlreicher Videotutorials selbst erarbeiten (siehe PLE-Kasten). Auch die vom FanTALES-Projekt erarbeiteten Materialien können hier eingesetzt werden (https://www.fantales.eu/results/).

Die Schüler*innen wenden nun (in Einzel- oder Kleingruppenarbeit) die zuvor besprochenen Charakteristika von *Short Stories* an, indem sie eigene Kurzgeschichten entwickeln. Dies erfolgt jedoch nicht analog, sondern mithilfe des Programms Twine. Bevor die Schüler*innen sich jedoch an das Erstellen von interaktiven Texten machen, werden sie dazu aufgefordert, darüber nachzudenken, wo ihnen interaktive Texte begegnen (z.B. Computer-, Videospiele oder Film), wofür sie verwendet werden und welche Wirkungen diese, im Vergleich zu linearen Texten, auf die Rezipient*innen haben. Anschließend lesen die Schüler*innen eine weitere dystopische *Short Story* in Auszügen, auf deren Basis sie im Anschluss ihre interaktive Kurzgeschichte mit Twine erstellen sollen. Ein geeignetes Beispiel ist hier „Examination Day" von Henry Slesar. In dieser *Short Story* geht es um einen Jungen, der mit dem Erreichen seines 12. Lebensjahres zum staatlichen IQ Test geladen wird. Die Eltern des Jungen sind besorgt ob der Ergebnisse des Tests und erfahren am Ende der Geschichte, dass ihr Sohn den legalen IQ überschreitet und somit hingerichtet werden muss. Die Eltern sollen sodann entscheiden, wie ihr Sohn beerdigt werden soll.

Ähnlich wie im vorangegangenen Teil der Einheit sollen die Schüler*innen nun auch hier das Ende der *Short Story* fortsetzen. Diesmal geht es aber um das Erstellen eines non-linearen Texts mit Twine, welcher verschiedene Entscheidungsoptionen und Handlungsalternativen bereithält. Gerade das offene Ende und die prekäre Entscheidungssituation der *Short Story* eignen sich für den Einsatz von Twine und das Durchspielen verschiedener Handlungsmöglichkeiten. So können die Schüler*innen nicht nur eigene Interpretationen an den Text herantragen und verschiedene Möglichkeiten des Handlungsverlaufs ausprobieren. Vielmehr erleben sie hierdurch auch die Wirkung der entstehenden Textversionen, die Stimmung sowie die Konflikte, vor welche sich die Hauptfigur(en) gestellt sehen.

Eine interaktive Geschichte in Twine lebt von (guten, d.h. relevanten) Entscheidungsoptionen, die die Rezipient*innen in das Geschehen einbeziehen, die Figuren vor einen Konflikt stellen, Spannung erzeugen und die Handlung in eine bestimmte Richtung leiten. Relevante Entscheidungen sind somit immer in den Kontext der Geschichte eingebunden und haben Konsequenzen für die Figuren und den Verlauf der Geschichte. Indem sich die Schüler*innen mit dem Programm auseinandersetzen und auch die Wirkung und die Aussagen ihrer Geschichten (im Austausch mit Mitschüler*innen) erfahren und reflektieren, setzen sie sich einerseits intensiv mit dem Genre IF auseinander. Andererseits lernen sie den Unterschied zwischen relevanten und weniger relevanten Entscheidungen *(Choices)* kennen und reflektieren deren Wirkungen auf den Text, die Leser*innen sowie die Entwicklung der Geschichte.

Durch die freie und kreative Gestaltungsmöglichkeit des Endes der *Short Story* „Examination Day" sind die Schüler*innen zunächst aufgefordert, sich in die Situation der Eltern hineinzuversetzen und das gesellschaftliche Problem sowie die Stimmung der Kurzgeschichte nachzuvollziehen. Sodann können die Lernenden mit Twine durch das Anlegen verschiedener Entscheidungsoptionen der Handlung der Kurzgeschichte eine neue Richtung geben, die Atmosphäre und die prekäre Entscheidungssituation beeinflussen. Hierdurch werden die Charakteristika dystopischer *Short Stories* verinnerlicht und selbst angewendet. Um diese Einheit abzurunden, können die Schüler*innen im Anschluss ihre jeweils erstellten Kurzgeschichten miteinander teilen und wechselseitig spielen bzw. durchleben. Hieran schließt sich dann in der letzten Phase der Einheit ein Austausch über die jeweiligen Interpretationen der Schüler*innen, deren Texterleben sowie über das Verstehen der entsprechenden Kurzgeschichte an.

3.4.4 Metareflexion

Im Anschluss an diese produktionsorientierte Phase geht es darum, dass die Schüler*innen das bisher Gelesene und Gelernte reflektieren. Im Fokus steht somit zunächst der Vergleich der analogen Originalgeschichten mit den von den Schüler*innen erstellten analogen sowie interaktiven Texten und deren alternativen Enden. Hier werden sowohl der Unterschied zwischen linearen und non-linearen Texten als auch die Erfahrungen der Lerner*innen beim Schreiben und Durchleben der interaktiven *Short Stories* im Vergleich zu den analogen Texten thematisiert. Im Fokus steht hier insbesondere auch der Austausch über die Gestaltung von Entscheidungsoptionen sowie über Charakteristika von guten bzw. für die Handlung relevante Entscheidungen. Ebenso werden hier noch einmal die bedeutenden Merkmale von *Short Stories* und Dystopien mit ihren Wirkungen auf die jeweiligen Texte und Textformen festgehalten. Ziel der Einheit ist es, dass die Schüler*innen die Charakteristika von *Short Stories* verinnerlichen, den Unterschied zwischen analogen und interaktiven Texten kennenlernen und selbst Erfahrungen mit dem Schreiben von Kurzgeschichten machen. Mithilfe von Twine soll den Schüler*innen die Bedeutungsträchtigkeit von Entscheidungen sowie des Endes in *Short Stories* bewusst werden und ihnen die Analyse und Interpretation von *Short Stories* erleichtert werden.

PLE-Kasten

Twine-Website: twinery.org

Twine Handbook: https://twinery.org/wiki/twine2:guide

Onlinetutorial: https://ebildungslabor.github.io/twinetutorial/

Videotutorial: https://www.youtube.com/watch?v=cuxy5fewCLg

Nützliches Nachschlagewerk: Ford, Melissa (2016): Writing Interactive Fiction with Twine. Indianapolis: Pearson Education.

Interactive Fiction Database: Plattform mit zahlreichen IF-Texten, https://ifdb.tads.org/

FanTALES-Projekt: Anregungen und Beispiele zum Erstellen von interaktiven und fanfiction-basierten Geschichten:
www.fantales.eu
https://www.instagram.com/fantales_eu
twitter.com/FanTALES_eu

Hinweis: Diese Publikation wurde im Rahmen des FanTALES Projekts erstellt, mit Unterstützung des Erasmus+ Programms der Europäischen Union (Projektnummer: 2017-1-BE02-KA201-034792). Die Unterstützung der Europäischen Kommission für die Erstellung dieser Veröffentlichung stellt keine Billigung des Inhalts dar, welcher nur die Ansichten der Verfasser*innen wiedergibt, und die Kommission kann nicht für eine etwaige Verwendung der darin enthaltenen Informationen haftbar gemacht werden.

Literatur

Bredella, Lothar (2012): Narratives und interkulturelles Verstehen: zur Entwicklung von Empathie-, Urteils- und Kooperationsfähigkeit. Tübingen: Narr.

Burwitz-Melzer, Eva (2003): Fiktionale Texte im interkulturellen Fremdsprachenunterricht in der Sekundarstufe I. Tübingen: Narr.

Hallet, Wolfgang (2007): Hypertext und Literatur im Fremdsprachenunterricht: Didaktische Implikationen der Text- und Literaturtheorie. In: Fäcke, Christiane/Wangerin, Wolfgang (Hrsg.): Neue Wege zu und mit literarischen Texten: Literaturdidaktische Positionen in der Diskussion. Baltmannsweiler: Schneider Hohengehren, S. 89–109.

Kaindel, Christoph (2019): TextSpielReisen. In: Elmenreich, Wilfried et al. (Hrsg.): Savegame. Agency, design, engineering, Wiesbaden: Springer VS, S. 253–263.

Kimes-Link, Ann (2013): Aufgaben, Methoden und Verstehensprozesse im englischen Literaturunterricht der gymnasialen Oberstufe: Eine qualitativ-empirische Studie. Tübingen: Narr.

KMK (2012) – Sekretariat der Ständigen Konferenz der Kultusminister der Länder in der Bundesrepublik Deutschland (Hrsg.) (2012): „Bildungsstandards für die fortgeführte Fremdsprache (Englisch/Französisch) für die allgemeine Hochschulreife. Beschluss vom 18.10.2012". www.kmk.org/fileadmin/Dateien/veroeffentlichungen_beschluesse/2012/2012_10_18- Bildungsstandards-Fortgef-FS-Abi.pdf (Abfrage: 11.03.2020).

KMK (2016) – Kultusministerkonferenz (2016): „Bildung in der digitalen Welt – Strategie der Kultusministerkonferenz". www.kmk.org/fileadmin/Dateien/pdf/PresseUndAktuelles/2017/Digitalstrategie_KMK_Weiterbildung.pdf (Abfrage: 11.03.2020).

Lütge, Christiane (2018): Literature and film: Approaching fictional texts and media. In: Surkamp, Carola/Viebrock, Britta (Hrsg.): Teaching English as a foreign language: An introduction, Stuttgart: J.B. Metzler, 177–194.

mpfs (2018) – Medienpädagogischer Forschungsverbund Südwest (2018): „JIM-Studie 2018 – Jugend, Information, Medien". www.mpfs.de/fileadmin/files/Studien/JIM/2018/Studie/JIM2018_Gesamt.pdf (Abfrage: 11.03.2020).

Nünning, Ansgar/Surkamp, Carola (2010): Englische Literatur unterrichten: Grundlagen und Methoden. Seelze-Velber: Klett.

Surkamp, Carola (2013): Literaturdidaktik. In: Hallet, Wolfgang (Hrsg.): Handbuch Fremdsprachendidaktik. Seelze-Velber: Klett, 137–142.

Surkamp, Carola/Khuen, Yvonne (2018): Digitalisierung im Englischunterricht. Klett Akademie für Fremdsprachendidaktik. www.klett.de/inhalt/digitalisierung-im-englischunterricht/digitalisierung-im-englischunterricht/37253 (Abfrage: 11.03.2020).

4 Poetry writing in the secondary EFL classroom – digitally triggered and transfigured

Patricia Skorge

4.1 Creative writing and language learning

In heterogeneous English classrooms, creative writing activities afford a wide variety of pleasurable, personalised, flexible, confidence-boosting ways of working with and in the target language. Creative writing fosters precise and thoughtful use of language (Andres Morrissey 2003); expressing one's own meanings requires a deep processing of language, and this can mean that learners' language control, lexico-grammatical resources and sense of discourse structure – how texts 'hang together' – improve markedly (Maley 2009, n.p.). Maley also stresses that creative writing in the EFL classroom encourages risk-taking without fear of failure. When learners work at creating original texts in the L2, they dare to try out new language and go beyond the safe limits of what they have learnt so far.

The positive effects on language skills that Andres Morrissey and Maley report have theoretical support from Swain's (1995) Output Hypothesis, which suggests that if learners are pushed to produce output at the limits of what they *can do* in the language (by writing poems in it, in this case), this facilitates language acquisition. Creative writing activities also fit in well with the premises of language teaching methods such as Task Based Language Teaching (Ellis 2003) and the Lexical Approach (Lewis 1993).

Digital media, above all web-based media, provide vast, rich resources for creative writing. What follows is an eclectic collection of digital tools and resources suitable for use in creative poetry-writing activities in the secondary EFL classroom. Some of them are tools that will literally write your poem for you on the basis of the input you feed them. Others are from websites dedicated to creative writing, some of them even specifically to teaching youngsters how to write poetry. And some, though digital, have nothing to do with creative writing, but have been appropriated for creative writing activities.

The activities here are adaptable to various EFL teaching scenarios and learning goals from Year 5 upwards. They are suitable for heterogeneous learner groups and all have cooperative phases, although the work on the poems themselves can be done individually. For each activity, there is a recommendation for the lowest level at which it can be used; all the activities could be used above this level, including at upper secondary level, where writing their own poems helps to focus the students' insights into the processes of literary composition and thus supports the study of literature.

All the poems referred to as models here are available online; the URLs are given in the list of references. The examples of poems written using digital tools are by the author; they are hasty, unpolished efforts of the kind a teacher would produce in the classroom. Many of these activities were piloted by students in my Creative Writing seminars in 2019 at Bielefeld University, and my heartfelt thanks go to them for all their input.

4.2   Using digital tools to produce poetry in the EFL classroom

4.2.1   Poems that do not rhyme

"Today we're going to write poems!" a teacher announces, and the class thinks they are going to be wrestling with rhymes for the next forty minutes. Finding rhyming words is not difficult, thanks to online rhyming dictionaries (more on these later). But there is no simple digital tool to regulate the rhythm so that poems *scan* as well. For any inexperienced poet, especially one writing in their L2, it is extremely challenging to create a poem that is coherent and meaningful, sticks to a particular rhyme-scheme, has a consistent metre *and* uses accurate, idiomatic English throughout.

But if young writers use free verse and other non-rhyming forms of poetry, there is no need to keep to a strict metre and to twist their thoughts into odd shapes so that they somehow end with rhyming words, because in free verse, there is no rhyme scheme and no regular metre. The language is still musical and evocative, and the writers are often able to write more sophisticated, satisfying texts than in rhyming verse.

Free verse
The best way to give students an idea of how they can work with free verse is to show them some examples. Ken Nesbitt, a prolific poet who writes primarily for children (and whose poems are excellent material for the EFL classroom), has a guide to writing free verse for young poets, and some examples on his "Poetry 4 Kids" website www.poetry4kids.com. Nesbitt's examples can be used from *Year 5 upwards*. One literary example of free verse for teenagers from *Year 8 upwards* is Richard Brautigan's poem *A Boat*

(1968), which features a werewolf and illustrates well just how free the associations in free verse can be. Another example which can easily be found online is Billy Collins' *Introduction to Poetry* (1988). Collins' short poem, which warns against tying a poem to a chair and torturing it "to find out what it really means", is an excellent preamble to writing (or reading) poems as well.

Use it!

Nesbitt (n. d., www.poetry4kids.com) suggests that young poets who are experimenting with free verse should use short, strong words for their verses and make use of alliteration. To find ideas for free verse poems, the class members (together, in groups or individually) brainstorm their own topics and vocabulary for their poems, or repurpose cards from the online Taboo game, Play Taboo (playtaboo.com/playpage) to find topics and associated ideas. The teacher or groups click through the taboo cards (warn the class that many of the cards will *not* be useful for this activity) using the "next" button until they find evocative terms such as "fire", "volcano" or "cloud". The taboo cards provide a key word and five associated words (short words are best) that writers can use in their poems if they like. They could use words from several different cards to introduce new ideas and images into their poems. The teacher collects topic words and associated words on the (digital white) board, or the groups do this for themselves. For more words and ideas, and to provide options for alliteration, use the "find similar sounding words" option on the RhymeZone website (www.rhymezone.com). For example, if you enter the word "fire", words and phrases like "fear", "fierce", "fever", "flower", "feather" and "for her" show up (among many less interesting words) on the list.

Choosing what they like from the topics and words they have assembled, the learners – and teacher! – work at their free verse poems, then exchange them or give them to the teacher for a first review. The teacher and/or peers suggest language changes or other adjustments to the poems, and the poets re-work them, perhaps in a subsequent lesson, and then post the final version on the school's digital platform or a Padlet wall (padlet.com).

Non-rhyming forms with structural constraints

The Poetry Forms Index on the multisite network Poets Collective (poetscollective.org/poetryforms) contains a comprehensive list of poetry forms, many of them very complex. A few do lend themselves to the EFL classroom, though.

The *butterfly cinquain* is an unrhymed, nine-line poem with a set number of syllables; this form is suitable for learners from *Year 7 upwards*. The syllable count per line is 2/4/6/8/2/8/6/4/2, so that the poem resembles a butterfly, with the two-syllable line in the middle joining the two "wings". A simpler variation for the EFL classroom from *Year 5 upwards* could have 2/4/6/8/ 2/8/6/4/2 *words,* rather than syllables, though this will produce a more ragged and lopsided butterfly than the version in which syllables are counted.

Older students can take up the challenge of writing about parallel or anti-thetical notions, before-and-after situations, different views of the same issue, and so on in the two "wing" sections, using the two-syllable line in the middle as a pivotal phrase, or a word that sums up or comments on the "wings". Here is a school-themed example (with 2/4/6/8/2/8/6/4/2 syllables):

Class test

What will she ask?

Please, not too much grammar!

My stomach hurts. I'm feeling sick.

Hello!

Looking forward to our lovely

Easy English test?! Good!

Oh dear! Do you

Feel sick?

Writing poems with set numbers of words or syllables requires concentration and trial and error, so the form could be modelled in class and the task of writing butterfly cinquains set as homework. The teacher should ensure that students know what syllables are and how to count them, if they use the version with the syllable count.

A shorter and less demanding form described on the Poetry Forms website (poetscollective.org/poetryforms) is the *American 767,* and it can be used from *Year 5 upwards.* These poems consist of just three lines, with the numbers of syllables per line being 7/6/7, hence the name. They do not rhyme and there are no rules for metre. There is only one other rule regarding content: the American 767 "must mention some type of bug", according to the description on https://poetscollective.org/poetryforms/3223/. This form, apparently a more liberal American relative of the haiku, is an entertaining way to spend fifteen minutes at the start or end of a lesson. If the class needs practice in counting syllables, first ask them to call out a few words or phrases and say how many syllables each one has. Then the students use online dictionaries (see Freudenau, this volume) or nature websites such as the Woodland Trust's (www.woodlandtrust.org.uk) to discover as many English names of "bugs" ("beetles" in British English) as they can in five minutes, with the teacher or a class member writing them up so that the students can choose some for their poems. This also adds to entomological knowledge and to the general hilarity when the students discover for instance that the English names for *Maikäfer* are "cockchafer" or "doodlebug". In groups or on their own, they use their chosen insect to write a 7/6/7 poem. Keeping to the syllable count is quite challenging, so there is no need to be too strict about it.

A summer-themed example of the American 767 is:

> Mosquito, have you drunk my
> Blood? I'm itching, you thief!
> I'll swat you! Come here at once!

The *diamante*, like the butterfly cinquain, is a shape poem that can be created by students from *Year 5 upwards*. Writing a diamante is also a good opportunity to introduce students to online thesauri, or corpora used as thesauri (see Schildhauer, this volume). The Word Hippo site (www.wordhippo.com) offers useful tools for the L2 creative writer: synonyms, antonyms, word definitions, translations, word-formation (plural form, adjective-to-adverb, nominalisation, etc.), rhyming words, pronunciation and examples of usage in sentences.

Use It!

A diamante is a poem with a roughly diamond-shaped form and a specific arrangement of words:

> Noun
> Adjective, Adjective
> Verb, Verb, Verb
> Noun, Noun, Noun, Noun
> Verb, Verb, Verb
> Adjective, Adjective
> Noun

The nouns that begin or end the diamante may be synonyms or antonyms (Nesbitt n. d., www.poetry4kids.com). If they are antonyms (for example "day" and "night"), the first eight words should refer to day and the last eight to night, with a transition in the long middle line.

The class decides together on a list of possible topics (that is, the first noun) for their diamantes, starting with the synonym variant. The nouns should offer scope for elaboration: for example, "enemy", "shout", "sea", "sadness". The students use an online thesaurus to find good synonyms for each of these words. These will be the last words in their diamantes. Once they have decided which word to start and end with, for line two they use the thesaurus to find two short, strong adjectives to describe the noun. In the middle line, they need to think of four nouns associated with the topic (the first noun); for example, for "sea" they might be "salt", "boats", "fish", "plastic". Again, the thesaurus might help them find good words. Once they have collected the ideas, they assemble their diamantes on their own or in groups.

The Language is a Virus website (www.languageisavirus.com) provides a large range of digital tools for creative writing, requiring various amounts of input from the users. One of these is a tool for creating *MadLib* poems. The tool selects a well-known poem at random from its corpus and, reacting to the prompts given, the user types in adjectives, adverbs, nouns and verbs which will replace the corresponding words in the original poem. The catch, and the fun part, is that the user has no idea what the original poem is and what the generator is going to produce. Some MadLibs require a good deal of input, so the input can be given in groups or by the whole class from *Year 8 or 9 upwards,* with the teacher asking each member in turn to call out a word of their own choice and typing it in. As the word supplied in each case must be from the correct word-class, there is the added benefit that everyone is reminded what verbs, nouns, adjectives and adverbs are. The MadLibs that are generated never make complete sense, and are not always grammatical or correctly spelt. An example is this excerpt:

> "the tail of your chalky alien: whose hatred
> sneer me with the ears of its nose,
> snorting teeth and attack with each biteing"
> (MadLib 28.06.2020, 01.50, generated on the basis of e e cummings' *somewhere i have never travelled,gladly beyond* [sic; 1923]).

Though basically nonsensical and clearly ungrammatical, this fragment is vivid and intriguing, suggesting as it does the strange sense-organs of the "chalky alien" and its noisy teeth. The students then go to work as editors and correctors on the poem the generator has produced. They extract phrases and lines they find interesting, correct the grammar, spelling and syntax, and re-arrange them into a new poem of their own. Another look at Brautigan's *A Boat* (1968) or Mark Strand's *Eating Poetry* (1979) might embolden the students to abandon themselves to a free, non-linear, evocative play of images, sounds and associations.

Google poems are found poems. That is, they are poems made from pieces of text not intended as poems, and selected and arranged by the poet (see Language is a Virus n.d., "found poem"). Google poems are generated by Google's (or other search engines') autocomplete suggestions. For example, typing "gather yo" into a search engine produced these autocomplete phrases: "gather yourself, gather your people, gather your thoughts, gather your strength, gather your limbs, gather you under my wings, gather your dreams, gather yourself together". Arranged in a poem-like format, they become:

Gather yourself –
Gather your people, gather your thoughts, gather
Your strength,
Gather your limbs;
Gather you under my wings.

Gather your
Dreams –
Gather yourself. Together.

Google poems appear to have originated on reddit (Kleinman 2017), where the genre is thriving. Still, as Kleinman comments, few autocompletes are "poetic" or "magical" unless helped along by some editing and arranging. The *pantoum* genre (see Poets Collective n.d., "pantoum") offers a way of selecting and arranging autocomplete material into a poem according to a systematic scheme (see the example below) while still allowing an element of randomness.

Use it!
Year 7 upwards can create *Google-poem pantoums*. Using the (digital white) board, introduce the class to the pantoum form. The lines are arranged in the following pattern (note that this is not a rhyme-scheme; see the example below): ABCD, BEDF, EGFH, GIHJ etc. The last stanza should be YCZA, rounding the pantoum off neatly by repeating the third and first lines of the first stanza. Pantoums can be as long or short as their creators like, so the last stanza could also be GCHA; the only rule for the last stanza is that it has line C as its second and line A as its fourth line. In this classroom version, the pantoums need not rhyme.

Students make aesthetic and structural choices when constructing a pantoum, but the outcome still has an element of surprise and magic, as the repetitions and patterning of phrases imposed by the pantoum form create unanticipated associations and connections. Making a pantoum also requires some logical thinking so as to arrange the lines according to the pantoum scheme. Here is an example of the first two and the last stanzas of a Google-poem pantoum, with the lines indicated to make it clear how the form works.

If only we could turn back time (line A)
My own summer (line B)
If only we had listened (line C)
Velvet and lace (line D)

My own summer (line B, repeated)
Starlight satellite (line E)
Velvet and lace (line D, repeated)
I have seen the rain (line F)

...

(final stanza):
Starlight song
If only we had listened (line C, repeated)
Starlight stable
If we could only turn back time. (line A, repeated)

The teacher needs to try out some search terms *in advance* to make sure they generate three or more correct and idiomatic (or else intriguing) autocompletes that will be useful for the pantoum. The students suggest further search terms in class. There is a language-learning bonus if teachers select search terms that include specific structures and useful collocations. Examples are: "if only we h", "my own s", "highly s", "who suggested that a"; "extremely un". Note that entries like "I have se" generate more interesting phrases than writing out the full final word. Vary the search terms; have some chunks ("could you j", "I have se"; "if only we h") as well as some evocative words or phrases ("rusty old th"; "starlight s") to ensure that the rhythm and texture of the pantoum is varied.

Once the teacher and the class have agreed together on a pool of eight to ten search terms, groups or individuals do online searches using the search engines of their choice and select and note any interesting autocompletes that emerge. If the students are not equipped with digital devices, the teacher does the search: the autocompletes are shown via a projector (or a shared screen, if teaching via video-conference). Everyone contributes promising autocomplete phrases they have found, or if using just the teacher's device, the class chooses them together. The autocomplete phrases are collected on a (physical or digital white) board or recorded in some other way by the teacher. The collection of autocompletes is a pool of lines that the students can choose from to make their pantoums; they do not have to use them all, and they can put them into whatever order they like, following the pantoum scheme.

The pantoums can be assembled in pairs or small groups. The scheme for arranging the lines of the pantoum (ABCD, BEDF, EGFH, GIHJ etc.) should be available to consult at all times. To encourage the students to speak English whilst creating their pantoums, the teacher might want to supply phrases on the (digital white) board like

"Which line shall we start with?" "What should come next?" "Shall we put this line here?" "No, let's put it somewhere else." "How about putting it here?" "It sounds better here." "We've used that already." and so forth, so that the students practise useful language during pair or group work on their pantoums. Each pair or group should decide on a language boss, whose job is to make sure everyone speaks English, and a pantoum boss, whose job is to make sure the pantoum is constructed properly and gets finished.

The final step is to upload the Google-poem pantoums on a Padlet wall and have a digital gallery walk (*Museumsrundgang*) of the pantoums. In the classroom, the pantoums can also be written on flipchart paper, with a real gallery walk to follow.

Students doing teaching degrees compiled the following tips for teachers after experimenting with Google-poem pantoums in a seminar:

Make sure the search engine settings are at their safest level, and that *English is the default language* for searches. Vet the autocompletes for non-standard or offensive language, as no-one edits the internet. Suggest tweaks and adjustments to the phrases, check understanding and draw attention to language use.

4.2.2 Poems that do rhyme

Digital tools for rhyming poems

Students who enjoy working with rhyme should naturally do so. Here are some suggestions for writing rhyming verse without falling into the rhyme-at-all-costs-and-abandon-scansion trap.

Websites that provide digital rhyming dictionaries are valuable resources for poetry writing in the EFL classroom. Sites such as RhymeZone (www. rhymezone.com) provide lists of rhyming words, and many other resources as well. These include near-rhymes, homophones, words with the same letters at the start and end, synonyms and related words, antonyms, and examples of the word used in poems and song lyrics. Working with such tools fosters an intense focus on words, their sounds, spelling and meanings, their possible combinations and their aesthetic qualities.

As noted earlier, there are no easily usable tools to check scansion (yet). Ken Nesbitt's lesson on metre for young writers, "Rhythm in Poetry – You Can Scan, Man" (n.d., www.poetry4kids.com) explains some basic principles of poetic metre in a way that is accessible for L2 students from *Year 7 upwards*. He also has some scanning exercises to try. But rather than trying to teach scansion, one can take existing poems, songs or rhymes as a model, and invite the students to rewrite them in the same rhythm, but with different words and content. The next section suggests how this might be done.

Using an existing poem as a template

In a session where the students are going to write rhyming verse, start as before by looking at some online examples of literary poetry. For *Year 8 upwards* Carol Ann Duffy's poem *Text* (2005) provides an example of a poem that does not have a strict rhythm and uses just one rhyming sound, often in imperfect rhymes, throughout the poem. The teacher might have to explain that in 2005, people still used text messages (the subject of the poem) rather than Facebook or WhatsApp to communicate. Students think of words that are easy to rhyme with, such as "night", "blade", "away" and "boat". Then, using a rhyming dictionary, they find rhyming words and construct a poem on a topic these words suggest to them, using a structure similar to Duffy's.

Gwendolyn Brooks' *We Real Cool* (1960) is a short, powerful rhyming poem. First choosing some words that are easy to rhyme with, as before, and then using a rhyming dictionary, students write their own poems with their own content on the pattern of Brooks' poem.

Song lyrics

Songwriting affords the opportunity to work with rhyme without rigid metrical constraints, since in songs, syllables can be stretched or different numbers of syllables fitted into the same melodic line. The text-generating tool www.song-lyrics-generator.org.uk generates songs in different styles and genres (rap, metal), seasons (summer, Christmas), or in the style of specific artists (Eminem, Abba, Sinatra) and can be used with students from *Year 7 upwards*. The songwriter is prompted to supply input for the song, e.g. "Four plural nouns you dislike (e.g. poos, dishes, seagulls, bugs)" (www.song-lyrics-generator.org.uk/create). The generator creates a song that includes the input, often with rhyming elements. One can also opt to explicitly generate a rhyming song (www.song-lyrics-generator.org.uk/rhyming). The band-name generator on the same website (www.name-generator.org.uk/band-name) prompts input of detailed information on the imaginary band that wrote the song, and generates an appropriately bizarre name.

As in the other exercises with generators, the machine's efforts are always flawed, so the students correct, select, add, delete and rearrange until the song has been converted into living human language. The site warns that the rap generator uses well-known rap material to generate lyrics, and that offensive language might occur; the teacher should experiment in advance and decide if they feel the language is inappropriate. Working with the generator is hilarious, and the students put their expertise in English to good use both generating and polishing the lyrics.

4.3 Publish and participate

The students have created their poems, and what now? Maley (2009) emphasises how important it is to publish the students' creative work in some way. A class working with digital devices and formats could use a Padlet wall (padlet.com) created by the teacher as a flexible option to publish their creative texts. The teacher, by the way, should not be left out. As Maley stresses, and I can confirm from twenty years of teaching creative writing, *the teacher should also write*. When not providing support for the students or supervising the technology, teachers can join in and create poems too. This means they have first-hand experience of the challenges or revelations of the creative writing task, and are better able to discuss these with the class after the activity. They become participants in the class's shared experience and their role changes from organiser and watchdog to fellow traveller; and this focusses the students more, not less, on their writing. Besides: Why should the students have all the fun?

References

Andres Morrissey, Franz (2003): "Write on! Creative writing as language practice". Teaching English – British Council & BBC. www.teachingenglish.org.uk/think/write/creative_write.shtml (Retrieved: 12.05.2020).

Brautigan, Richard (1968): "A boat". www.poetryfoundation.org/poetrymagazine/poems/56423/a-boat-56d238e754f45 (Retrieved: 20.06.2020).

Brooks, Gwendolyn (1960): "We real cool". www.poets.org/poem/we-real-cool (Retrieved: 20.06.2020).

Collins, Billy (1988) "Introduction to poetry". www.poetryfoundation.org/poems/46712/introduction-to-poetry (Retrieved: 20.06.2020).

cummings, e e (1923): "somewhere i have never travelled,gladly beyond". www.poets.org/poem/somewhere-i-have-never-travelledgladly-beyond (Retrieved: 22.06.2020).

Duffy, Carol Ann (2005): "Text". https://closeenoughtoread.wordpress.com/2012/10/04/carol-ann-duffy-text/ (Retrieved: 20.06.2020).

Ellis, Rod (2003): Task-based language teaching and learning. Oxford: Oxford University Press.

Kleinman, Alexis (2013): "'Google poems' are hauntingly beautiful". *Huffpost*. www.huffpost.com/entry/google-poems_n_2828665 (Retrieved: 13.01.2020).

Language is a Virus (n.d.): "Poetic form: found poem". www.languageisavirus.com/creative-writing-techniques/poetic-form-found-poem.php (Retrieved: 15.06.2020).

Language is a Virus (n.d.): "Madlib poem". www.languageisavirus.com/cgi-bin/madlibs.pl (Retrieved: 15.06.2020).

Lewis, Michael (1993): The lexical approach: The state of ELT and the way forward. Hove, England: Language Teaching Publications.

Maley, Alan (2009): "Creative writing for language learners (and teachers)". Teaching English – British Council & BBC. www.teachingenglish.org.uk/articles/creative-writing-language-learners-teachers (Retrieved: 15.05.2020).

Nesbitt, Ken (n.d.): "How to write a diamante poem". www.poetry4kids.com/lessons/how-to-write-a-diamante-poem (Retrieved: 19.05.2020).

Nesbitt, Ken (n.d.): "How to write a free verse poem". www.poetry4kids.com/lessons/how-to-write-a-free-verse-poem (Retrieved: 23.05.2020).

Nesbitt, Ken (n.d.). "Rhythm in poetry: You can scan, man". www.poetry4kids.com/lessons/rhythm-in-poetry-you-can-scan-man (Retrieved: 15.05.2020).

Poets Collective, Poetry Forms (n.d.): "American 767". www.poetscollective.org/poetry-forms/?s=American+767 (Retrieved: 09.01.2020).

Poets Collective, Poetry Forms (n.d.): "Butterfly cinquain". www.poetscollective.org/poetryforms/butterfly-cinquain (Retrieved: 09.01.2020).

Poets Collective, Poetry Forms (n.d.): "Pantoum". www.poetscollective.org/poetryforms/pantoum (Retrieved: 09.01.2020).

Strand, Mark (1979): "Eating poetry".www.poetryfoundation.org/poems/52959/eating-poetry (Retrieved: 27.06.2020).

Swain, Merrill (1985): Communicative competence: Some roles of comprehensible input and comprehensible output in its development. In: Gass, Susan/Madden, Carolyn (Eds.): Input in second language acquisition. Rowley, MA: Newbury House, pp. 235–253.

Woodland Trust (n.d.): "Beetles". www.woodlandtrust.org.uk/trees-woods-and-wildlife/animals/beetles/ (Retrieved: 17.06.2020).

Schwerpunkt: Lesen und Hören

5 Kreativ und digital: App-Einsatz im filmbasierten Fremdsprachenunterricht

Jan-Erik Leonhardt und Britta Viebrock

5.1 Apps und audiovisuelle Medien im Fremdsprachenunterricht

Unser Beitrag geht von einer stark mediatisierten und digitalisierten Gesellschaft aus. Mobile Endgeräte wie Smartphones und Tablets mit vielfältigen Apps zum Konsumieren und Produzieren digitaler Inhalte sind fester Bestandteil der Alltags- und Arbeitswelt nicht nur von Erwachsenen. Mediennutzungsstudien zeigen, dass aktuell bereits 99 % aller 12- bis 19-Jährigen ein Smartphone, 98 % Internetzugang und 67 % ein Tablet besitzen (vgl. Medienpädagogischer Forschungsverbund Südwest 2018). Damit konsumieren Schüler*innen in ihrer Freizeit zahlreiche (auch englischsprachige) audiovisuelle Inhalte wie Filme und Serien über Streamingdienste wie *Netflix* oder *Amazon Prime* oder Internetvideos über *YouTube*. Das Bewegtbild ist zum wichtigsten Kommunikationsmodus unserer Gesellschaft geworden. Während in Zeiten des Kinos und Fernsehens die Produktion audiovisueller Inhalte in den Händen großer Studios und Medienanstalten lag, hat nun fast jeder individuell die Möglichkeit, selbst über ein einziges Gerät zu Kamera und Schnittprogramm zu greifen (vgl. Apkon 2013, S. 24). Die erstellten Inhalte können dann über bei Jugendlichen aktuell beliebte Apps wie *YouTube, Instagram* oder *Snapchat* in Sekundenschnelle geteilt werden. Die Anwendungen sind mobil und flexibel – und hierdurch verändert sich auch das Lernen von Schüler*innen und ihr Umgang mit audiovisuellen Inhalten.

Um einen reflektierten und kritischen Umgang von Schüler*innen mit diesen Veränderungen sowie den Möglichkeiten und Grenzen digitaler Anwendungen und audiovisueller Medien zu fördern, ist auch der Fremdsprachenunterricht gefragt. Einerseits werden im Rahmen von *Mobile Assisted Language Learning* (MALL) digitale Anwendungen für den Lernprozess nutzbar gemacht. *Mobile* kann sich hier sowohl auf die Flexibilität von Lernort und -zeit als auch auf die Tragbarkeit der digitalen Geräte beziehen, deren Apps Interaktivität und personalisiertes Lernen sowie Interaktion und Kollaboration erlauben (vgl. Hockly 2013, S. 80 f.). Andererseits stehen im Umgang mit Apps und audiovisuellen Medien jedoch nicht nur die technischen Möglichkeiten in der Unterrichtsgestaltung und die Förderung technischer Fähigkeiten der Schüler*innen im Vordergrund. Vielmehr ist ein zentrales Ziel des Fremdsprachenunterrichts im Umgang mit audiovisuellen Medien die Förderung von *Audio-Visual Literacy,* also der Fähigkeit, Informationen verschiedener Modi (Sprache, Bild, Ton) verstehen, kritisch analysieren und produzieren zu können (vgl. Elsner/Viebrock 2013).

Vor diesem Hintergrund beleuchtet der vorliegende Beitrag das Potenzial verschiedener Apps zum Verstehen und Herstellen eigener audiovisueller Inhalte im Englischunterricht. Mit Fokus auf dem Medium Film zeigt er, wie sich *Film Literacy* als wichtiger Teilbereich von *Audio-Visual Literacy* entwickeln lässt. Hierbei beleuchtet er die Frage, inwiefern Apps wie CLOSE-UP und TopShot bei Analyse und Filmproduktion helfen und inwiefern sich Filmschnittapps wie iMovie, KineMaster, PowerDirector oder Quik für handlungs- und produktionsorientierte Aufgabenstellungen im filmbasierten Fremdsprachenunterricht eignen. Der Kurzfilm „A Social Life" (Lemon 2016), der *social media addiction* zum Thema hat, wird genutzt, um die Arbeit mit den Apps in der Sekundarstufe zu illustrieren. Der Beitrag versucht so, digitales Lehren und Aspekte des *Mobile Assisted Language Learning* mit Ansätzen der Filmdidaktik zu vereinen.

5.2 *Mobile Assisted Language Learning* im Fremdsprachenunterricht

Forschung im Bereich MALL zeigt, dass sich bereits Grundschüler*innen der technischen Möglichkeiten mobiler Geräte und Apps bewusst sein können (vgl. Dausend 2016, S. 375). Jedoch nicht das mobile Gerät an sich, sondern vielmehr sein methodischer Einsatz vermag Lehr- und Lernprozesse zu verbessern. Studien zum Einsatz von Tablets zeigen dabei bspw., dass Apps selbstständiges Lernen und das interaktive Aushandeln von Bedeutung in Gruppenarbeiten stützen können; sie ermöglichen differenziertes Vorgehen mit passgenauem Material und individuelles Feedback (vgl. Gallagher et al. 2015; Heinz 2018; für eine Übersicht vgl. Aufenanger 2016).

Dennoch sind auch Nachteile des Einsatzes digitaler Apps zu nennen, hierunter ihr Ablenkungspotenzial, datenschutzrechtliche Bedenken, technische Probleme oder die Sorge vor technischer Abhängigkeit. Instabiles (oder nicht vorhandenes) WLAN und ein Mangel an fachspezifischen Apps stellen nach wie vor eine Herausforderung für MALL dar. Wichtiger noch, Schüler*innen kritisieren den Einsatz von Methoden, die dem technischen Potenzial der Geräte nicht gerecht werden (Gallagher et al 2015; Heinz 2018; Falk 2019). Mit Bezug auf das Medium Film wäre ein Tableteinsatz vonseiten der Schüler*innen dann zu hinterfragen, wenn lediglich Programme zur vornehmlich passiven Filmrezeption verwendet werden, nicht jedoch weitere Apps, welche die Filmanalyse interaktiv zugänglicher oder eigenes Erfahren filmästhetischer Gestaltung möglich machen.

Hockly (2013, S. 82) schlägt deshalb vor, zwischen Aufgaben zu unterscheiden, bei denen mobile Apps das bisherige (analoge) Lernwerkzeug lediglich ersetzen, und Aufgaben, die ohne diese Apps gar nicht erst möglich wären. Erst letztere erfüllen das vollständige Potenzial von MALL, wie das SAMR-Modell von Puentedura (2010) zeigt (Abbildung 5.1). Die in diesem Modell getroffenen, idealtypischen Unterscheidungen zwischen *Substitution, Augmentation, Modification* und *Redefinition* können trotz einer gewissen Unschärfe dabei helfen, die Potenziale mobiler Endgeräte für den Fremdsprachenunterricht genauer zu erkennen (vgl. Schmidt/Strasser 2018).

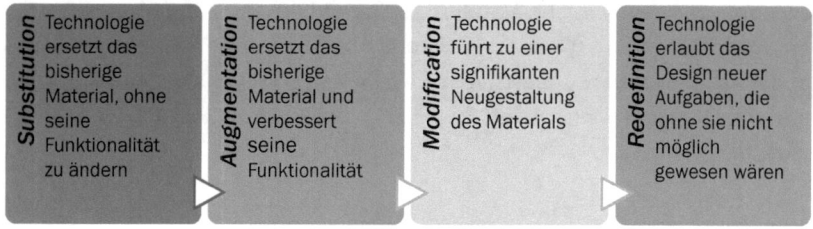

Abbildung 5.1: Das SAMR-Modell Puenteduras (2010)

Während Aufgaben nach dem SAMR-Modell auf den Ebenen der *Substitution* und *Augmentation* im besten Falle zu einer technischen Modernisierung bisheriger Aufgabentypen und Methoden führen können, diese aber nicht im Kern verändern, zeigen *Modification* und besonders *Redefinition,* durch die neue Aufgabentypen und Methoden möglich werden, das transformative Potenzial von MALL.

5.3 Film Literacy und der produktive Umgang mit Film

Die genannten Erkenntnisse von MALL sind für den filmbasierten Fremdsprachenunterricht von hohem Belang: Apps erlauben unmittelbaren und individuellen Zugriff auf Filme, sie ermöglichen sowohl deren Analyse als auch deren eigenständige Produktion. Unabhängig davon, ob es sich hierbei um Webvideos, Spielfilme oder Instagram-*Stories* handelt, all diese Formate nutzen filmästhetische Gestaltungsmittel als Grundlage ihrer audiovisuellen Narration. Schüler*innen müssen daher lernen, diese Gestaltungsmittel zu dekodieren, zu verstehen und kritisch zu analysieren, um mögliche manipulative Effekte und die Inszeniertheit filmischer Gestaltung zu erfassen. Für den Bereich fiktionaler Filme sollen die Schüler*innen deshalb *Film Literacy* erwerben, die laut Viebrock (2016) drei zentrale Teilkompetenzen umfasst (Abbildung 5.2). Zunächst muss das Zusammenspiel von Bild und Ton verstanden werden (Wahrnehmungskompetenz), um dann kritisch-analytisch die ästhetische Gestaltung des Films hinterfragen zu können (ästhetisch-kritische Kompetenz). Filme können im Fremdsprachenunterricht zudem unter Perspektive der *Cultural Studies* analysiert werden, welche die hier filmische Repräsentation von Kategorien wie *class, race* und *gender* zum Gegenstand ihrer Analyse macht (im Sinne einer kulturellen Kompetenz).

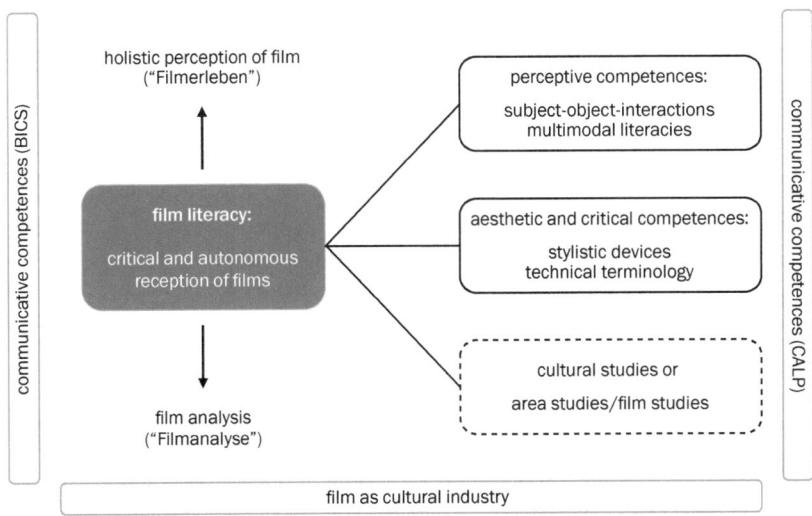

Abbildung 5.2: Film Literacy-Modell in Viebrock (2016)

Auch wenn in diesem Beitrag kein Spiel-, sondern ein Kurzfilm als Beispiel für den fremdsprachlichen Filmunterricht angeführt wird, eignen sich Viebrocks (2016) Definitionen im Vergleich zu kurzfilmspezifischen Modellierungen (u. a. Thaler 2017), da sie bisherige Kompetenzmodellierungen von *Film Literacy* in der Fremdsprachendidaktik (u. a. Blell/Lütge 2004; Henseler/Möller/Surkamp 2011; Lütge 2012) umfassend in einem Modell abbilden. Das Modell von Thaler (2017) betont darüber hinaus die produktive Dimension („creating") der Arbeit mit Filmen, die sich im methodischen Zugriff ausdrückt. Teil des Modells von Viebrock (2016) ist zudem das Spannungsfeld zwischen Filmanalyse und Filmerleben. Letzteres beschreibt eine ganzheitliche Wahrnehmung der „Faszination, die von bewegten Bildern ausgeht" (Decke-Cornill/Luca 2007, S. 19). Die Anerkennung der Dimension des Filmerlebens lässt sich ebenfalls zur Begründung produktiver Ansätze in einem filmbasierten Englischunterricht heranziehen. Auch hierfür eignet sich die

Arbeit mit Apps, welche die Wirkungsmechanismen filmästhetischer Gestaltung vor allem durch das eigene Filmen sichtbar und erlebbar machen (s. Kap. 5).

Kurzfilme, meist definiert durch eine Länge von unter 30 Minuten (vgl. Maiwald 2017), eignen sich besonders für einen produktionsorientierten Filmunterricht. Sie bieten den Vorteil, dass ihre Handlung und Ästhetik oft sehr dicht sind; im Unterricht können so klare thematische Schwerpunkte gesetzt werden. Die Kürze der Filme kann eine größere methodische Vielfalt und Freiheit im Vergleich zu Spielfilmen erlauben, deren Rezeption einen größeren Teil der Unterrichtszeit in Anspruch nimmt (vgl. Donaghy 2015). Kurzfilme erlauben es somit, essentielle inhaltliche, filmästhetische und kulturelle Aspekte zu thematisieren, während gleichzeitig Freiraum für kreative Aufgabenstellungen bleibt. Kurzfilme bieten hier – ähnlich wie Kurzgeschichten – zahlreiche Leerstellen, die von den Schüler*innen bspw. durch das Erstellen von *Storyboards* oder eigenes Filmen mit Smartphone oder Tablet gefüllt werden können. Die entstandenen Produkte der Schüler*innen und ihre Erfahrungen während des Produktionsprozesses bieten Raum für kritische Reflektion und helfen bei der Interpretation der Filmvorlagen.

Anhand des Kurzfilms „A Social Life" (s. Infobox 1) wird nachfolgend die Förderung von *Film Literacy* mithilfe von Apps illustriert. Zunächst werden Apps für analytische, nachfolgend Apps für produktive Zugänge zu dem Kurzfilm diskutiert. „A Social Life" ist ab Mitte der Sekundarstufe 1 geeignet, frühestens jedoch ab Jahrgangsstufe 6. Er ist hierbei je nach Fokus bis in die Oberstufe vielseitig einsetzbar.

„A Social Life" (https://www.youtube.com/watch?v=GXdVPLj_pIk)
Der Kurzfilm (8:27) zeigt die Abhängigkeit einer jungen Frau von Interaktion über soziale Medien und ihrer Selbstdarstellung im Netz. Für positive Bestärkung und *Likes* jagt die Protagonistin nach den perfekten Bildern, gibt jedoch im Laufe des Films auf, das Leben, welches sie postet, selbst zu leben. Der Film kritisiert sowohl inhaltlich als auch in seiner ästhetischen Gestaltung die zunehmende Abhängigkeit von einem sozialen Leben im Netz (vgl. auch Munsch 2020).

5.4 App-geleitete Filmanalyse: Potenziale von CLOSE-UP und TopShot für den Filmunterricht

Ästhetisch-kritische Kompetenzen umfassen die kritische Analyse, Interpretation und Bewertung audiovisuellen Materials auf inhaltlicher, dramatischer und filmästhetischer Ebene. Hierfür müssen die Schüler*innen Wirkungsweisen audiovisueller Gestaltung erkennen und mit entsprechenden Fachbegriffen benennen können. Auch vor produktiven Aufgabenstellungen, die das eigene Erstellen filmischer Sequenzen beinhalten, ist es sinnvoll, dass Schüler*innen sich zentraler Gestaltungsmechanismen bewusst sind.

Im Falle von „A Social Life" wäre eine mögliche Aufgabe vor dem ersten Filmschauen, Assoziationen zum Titel und Vermutungen zur möglichen Filmhandlung zu sammeln (vgl. Munsch 2020). Alternativ kann über Filmtrailer oder -poster eine Erwartungshaltung aufgebaut werden.[1] Eine typische Analyseaufgabe während des Filmsehens oder danach wäre das Ausfüllen eines Filmanalyseprotokolls, das verschiedene Kategorien der filmästhetischen Analyse vorgibt. Diese können je nach Fokus des Films variieren. Für den Film „A Social Life" bieten sich bspw. die Kategorien Handlung und Charaktere, Farbgestaltung und Beleuchtung, Musik und Ton, Kameraperspektive, sowie Editing und Schnitt an. So arbeitet der Film mit Einblendungen von online Posts, die im Kontrast zum zunehmend einsamen Leben der Protagonistin stehen, und mit Aufnahmen im Zeitraffer, die das Unbehagen der Abhängigkeit von sozialen Medien auf die Zuschauer*innen übertragen. Hier ‚hetzt' die Protagonistin von einem Gerät zum anderen, scheinbar auf der nie enden wollenden Suche nach bedeutungsvoller Interaktion. Am Ende der Szene, wieder in Normalgeschwindigkeit, postet die Protagonistin sie sei auf einem Date – nur die Rezipient*innen sehen sie auf der eigenen Couch liegen, untermalt von dunkler Farbgestaltung und trauriger Streichmusik. Diese und weitere Gestaltungsmerkmale können sich die Schüler*innen anhand des Analyseprotokolls auch in einem Gruppenpuzzle erarbeiten. Smartphones oder Tablets können ein individualisiertes Rezipieren erlauben; am eigenen Gerät können Schüler*innen (alleine oder in Gruppen) Szenen mehrmals schauen und an entsprechenden Stellen pausieren, um eine genauere Analyse vorzunehmen.

Eine Vielzahl hilfreicher Apps kann bei dieser Analyse unterstützen und vor allem fachsprachlichen Input geben (Abbildung 5.3). Während Schüler*innen Filmsprache über Arbeitsblätter mit entsprechenden Definitionen und Illustrationen erlernen können, erleichtern kostenlose Anwendungen wie CLOSE-UP diese Arbeit. CLOSE-UP, eine App komplementär zur gleichnamigen Filmlern-DVD für den Englischunterricht (Surkamp/Barkowsky 2010), ist ein umfangreiches digitales Glossar filmischer Fachbegriffe. Die Begriffe sind untereinander ähnlich einem Onlinelexikon verlinkt und erklärt. Nach Puenteduras (2010) SAMR-Modell ist die App CLOSE-UP mehrheitlich dem Level der *Substitution* zuzuordnen, zu ähnlich ist das Angebot bis-

---

1 Für diese Aufgaben können ebenso digitale Programme herangezogen werden. Mentimeter oder Padlet können bspw. beim Sammeln der Assoziationen helfen.

herigen nicht-digitalen Optionen. Die größten Nachteile der App sind das Fehlen von Bildmaterial und von Interaktion mit filmästhetischer Gestaltung. Dies bietet alternativ die Anwendung TopShot (FILM+SCHULE NRW) an, die anhand eigens produzierter Filmclips die grundlegenden Begriffe der Filmsprache interaktiv vermittelt (vgl. Leonhard 2018). Damit lässt sich Top-Shot im SAMR-Modell der zweiten Stufe zuordnen, der *Augmentation*. Schüler*innen können Clips mit unterschiedlicher Musik unterlegen oder Einstellungsgrößen durch Zugriff über die eigene Smartphonekamera selbst ausprobieren. Die App ist anschaulich gestaltet, es kann zwischen deutscher und englischer Sprache gewechselt werden, allerdings ist TopShot begrifflich weniger umfangreich als CLOSE-UP. Da beide Apps jedoch nur mit Beispielen und Ausschnitten, nicht mit konkreten Filmen wie „A Social Life" arbeiten, bieten sie zwar eine differenzierte Hilfestellung für die Filmanalyse, können die inhaltliche Arbeit an vollumfänglichen (Kurz-)Filmen aber nicht ersetzen. Zudem bieten weder CLOSE-UP noch TopShot eine signifikante Neugestaltung bisherigen Materials an, so dass die höheren Stufen des SAMR-Modells durch ihren alleinigen Einsatz nicht realisiert werden.

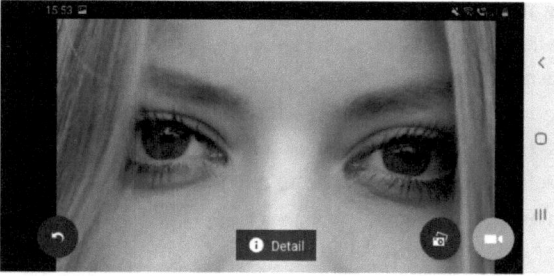

Abbildung 5.3: Das Glossar in CLOSE-UP (links) und das Beispiel einer Detailaufnahme in TopShot (rechts)

5.5 Alles auf einem Gerät? Apps für die schulische Filmproduktion

Mithilfe mobiler Apps können neue, vormals sehr aufwändige Aufgabenstellungen im fremdsprachlichen Filmunterricht auf den Ebenen der *Modification* und *Redefinition* in Puenteduras (2010) SAMR-Modell realisiert werden, wozu besonders der Dreh eigener Filmversuche gehört. Es kann sich hierbei nicht um professionelle Produktionen handeln, vielmehr geht es um ein Ausprobieren von inhaltlicher und filmästhetischer Gestaltung sowie die Reflexion der Ergebnisse, ggf. zusätzlich auch nach oben angeführten Kategorien der *Cultural Studies*. Schüler*innen können inhaltliche Leerstellen bereits behandelter Filme füllen, bspw. das offene Ende eines Kurzfilms ergänzen, oder thematisch verwandte, eigene Filmideen entwickeln.

So ist auch bei „A Social Life" nicht bekannt, wie das Leben der Protagonistin sich fortsetzen wird. Die Zuschauer*innen sehen die Hauptfigur vor ihrem Spiegel stehen, darin spiegeln sich die zahllosen Bilder ihres Social Media *Feed*. Doch die Protagonistin lässt ihr Telefon fallen, scheinbar hat sie ihre Isolation und die Gefahren ihres Verhaltens realisiert. Sie verlässt zum ersten Mal sichtbar im Film ihr Haus. Die letzte Blende, das Licht von außerhalb des Hauses, ist weiß und weist damit auf eine positive Lesart hin. Die Aufgabe, diese Geschichte fortzusetzen, ist dennoch spannend und verbindet die Interpretation des offenen Filmendes mit eigenen thematischen Erwartungshaltungen der Schüler*innen: Wie wird die Protagonistin dem Leben offline begegnen? Wird sie rückfällig werden? Wie werden ihre Peers und ihre Familie auf ihr Verhalten reagieren? Alternativ hierzu ist eine offenere Aufgabenstellung möglich, der Dreh eines Parallelfilms: Hier können die Schüler*innen eine eigene Filmidee zum Thema soziale Medien realisieren, in welcher sie eigene Erfahrungen (selbstredend auch positiver Natur) künstlerisch umsetzen. Den exemplarischen Ablauf eines Filmdrehs mit Schüler*innen illustriert Infobox 2.

Schritt 1: Die Filmidee

Ein guter Film wird von seiner Geschichte bestimmt. Filmideen können vor der technischen Umsetzung auf einem *Storyboard* (bspw. https://www.studiobinder.com/blog/downloads/storyboard-template/) entwickelt und diskutiert werden.

Schritt 2: Die Vorbereitung

In der Filmindustrie *Pre-Production* genannt, müssen hier Darsteller*innen gecastet, Drehorte gesucht, ein Dreh-Team gefunden und ein Drehplan angefertigt werden.[2] Die Schüler*innen können je nach Umfang der Aufgabe in Gruppen alle Aufgaben übernehmen, oder die gesamte Klasse teilt Aufgaben arbeitsteilig untereinander auf.

---

2 Hierbei spielen auch rechtliche Bestimmungen eine große Rolle. U. U. müssen Drehgenehmigungen eingeholt werden, um Persönlichkeitsrechte und das Urheberrecht zu wahren. Sollten in Schritt 4 Ton und Musik hinzugefügt werden, ist auch hier auf die jeweilige Rechtslage zu achten.

Schritt 3: Der Dreh

Bei der *Production* werden die Szenen anhand des Drehplans gefilmt.

Schritt 4: Der Schnitt

Die *Post-Production* ist fraglos der zeitintensivste Teil der Filmproduktion. Hier müssen Filmmaterial gesichtet, sortiert und geschnitten, sowie Musik- und Tonelemente eingefügt werden.

Schritt 5: Die Präsentation

Die Präsentation ist wichtig, um das Gesehene wertzuschätzen, zu reflektieren und ggf. auch zu bewerten. Produkte der Schüler*innen können in der Klasse, mit anderen Klassen oder gar im Rahmen eines kleinen, simulierten Filmfestivals präsentiert werden.

(adaptiert auf der Basis von Leonhardt/Gantner/Kaufmann 2020)

Im Bereich der technischen Umsetzung von Filmideen wird der Unterricht an vielen Stellen von Vorerfahrungen einiger Schüler*innen profitieren können. Für den Filmschnitt stehen mittlerweile zahlreiche Apps zur Verfügung, die intuitiv zu bedienen und größtenteils kostenfrei sind. Vier dieser Apps sollen hier kurz vorgestellt werden (Abbildung 5.4). Quik ist ein sehr einfaches Schnittprogramm, mit dem man bereits in wenigen Minuten Videos erstellen und exportieren kann. Die Technologie ist v. a. auf Nutzer*innen von Actionkameras (z. B. Helmkameras bei Sportaktivitäten) ausgerichtet und kann anhand vorausgewählter Filter und Videosequenzen den Schnitt beschleunigen; dennoch sind einige Auswahloptionen individualisierbar. Im Vergleich zu anderen Apps bietet Quick jedoch nur wenige Optionen an. iMovie, PowerDirector oder KineMaster sind Programme, mit denen professionellerer Filmschnitt möglich ist. Hier kann genauer an Übergängen und Sounddetails, Farbeinstellung und Schnitt gearbeitet werden. Gleichzeitig stößt ihre Benutzung auf kleineren Smartphonebildschirmen an Grenzen, Tablets sind eine benutzerfreundlichere Lösung. Auf den größeren Bildschirmen wirken die Tools und die Veränderungen durch den Filmschnitt am Material übersichtlicher. iMovie ist kostenlos, jedoch nur für iOS erhältlich. PowerDirector und KineMaster sind zunächst kostenlos; die Premiumversionen per monatlichem Abonnement entfernen Wasserzeichen auf exportierten Videos sowie Werbung in den Apps, die beim Arbeiten als störend wahrgenommen werden kann. Alle genannten Filmschnittapps können im handlungs- und produktionsorientierten Filmunterricht genutzt werden. Mit ihnen ist das Arbeiten an einer Fortsetzung von „A Social Life" nicht mehr auf das Verfassen einer Filmidee z. B. mithilfe eines *Storyboards* limitiert. Im Sinne der dritten und vierten Stufe des SAMR-Modells werden durch Filmschnitt-apps neue Aufgabenformate möglich, nämlich das Filmen und Schneiden eigener audiovisueller Produkte. Den Schüler*innen wird hierdurch eine neue Erfahrungsebene von *Film Literacy* ermöglicht.

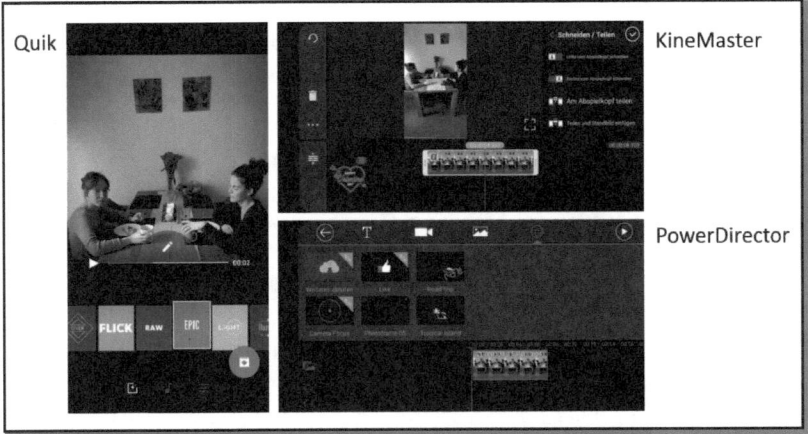

Abbildung 5.4: Quik stellt verschiedene Filter zum schnellen Schnitt bereit. Der Schnitt in KineMaster ist professioneller. Auch PowerDirector bietet mehr Optionen als Quik, wie bspw. das Unterlegen des Bildes mit sog. Stickern.

5.6 Fazit

Die hier vorgestellten Apps bieten die Möglichkeit, im Rahmen eines zeitlich und räumlich flexiblen MALL-Ansatzes einfache bis komplexe Filmprojekte zu realisieren, die teilweise in dieser Form nicht ohne digitale Technologien möglich wären.

Über Apps wie CLOSE-UP und TopShot können die Schüler*innen filmästhetische Gestaltungsmechanismen und dazugehörige Fachbegriffe (interaktiv) kennenlernen. Diese unterstützen sowohl die Filmanalyse sowie die Gestaltung eigener Filmideen im produktiven Filmunterricht. Die vorgestellten Filmschnittapps Quik, iMovie, PowerDirector und KineMaster ermöglichen eine unmittelbare Auseinandersetzung mit audiovisuellem Material und eignen sich mit ihren technischen Möglichkeiten für eine Erweiterung der Grundstufen des SAMR-Modells. Am eigenen Video lassen sich die Auswirkungen von Musik, anders gesetzten Schnitten oder unterschiedlichen Farbnuancen erleben. Die Schüler*innen erwerben kritisch-ästhetische Kompetenzen als Teil von *Film Literacy*. Im verwendeten Beispiel, dem Kurzfilm „A Social Life", analysieren die Schüler*innen nicht nur die Auswirkungen von sozialen Medien auf das Individuum und die Gesellschaft. Vielmehr hinterfragen sie mithilfe der vorgestellten Apps die filmische Inszenierung der Thematik kritisch und verleihen durch die eigene Filmproduktion ihren persönlichen Erfahrungen und Haltungen Ausdruck.

PLE-Kasten

Kieran Donaghys Blog, auf dem er regelmäßig Material und Unterrichtsvorschläge zu Film im Fremdsprachenunterricht Englisch kostenfrei zur Verfügung stellt: https://film-english.com/

Über die Film in Language Teaching Association (FILTA) werden regelmäßig Onlinefortbildungen im Bereich Film im Fremdsprachenunterricht sowie Material angeboten: https://www.filta.org.uk/

Britta Viebrocks Band „Feature Films in English Language Teaching" (2016) schlägt zahlreiche Filme für den Englischunterricht (mit Fokus auf Oberstufenunterricht und universitäre Seminare) vor und stellt neben genauen didaktischen Analysen Unterrichtsmaterial zu den einzelnen Filmen zur Verfügung: https://www.narr.de/feature-films-in-english-language-teaching-16952/

Ein MOOC zu „Short films in language teaching": https://www.futurelearn.com/courses/short-film-language-teaching

Quik (GoPro Inc.)		iMovie (Apple)	
Power Director (CyberLink.com)		CLOSE-UP Film Language (Neue Wege des Lernens e.V.)	
KineMaster (KineMaster Corporation)		TopShot (Film+Schule NRW)	

Literatur

Apkon, Stephen (2013): The age of the image: Redefining literacy in a world of screens. New York: Farrar, Straus and Giroux.

Aufenanger, Stefan (2016): Zum Stand der Forschung zum Tableteinsatz in Schule und Unterricht aus nationaler und internationaler Sicht. In: Bastian, Jasmin/Aufenanger, Stefan (Hrsg.): Tablets in Schule und Unterricht: Forschungsmethoden und -perspektiven zum Einsatz digitaler Medien. Wiesbaden: Springer VS, S. 119–138.

Blell, Gabriele/Lütge, Christiane (2004): Sehen, Hören, Verstehen und Handeln: Filme im Fremdsprachenunterricht. In: Praxis Fremdsprachenunterricht 1, H. 6, S. 402–405.

Dausend, Henriette (2016): Tablets zur Förderung diskursiver Aushandlungsprozesse im Fremdsprachenunterricht. In: Bastian, Jasmin/Aufenanger, Stefan (Hrsg.): Tablets in Schule und Unterricht: Forschungsmethoden und -perspektiven zum Einsatz digitaler Medien. Wiesbaden: Springer VS, S. 355–379.

Decke-Cornill, Helene/Luca, Renate (2007): Filmanalyse und/oder Filmerleben? Zum Dualismus von Filmobjekt und Zuschauersubjekt. In: Decke-Cornill, Helene/Luca, Renate (Hrsg.): Jugendliche im Film – Filme für Jugendliche: Medienpädagogische, bildungstheoretische und didaktische Perspektiven. München: kopaed, S. 11–30.

Donaghy, Kieran (2015): Film in action: Teaching language using moving images. Peaslake, Surrey: Delta Publishing.

Elsner, Daniela/Viebrock, Britta (2013): Developing multiliteracies in the 21st century: Motives for new approaches of teaching and learning foreign languages. In: Elsner, Daniela/Helff, Sissy/Viebrock, Britta (Hrsg.): Films, graphic novels & visuals: Developing multiliteracies in foreign language education. An interdisciplinary approach. Münster u. a.: Lit, S. 17–32.

Falk, Simon (2019): *Mobile-Assisted Language Learning*: Eine empirische Untersuchung zum Einsatz digitaler mobiler Endgeräte im Kontext des Fremdsprachenunterrichts. Tübingen: Narr Francke Attempto.

Gallagher, Tiffany L./Fisher, Douglas/Lapp, Diane/Rowsell, Jennifer/Simpson, Alyson/Scott, Ruth Mcquirter/Walsh, Maureen/Ciampa, Katia/Saudelli, Mary Gene (2015): International perspectives on literacy learning with iPads. In: Journal of education 195, H. 3, S. 15–25.

Heinz, Susanne (2018): *Mobile Learning* und Fremdsprachenunterricht: Theoretische Verortung, Forschungsüberblick und Studie zum Englischunterricht in Tablet-Klassen an Sekundarschulen in Bayern. Bad Heilbrunn: Julius Klinkhardt.

Henseler, Roswitha/Möller, Stefan/Surkamp, Carola (2011): Filme im Englischunterricht: Grundlagen, Methoden, Genres. Seelze: Klett Kallmeyer.

Hockly, Nicky (2013): Mobile learning. In: ELT journal 67, H. 1, S. 80–84.

Lemon, Kerith (2016): A Social Life.

Leonhard, Uwe (2018): Filmbildung im digitalen Zeitalter. In: Mitteilungen des Deutschen Germanistenverbandes 65, H. 3, S. 269–276.

Leonhardt, Jan-Erik/Gantner, Christina/Kaufmann, Carina (2020): *What am I?* Machart und Perspektivierung von Dokumentarfilmen kennenlernen, selbst einen Dokumentarfilm drehen. In: Der Fremdsprachliche Unterricht Englisch, H. 163, S. 10–16.

Lütge, Christiane (2012): Mit Filmen Englisch unterrichten. Berlin: Cornelsen.

Maiwald, Klaus (2017): Goose bumps: How the language of film enters into language teaching with films. In: Thaler, Engelbert (Hrsg.): Short films in language teaching. Tübingen: Narr Francke Attempto, S. 27–36.

Medienpädagogischer Forschungsverbund Südwest (2018): JIM-Studie 2018. Jugend, Information, Medien. Basisuntersuchung zum Medienumgang 12- bis 19-Jähriger. www. mpfs.de/fileadmin/files/Studien/JIM/2018/Studie/JIM_2018_Gesamt.pdf (Abfrage: 10.09.2020).

Munsch, Matthias (2020): *Are you living the life that you post?* Virtuelle Identitäten und Selbstinszenierungen anhand eines Kurzfilms analysieren. In: Der Fremdsprachliche Unterricht Englisch, H. 163, S. 24–29.

Puentedura, Ruben R. (2010): SAMR and TPCK: Intro to advanced practice. www.hippasus.com/resources/sweden2010/SAMR_TPCK_IntroToAdvancedPractice.pdf (Abfrage: 03.02.2020).

Schmidt, Torben/Strasser, Thomas (2018): Media-assisted foreign language learning: Concepts and functions. In: Surkamp, Carola/Viebrock, Britta (Hrsg.): Teaching English as a foreign language: An introduction. Stuttgart: J.B. Metzler. S. 211–231.

Surkamp, Carola (2010): Close-up: Exploring the language of film. Braunschweig: Schöningh.

Thaler, Engelbert (2017): Short films in English language teaching. In: Thaler, Engelbert (Hrsg.): Short films in language teaching. Tübingen: Narr Francke Attempto. S. 13–25.

Viebrock, Britta (2016): Fostering film literacy in English language teaching. In: Viebrock, Britta (Hrsg.): Feature films in English language teaching. Tübingen: Narr Francke Attempto, S. 13–30.

6 Der Gebrauch von Englisch als Lingua Franca im Kontext digitaler Medien – *Online Listening Journals* als Möglichkeit der Begegnung und Reflexion

Carolin Zehne

6.1 Einleitung

Durch die voranschreitende Digitalisierung rückt unser *global village* stetig mehr zusammen und ist in einem hohen Maße durch Hybridität und Diversität geprägt (vgl. Burwitz-Melzer 2019, S. 38). Diese Entwicklungen haben auch Auswirkungen auf den Englischunterricht, denn Lernende haben schon längst nicht mehr lediglich innerhalb des Unterrichts Kontakt zu Englisch (vgl. auch Uhl-Martin in diesem Band). So begegnen ihnen durch digitale Medien auch außerhalb des Klassenzimmers unterschiedlichste Formen und Varietäten von Englisch (vgl. Klippel 2019, S. 104). Lernkontexte werden für Schüler*innen durch digitale Medien erweitert und vergrößern „[...] also das Spektrum dessen, was im Englischunterricht gelernt werden muss, wenn der Unterricht die Heranwachsenden auf den souveränen Umgang mit englischsprachigen Texten und die Kommunikation in der digitalen Welt vorbereiten soll" (ebd.).

Zu diesen Formen von Englisch, denen Lernende in ihrer Lebenswelt durch digitale Medien begegnen und die sie ebenso benutzen, gehört auch der Gebrauch von Englisch als Lingua Franca (ELF). Dieser Beitrag zeigt eine Möglichkeit auf, ELF durch den Schüler*innen bereits bekannte digitale Medien in den Englischunterricht zu integrieren. Zunächst wird der Begriff ELF auf theoretischer Ebene erläutert. Darauf aufbauend werden generelle Implikationen von ELF für den Englischunterricht dargestellt. In einem letzten Schritt wird eine *listening journal* Aktivität als praktische Anregung für den Unterricht vorgestellt. Ziel des *listening journals* ist es, die Schüler*innen mittels ihnen bekannter digitaler Medien noch besser auf die Verwendung des Englischen als Lingua Franca vorzubereiten. Dabei werden vor allem für sie unbekannte Aussprachevariationen mit einbezogen. Der Beitrag geht außerdem auf die Verwendung von audiovisuellen Texten und besonders von *TED-Talks* als geeignete digitale Textsorte zur Schulung des Hörsehverständnisses ein.

6.2 Begriffsverortung

6.2.1 English as a Lingua Franca als Forschungsfeld

Seit Beginn der 2000er Jahre hat sich ELF als eigenständiges Forschungsfeld in der angewandten Linguistik mit einer stetig wachsenden Zahl an Publikationen etabliert. Der folgende Abschnitt soll als Zusammenfassung des aktuellen Standes zur Frage „Was ist ELF?" dienen.

Grundsätzlich fokussiert sich ELF auf die genauere Betrachtung von Verständigungsprozessen, die in einem *Lingua Franca Setting* ablaufen: In einem solchen Setting wird Englisch als mögliche Sprache zur gemeinsamen Verständigung zwischen Gesprächspartner*innen unterschiedlicher linguistischer und kultureller Hintergründe gewählt. Die Forschung konzentriert sich dabei auf verschiedene linguistische Ebenen, wie Aussprache (Jenkins 2000; Deterding/Lewis 2019), Pragmatik (Cogo 2009; Björkman 2014; Cogo/House 2017), Schriftsprache (Horner 2018) und Settings, wie beispielsweise an Universitäten (Mauranen 2012) oder in Unternehmen (Ehrenreich 2010; Cogo 2012).

In einer der aktuellsten Definitionen beschreibt Jenkins (2015, S. 73) ELF als „multilingual communication in which English is available as a contact language of choice but is not necessarily chosen". ELF kann also am ehesten mit einer Kontaktsprache verglichen werden (vgl. Mauranen 2018). In einem ELF Setting kommen Sprecher*innen mit unterschiedlichen sprachlichen und kulturellen Hintergründen zusammen, um zu kommunizieren. Als Medium für ihre Kommunikation entscheiden sie sich wahlweise für Englisch. Dabei finden sie einen gemeinsamen Nenner in dieser betreffenden Kommunikationssituation, die durch eine Vielzahl an Faktoren geprägt sein kann, wie etwa gemeinsame Sprachkenntnisse außer Englisch, individuelle Sprachkompetenz, potentielle Machtverhältnisse, oder die Dauer bzw. Art der Kommunikation (Abbildung 6.1) der beteiligten Sprecher*innen.

ELF sollte demnach nicht als bloße Varietät des Englischen angesehen werden. Durch die unendlichen Kombinationsmöglichkeiten an Faktoren, die sich auf einer globalen Ebene ergeben, ist das *Englisch* in ELF als kontextabhängig, fluid, und variabel zu beschreiben. Die am Gespräch beteiligten Personen handeln die Regeln für ihre gelingende Kommunikation stets neu aus. Dabei müssen diese Regeln sich nicht zwangsläufig an anglophonen sprachlichen bzw. kulturellen Bezugsnormen orientieren. Der Fokus liegt deutlich auf *meaning making* und dies auch unter Einbezug potenziell aller linguistischen und kulturellen Ressourcen, die Teilnehmenden zur Verfügung stehen (vgl. Seidlhofer/Widdowson 2019). Die Forschung zu diesen Verständigungsprozessen hat gezeigt, dass Sprecher*innen in diesen Situationen häufig kollaborativ ihre multilingualen Repertoires nutzen und Kommunikationsstrategien, wie beispielsweise Paraphrasieren, Wiederholen, oder Code-Switching, anwenden (vgl. Dewey 2014).

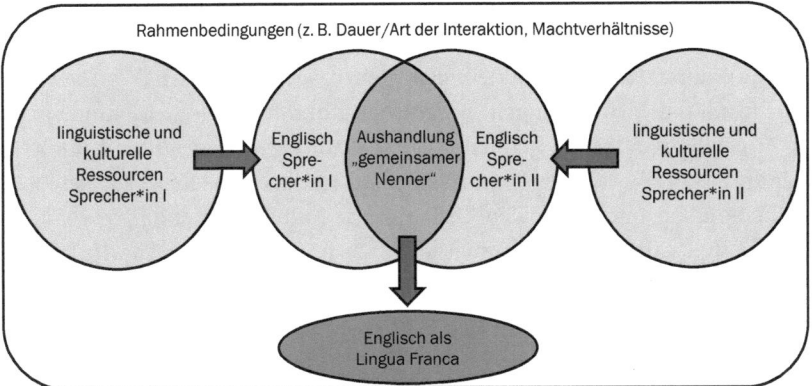

Abbildung 6.1: Lingua Franca Setting und damit verbundene linguistische bzw. kulturelle Ressourcen der beteiligten Sprecher*innen

6.2.2 Implikationen für den Englischunterricht

Erkenntnisse aus der ELF Forschung stehen teilweise im Widerspruch zu grundlegenden Annahmen bzw. Prinzipien des Fremdsprachen- bzw. Englischunterrichts. Oftmals wird Erfolg in der Fremdsprache daran gemessen, wie sehr sich Schüler*innen an eine abstrakte, standardsprachliche Norm halten. Es bleibt nur wenig Raum für die Auseinandersetzung mit Diversität und dem so veränderbaren Charakter von Englisch als global verwendeter Sprache (vgl. Dewey 2014).

Hinsichtlich der Erkenntnisse aus der ELF Forschung in Bezug auf den Englischunterricht stellte Seidlhofer (2001, S. 137) bereits früh eine *conceptual gap* fest: auch wenn sich der Gebrauch des Englischen als globale Lingua Franca immer weiter manifestiert, bleibt der Englischunterricht auf konzeptioneller und unterrichtspraktischer Ebene von diesen Entwicklungen weitestgehend unberührt. Auch Bieswanger (2008, S. 28) konstatiert:

„More precisely, these learners of English could not cope in situations in which they either had to speak English in a native-speaking context or use ELF with other non-native speakers of English. The conversation failed because their interlocutors did not speak the type of standardized English they had themselves learned in secondary school, but used a variety they considered ,strange'."

Schüler*innen begegnen während ihrer Schullaufbahn überwiegend didaktisierten (Aussprache-)Varianten des Englischen.[1] Dies steht im Widerspruch zur Diversität der Sprache, die außerhalb des Klassenzimmers vorzufinden ist. Denn die Vielzahl an Verwendungen des Englischen – auch als Lingua Franca – gehört u. a. durch soziale Medien für den Großteil der Schüler*innen zur Lebenswirklichkeit und stellt eine Erweiterung des fremdsprachlichen Diskurses dar. In der heutigen globalisierten Welt ist es sehr wahrscheinlich, dass Schüler*innen in derartige Kommunikationssituationen mit all ihren Besonderheiten geraten. Die *conceptual gap* sorgt oftmals für Verständnis- und Verständigungsprobleme, die wiederum einer angestrebten Teilnahme am internationalen Diskurs (vgl. Kultusministerkonferenz 2012; MSW NRW 2019) potentiell im Wege stehen. Obgleich Forscher*innen im Feld schon immer zurückhaltend bei der Formulierung von konkreten Implikationen für die unterrichtliche Praxis waren (vgl. Jenkins 2015), behandelt ein wesentlicher Teil von ELF Forschung auch potentielle Auswirkungen auf den Englischunterricht. Dies geschieht auf einem Kontinuum von eher konzeptionellen Arbeiten (Kohn 2015; Sifakis 2018) bis hin zu konkreten Vorschlägen für Aktivitäten für den Unterricht (Walker 2010; Kordia 2015; Kiczkowiak/Lowe 2019; Zehne 2019).

Die wahrscheinlich bedeutendste konzeptionelle Implikation betrachtet ELF als „Kommunikationsmodus", der in einem hohen Maße von Fluidität und Diversität geprägt ist. Die Verwendung von Englisch als Lingua Franca fungiert als neue Dimension der Verwendung des Englischen (vgl. Kohn 2007, S. 218). Durch den Gebrauch von ELF sollen Schüler*innen nicht ausschließlich mit *native speakers* kommunizieren können, sondern vielmehr in der Lage sein, sich auf eine Vielzahl an kommunikativen ELF Settings einzustellen – und das auch unter Einbezug aller ihrer linguistischen und kulturellen Ressourcen. Dabei sollte ELF nicht, wie bereits oben beschrieben, als eine Varietät des Englischen verstanden werden, die neben anderen (standardisierten) Formen existiert. ELF ist keine Liste an Features, die andere Formen ersetzen kann bzw. soll (vgl. Lopriore/Vettorel 2016). ELF sollte eher als Gebrauch von Sprache angesehen werden, bei dem sich Lerner*innen ausprobieren dürfen.

Erfolg in der Fremdsprache wird demnach nicht nur auf der Basis der Einhaltung anglophoner, standardsprachlicher Normen determiniert, sondern viel mehr an der individuellen Fähigkeit gemessen, sich in einer Vielzahl von Kommunikationssituationen unter Einbezug der zur Verfügung stehen-

---

1 Jedoch lässt sich auch beobachten, dass unterschiedliche Varietäten des Englischen zunehmend stärker in neue Lehrwerke integriert werden (siehe auch Schildhauer/Schulte/Zehne 2020).

den individuellen Ressourcen zu verständigen. Der Fokus richtet sich so stärker auf den/die Lerner*in und individuelle Stärken, Bedürfnisse, sowie Ressourcen als Englisch- bzw. multilinguale Sprecher*innen und ist als andere Handlungsebene weniger defizitorientiert (vgl. Sifakis/Tsantila 2019).

Auf der eher unterrichtspraktischen Ebene lassen sich bei der Betrachtung der stetig wachsenden Zahl an Publikationen in diesem Bereich unter anderem folgende konkrete Anwendungsbezüge ausmachen:

- Schulung des Bewusstseins für die Existenz von ELF und mögliche Implikationen auf der Meta-Ebene, vor allem auch im Bereich der Lehrkräftebildung *(awareness raising)* (vgl. Matsuda/Friedrich 2011; Bayyurt/Sifakis 2017; Matsuda 2017)
- Eher rezeptive Aktivitäten zum Hör- bzw. Hörsehverstehen, die nicht nur auf *native speaker accents* abzielen, sondern auch gezielt die Verwendung in ELF Settings implementieren *(exposure)* (vgl. Kohn 2019)
- Eher produktive Aktivitäten zur Einbringung von *ELF in use*, beispielsweise durch das Üben häufig verwendeter Kommunikationsstrategien *(use and application)* (vgl. Kiczkowiak/Lowe 2019)
- Größere Berücksichtigung multilingualer Elemente, auch im Sinne des *translanguaging* (vgl. Cenoz 2019).[2]

Die in diesem Beitrag vorgestellte *listening journal* Aktivität fokussiert sich vor allem auf den Bereich *exposure* und eine Schulung des Hör- bzw. Hörsehverständnisses, insbesondere hinsichtlich den Schüler*innen noch unbekannter Aussprachevariationen, denen sie jedoch potentiell außerhalb des Unterrichts begegnen.

6.3 Digitale Medien als Erfahrungs- und Begegnungsraum: Listening Journal Aktivität als praktisches Beispiel

Im Folgenden soll eine praktische Möglichkeit skizziert werden, Schüler*innen durch den Einsatz ihnen bereits vertrauter digitaler Medien mehr an den Gebrauch des Englischen als Lingua Franca im Sinne des *exposure* heranzuführen. Durch die explizite Erwähnung im Kernlehrplan der gymnasialen

---

2 Die oben aufgeführten möglichen Bereiche *awareness, exposure, use* and *application* sowie *translanguaging* können durch kleinere Aktivitäten in den Unterricht integriert werden, ohne dabei den Anspruch zu erheben, bestehende Konzepte völlig zu ersetzen oder in Konkurrenz zu ihnen zu stehen.

Oberstufe und aufgrund der thematischen Eignung (vgl. auch MSW NRW 2014, S. 23/31) wurde diese Aktivität zunächst für die Oberstufe entwickelt. Die Idee eines *listening journals* zur vornehmlichen Schulung des Hörverstehens ist nicht neu, so beschreibt Schmid (2016, S. 3) diese als:

> „[…] a book in which students record their extensive and intensive listening practices, as well as reflections on their listening experiences. The extensive listening aspect of listening journals requires students to choose and listen to texts that appeal to them from a source provided by the teacher."

Als neuer Aspekt dieser *listening journals* kommt allerdings in diesem Kontext ELF dazu. Durch das *listening journal* sollten Schüler*innen eher weniger vertrauten (nicht-)muttersprachlichen Akzenten begegnen. So sollen sie im Sinne der zuvor erwähnten rezeptiven Aktivitäten besser auf die Vielzahl an Aussprachevarianten außerhalb des Klassenzimmers vorbereitet werden. Die Arbeit mit einem solchen Journal kann dabei die folgenden übergeordneten Lernziele verfolgen:

- Förderung des Hör bzw. Hörsehverständnisses auch bei eher unbekannten, nicht standardsprachlichen Akzenten, denen Schüler*innen jedoch sehr wahrscheinlich außerhalb des Klassenzimmers begegnen werden
- Schulung möglicher Strategien zum Hörverständnis
- Bewusstseinsschärfung sowie Wertschätzung für verschiedene Formen des Gebrauchs von Englisch und die Vielfältigkeit der kompetenten Sprecher*innen, die nicht zwangsläufig als *native speaker* angesehen werden
- Reflexion der eigenen Haltung gegenüber Varietäten bzw. Variationen in der Aussprache.

Wie Schmid (2016, S. 3) bereits anführt, stellt die Lehrkraft einen Pool an grundsätzlich geeigneten Texten zur Verfügung, aus denen die Schüler*innen für sie passende auswählen können. In dem hier beschriebenen Beispiel handelt es sich um eine mit WordPress (https://de.wordpress.com/) kostenlos erstellte Internetseite, die vornehmlich audiovisuelle Texte enthält.[3] Generell gilt für audiovisuelle Texte, dass Schüler*innen diese so oft hören bzw. ansehen können, wie sie möchten. Es ist möglich, das Video zu stoppen und unbekannte Wörter nachzuschlagen, oder Notizen zu machen (siehe auch Schildhauer/Schulte/Zehne 2020). Zusätzlich bieten paralinguistische Merk-

---

3 Eine exemplarische WordPress Seite kann unter dem folgenden Link abgerufen werden: https://listening.video.blog/. Die Seite zeigt exemplarisch an einigen ausgewählten TED Talks auf, wie das Angebot für das *listening journal* gestaltet sein könnte.

male wie Gestik oder Mimik weitere Verständnishilfen (vgl. Porsch/Grot-jahn/Tesch 2010, S. 148). Um eine sinnvolle Integrierung in den Unterricht zu gewährleisten, basiert die Auswahl der Texte auf den Themenfeldern, die auch im Unterricht behandelt werden (vgl. MSW NRW 2014, S. 23/31).

Als Ausgangsmaterial für die Internetseite eignen sich grundsätzlich ver-schiedene Videos auf sozialen Medien, wie Facebook, YouTube, oder Insta-gram, wenn sie inhaltlich passend sind. Mittlerweile gibt es viele Sprecher*in-nen, die ihre Inhalte aufgrund einer gesteigerten Reichweite auf Englisch prä-sentieren[4]. *TED Talks* sind hier als weitere Quelle zu nennen. Ursprünglich stammt das Konzept der *TED Talks* von einer seit 1984 jährlich stattfinden-den Konferenz, bei der Vertreter*innen aus Technik, Entertainment sowie Design zusammenfinden. In seiner heutigen Form bietet TED Raum für alle Themen, die seitens der allgemeinen Öffentlichkeit von Interesse sind. In kurzen Vorträgen bereiten Gäste ein Themengebiet und relevante Thesen für ein Laienpublikum auf (vgl. Anderson 2017).

TED Talks werden durchaus bereits im Englischunterricht eingesetzt, bei-spielsweise findet sich ein entsprechender Stundenentwurf in der Zeitschrift Unterricht Englisch (Siepmann 2018). Als audiovisuelle Texte eignen sich *TED Talks* besonders als Material für die Webseite, da sie:

- Relativ leicht zugänglich und kostenlos direkt über die Webseite (https://www.ted.com/) oder auf YouTube verfügbar sind
- Nach Länge und Thema gefiltert werden können
- Hauptsächlich einem Genre *(argumentative speech)* angehören
- Zusätzliche Verständnishilfen, wie beispielsweise Gestik/Mimik, oder Ab-bildungen, bieten
- Durch online verfügbare Transkripte ergänzt werden können
- Teilweise eine Option für Untertitel bieten, wenn sie über YouTube ange-schaut werden.

Für jede betreffende Unterrichtseinheit werden Texte online auf der Webseite verlinkt bzw. eingebettet und von Schüler*innen (mindestens) einmal in der Woche geschaut. Das Journal wird außerhalb der eigentlichen Unterrichtszeit geführt. Die Schüler*innen sollen zur besseren Begleitung und Steuerung für jedes geschaute Video eine Seite in ihrem Journal ausfüllen. Diese Seite ent-hält vorgegebene Anregungen zur Reflexion und Vertiefung der Texte. Mög-liche Fragestellungen der Journalseite, die unterschiedlichen Anforderungs-bereichen zuzuordnen sind, könnten wie folgt lauten:

---

4   Beispielhaft können hier die YouTube Kanäle von The Dark Den, Ai from Japan oder Zacharias Reinhardt angeführt werden.

Auf der Inhaltsebene:
- Please explain why you chose this particular video.
- Please summarize what the video is about.

Auf der Sprachebene
- To what extent is the video difficult or easy to understand? Please explain.
- What did you notice while listening to the speaker (e.g. word choices, pronunciation, speed). Please explain.
- Please list some useful words or phrases you encountered.

Bevor mit der individuellen und vor allem selbstständigen Arbeit an dem Journal begonnen werden kann, sollte eine kleine Einführung in die Aktivität an sich in der Unterrichtszeit erfolgen. Dafür könnte ein Video auch exemplarisch gemeinsam mithilfe der oben aufgeführten Fragen geschaut und besprochen werden. Zusätzlich sollten Strategien zum Umgang mit den wahrscheinlich für Schüler*innen ungewohnten Aussprachevarianten besprochen werden, um Verständnisproblemen oder sogar Frustration ausgelöst durch unbekanntes Vokabular bzw. Aussprache, Sprechtempo oder limitiertes Kontextwissen entgegen zu wirken. Schüler*innen könnten beispielsweise auf verfügbare Transkripte oder geeignete Online-Wörterbücher hingewiesen werden.

Um Schüler*innen die Auswahl an Videos zu erleichtern und eine Überforderung zu vermeiden, können diese zusätzlich mit einer Art Bewertungssystem hinsichtlich ihres Schwierigkeitsgrades gekennzeichnet werden, beispielsweise durch verschiedene Sternchen-Bewertungen. Die Bewertung der Videos könnte sich dabei an den o.g. Aspekten (Vokabular, Sprechtempo, Kontextwissen) orientieren und von der Lehrkraft vorgenommen werden.

Eine Reflexion der Ergebnisse erfolgt regelmäßig im Unterricht. Dabei finden sich die Schüler*innen nach gewählten Videos in Gruppen- oder Partnerarbeit zusammen und tauschen sich kurz zu denen von ihnen geschauten Videos zu inhaltlichen bzw. sprachlichen Aspekten aus. Anschließend können im Plenum noch offene Fragen geklärt und Anregungen für die Weiterarbeit gesammelt werden. Eine Kommentarfunktion zur Reflexion bzw. zum Austausch direkt auf der Seite ist auch denkbar. So können Schüler*innen einfach Feedback geben oder Hilfe von Peers bekommen. Zusätzlich könnte die Option gegeben werden, eigene passende Videos zu ergänzen, um die Ressource zu erweitern. Außerdem erscheint ein Austausch mit anderen Lehrkräften hinsichtlich der Sammlung von geeigneten Videos sinnvoll. So kann die Ressource kontinuierlich wachsen und auch in den folgenden Jahrgängen genutzt werden, besonders auch vor dem Hintergrund des Arbeitsaufwandes, der mit der Sichtung geeigneter Videos verbunden ist.

6.4 Fazit und Ausblick

Der Gebrauch des Englischen als Lingua Franca ist durch die Nutzung digitaler Medien ein fester Bestandteil der Lebenswirklichkeit von Schüler*innen. Der Englischunterricht sollte sie im Rahmen des Erwerbs einer angestrebten Diskursfähigkeit also auch auf diese Art der Verwendung der Sprache, die sich oftmals nicht an standardsprachlichen Normen orientiert, angemessen vorbereiten. Auf der Ebene des Unterrichts erscheinen Aktivitäten in den Bereichen *awareness raising, exposure, use and application* sowie *translanguaging* sinnvoll. Die in diesem Beitrag beschriebene Journal-Aktivität nutzt den Schüler*innen vertraute Formate, um ihnen die Verwendung von ELF im Sinne des *exposure* rezeptiv näher zu bringen. Die für die Aktivität benötigte Internetseite, die als Ressource für auszuwählende audiovisuelle Texte dient, kann dabei auch in Zusammenarbeit mit Schüler*innen und Kolleg*innen kontinuierlich durch passende Inhalte erweitert werden, insbesondere um einen Mehrwert zu schaffen. Auch wenn die Aktivität für die Oberstufe konzipiert ist, könnte sie in abgewandelter bzw. reduzierter Form durch mehr Hilfestellungen und einfacheren Input durchaus in niedrigeren Klassenstufen implementiert werden. Eine Einführung in den Umgang mit dem Journal und den audiovisuellen Texten während der Unterrichtszeit sollte erfolgen, besonders um eventuelle Überforderungen zu vermeiden. Neben der im Beitrag vorgestellten Implementierung parallel zum Unterricht könnten die *listening journals* auch als AG, Projektkurs, oder im Rahmen einer Begabtenförderung eingesetzt werden. Zukünftige Untersuchungen könnten die Wahrnehmung der zur Verfügung gestellten Texte aus Sicht der Schüler*innen noch genauer empirisch analysieren.

PLE-Kasten

Webseite des „English as a Lingua Franca Practices for Inclusive Multilingual Classrooms" (ENRICH)-Projekts. Eine gute Informationsquelle, die auch die Möglichkeit bietet, einen kostenfreien blended-learning online Kurs zu absolvieren, in dem u. a. praktische Anregungen zur Implementierung von ELF im eigenen Unterricht gegeben werden: http://enrichproject.eu/

Webseite des Netzwerks Global Englishes für weitere Informationen/Ressourcen zum Thema Global Englishes: https://www.globalenglishes-emi.education.ed.ac.uk/ge/

Twitter Account der offiziellen Webseite mit den neusten Updates rund um die Global Englishes Community: https://twitter.com/GE_EMI_News

Blog von Marek Kiczkowiak mit oftmals konzeptionellen Beiträgen zu den Themen Leistungsbewertung, der eigenen Rolle als nonnative speaker teacher, aber auch praktischen Anregung für den eigenen Unterricht: https://teflequityadvocates.com/blog/

Literatur

Anderson, Chris (2017): TED Talks: Die Kunst der öffentlichen Rede. Das offizielle Handbuch. Fischer E-Books.

Bayyurt, Yasemin/Sifakis, Nicos (2017): Foundations of an EIL-aware teacher education. In: Matsuda, Aya (Hrsg.): Preparing teachers to teach English as an international language. Bristol, UK, Blue Ridge Summit, PA, North York, Ontario: Multilingual Matters, S. 3–18.

Bieswanger, Markus (2008): Varieties of English in current English language teaching. In: Stellenbosch Papers in Linguistics 38, S. 27–47.

Björkman, Beyza (2014): An analysis of polyadic English as a lingua franca (ELF) speech: A communicative strategies framework. In: Journal of Pragmatics 66, S. 122–138.

Burwitz-Melzer, Eva (2019): *The global village strikes back:* Digitaler Wandel und interkulturelles Lernen im Fremdsprachenunterricht. In: Burwitz-Melzer, Eva/Riemer, Claudia/Schmelter, Lars (Hrsg.): Das Lehren und Lernen von Fremd- und Zweitsprachen im digitalen Wandel. Arbeitspapiere der 39. Frühjahrskonferenz zur Erforschung des Fremdsprachenunterrichts. Tübingen: Narr Francke Attempto, S. 24–45.

Cenoz, Jasone (2019): Translanguaging pedagogies and English as a lingua franca. In: Language teaching 52, H. 1, S. 71–85.

Cogo, Alessia (2009): Accommodating difference in ELF conversations: A study of pragmatic strategies. In: Mauranen, Anna/Ranta, Elina (Hrsg.): English as a lingua franca: Studies and findings. Newcastle upon Tyne: Cambridge Scholars, S. 254–273.

Cogo, Alessia (2012): ELF and super-diversity: A case study of ELF multilingual practices from a business context. In: Journal of English as a lingua franca 1, H. 2, S. 287–313.

Cogo, Alessia/House, Juliane (2017): The pragmatics of ELF. In: Jenkins, Jennifer/Baker, W./Dewey, M. (Hrsg.): The Routledge handbook of English as a lingua franca. Taylor & Francis Group, S. 210–223.

Deterding, David/Lewis, Christine (2019): Pronunciation in English as a lingua franca. In: Gao, Xuesong (Hrsg.): Second handbook of English language teaching. Cham: Springer International Publishing. https://doi.org/10.1007/978-3-319-58542-0_41-1.

Dewey, Martin (2014): Pedagogic criticality and English as a lingua franca. In: ATLANTIS: Journal of the Spanish Association of Anglo-American Studies 36, H. 2, S. 11–30.

Ehrenreich, Susanne (2010): English as a business lingua franca in a German multinational corporation: Meeting the challenge. In: Journal of business communication 47, H. 4, S. 408–431.

Horner, Bruce (2018): Written academic ELF. In: Jenkins, Jennifer/Baker, Will/Dewey, Martin (Hrsg.): The Routledge handbook of English as a lingua franca. London: Routledge: Taylor & Francis Group, S. 413–423.

Jenkins, Jennifer (2000): The phonology of English as an international language: New models, new norms, new goals. Oxford: Oxford University Press.

Jenkins, Jennifer (2015): Repositioning English and multilingualism in English as a lingua franca. In: Englishes in Practice 2, H. 3, S. 49–85.

Kiczkowiak, Marek/Lowe, Robert (2019): Teaching English as a lingua franca: The journey from EFL to ELF. Teacher's book. Stuttgart: Klett Sprachen.

Klippel, Frederike (2019): Nicht-technische Überlegungen zum digitalen Wandel im Fremdsprachenunterricht. In: Burwitz-Melzer, Eva/Riemer, Claudia/Schmelter, Lars (Hrsg.): Das Lehren und Lernen von Fremd- und Zweitsprachen im digitalen Wandel. Arbeitspapiere der 39. Frühjahrskonferenz zur Erforschung des Fremdsprachenunterrichts. Tübingen: Narr Francke Attempto, S. 102–113.

Kohn, Kurt (2007): Englisch als globale Lingua Franca: Eine Herausforderung für die Schule. In: Anstatt, Tanja (Hrsg.): Mehrsprachigkeit bei Kindern und Erwachsenen: Erwerb, Formen, Förderung. Tübingen: Attempto-Verl., S. 207–222.

Kohn, Kurt (2015): A pedagogical space for ELF in the English classroom. In: Bayyurt, Yasemin/Akcan, Sumru (Hrsg.): Current perspectives on pedagogy for English as a lingua franca. Berlin: De Gruyter Mouton, S. 51–67.

Kohn, Kurt (2019): Towards the teconciliation of ELF and EFL: Theoretical issues and pedagogical challenges. In: Sifakis, Nicos/Tsantila, Natasha (Hrsg.): English as a lingua franca for EFL contexts. Bristol: Multilingual Matters, S. 32–52.

Kordia, Stefania (2015): From TELF to ELF-aware pedagogy: Lessons learned from an action-research project in Greece. In: Dikiltas, Kenan/Smith, Richard/Trotman, Wayne (Hrsg.): Teacher researchers in action. Kent: IATEFL, S. 235–262.

Kultusministerkonferenz (2012): Bildungsstandards für die fortgeführte Fremdsprache (Englisch/Französisch) für die allgemeine Hochschulreife.

Lopriore, Lucilla/Vettorel, Paola (2016): Promoting awareness of Englishes and ELF in the English language classroom. In: Bowles, Hugo/Cogo, Alessia (Hrsg.): International perspectives on English as a lingua franca: Pedagogical insights. London: Palgrave Macmillan UK, S. 13–34.

Matsuda, Aya (Hrsg.) (2017): Preparing teachers to teach English as an international language. Bristol, UK, Blue Ridge Summit, PA, North York, Ontario: Multilingual Matters.

Matsuda, Aya/Friedrich, Patricia (2011): English as an international language: A curriculum blueprint. In: World Englishes 30, H. 3, S. 332–344.

Mauranen, Anna (2012): Exploring ELF: Academic English shaped by non-native speakers. Cambridge: Cambridge Univ. Press.

Mauranen, Anna (2018): Conceptualising ELF. In: Jenkins, Jennifer/Baker, Will/Dewey, Martin (Hrsg.): The Routledge handbook of English as a lingua franca. London: Routledge Taylor & Francis Group, S. 7–24.

MSW NRW (2014) = Ministerium für Schule und Weiterbildung des Landes NRW (2014): Kernlehrplan für die Sekundarstufe II Gymnasium/Gesamtschule in Nordrhein-Westfalen. Englisch. Düsseldorf: Ministerium für Schule und Weiterbildung des Landes NRW.

MSW NRW (2019) = Ministerium für Schule und Weiterbildung des Landes NRW (2019): Kernlehrplan für die Sekundarstufe I Gymnasium in Nordrhein-Westfalen. Englisch. Düsseldorf: Ministerium für Schule und Weiterbildung des Landes NRW.

Porsch, Raphaela/Grotjahn, Rüdiger/Tesch, Bernd (2010): Hörverstehen und Hör-Sehverstehen in der Fremdsprache – unterschiedliche Konstrukte? In: Zeitschrift für Fremdsprachenforschung 21, H. 2, S. 143–189.

Schildhauer, Peter/Schulte, Marion/Zehne, Carolin (2020): Global Englishes in the classroom: From theory to practice. In: Schildhauer, Peter/Sauer, Jochen/Schröder, Anne (Hrsg.): Standards – margins – new horizons: Teaching language and literature in the 21st century. Sonderheft der PflB 2, H. 4, S. 26–40.

Schmid, Anthony (2016): Listening journals for extensive and intensive listening practice. In: English teaching forum 54, H. 2, S. 2–11.

Seidlhofer, Barbara (2001): Closing a conceptual gap: The case for a description of English as a lingua franca. In: International journal of applied linguistics 11, H. 2, S. 133–158.

Seidlhofer, Barbara/Widdowson, Henry (2019): ELF for EFL: A change of subject? In: Sifakis, Nicos/Tsantila, Natasha (Hrsg.): English as a lingua franca for EFL contexts. Bristol: Multilingual Matters, S. 17–31.

Siepmann, Philipp (2018): *Why I lead a zero-waste life:* Im monologischen Teil einer mündlichen Prüfung eine Rede halten. In: Der fremdsprachliche Unterricht 52, H. 153, S. 40–44.

Sifakis, Nicos (2018): ELF as an opportunity for foreign language use, learning and instruction in Greece and beyond. In: Tatsioka, Zoi/Seidlhofer, Barbara/Sifakis, Nicos/Ferguson, Gibson (Hrsg.): Using English as a lingua franca in education in Europe. Berlin: De Gruyter. S. 13–27.

Sifakis, Nicos/Tsantila, Natasha (2019): Introduction. In: Sifakis, Nicos/Tsantila, Natasha (Hrsg.): English as a lingua franca for EFL contexts. Bristol: Multilingual Matters. S. 1–16.

Walker, Robin (2010): Teaching the pronunciation of English as a lingua franca. Oxford: Oxford University Press.

Zehne, Carolin (2019): Inclusive English teaching practices and English as a lingua franca: Providing another (goal) dimension. In: Blume, Carolyn/Gerlach, David/Benitt, Nora/Eßer, Susanne/Roters, Bianca/Springob, Jan/Schmidt, Torben (Hrsg.): Perspektiven inklusiven Englischunterrichts: Gemeinsam lehren und lernen. www.inklusiver-englischunterricht.de/2019/08/inclusive-english-teaching-practices-and-english-as-a-lingua/ (Abfrage: 10.09.2020).

Schwerpunkt: Strategien und Methoden

7 *Look it up* – Digitale Nachschlagewerke im Englischunterricht von Anfang an

Tanja Freudenau

7.1 Einleitung

Digitale Tools zum Nachschlagen und Übersetzen von Wörtern und Phrasen gibt es in vielerlei Ausführungen und sie werden häufig über Apps auf Smartphones oder Tablets abgerufen. Auch digitale Hörstifte, die in Kombination mit Printwörterbüchern genutzt werden, zählen zu diesen Werkzeugen, die das Nachschlagen und Übersetzen vereinfachen und unterstützen sollen. Aufgrund ihres auditiven und teilweise auch visuellen Supports eignen sich die digitalen Nachschlagewerke bzw. die digitalen Unterstützungen für den Fremdsprachenunterricht besonders.

Aufgabe des schulischen Unterrichts ist es, Kindern und Jugendlichen die Nutzung des Hilfsmittels Wörterbuch sowie das Nachschlagen – auch digital – im Sinne einer Sprachlern- bzw. Methodenkompetenz nahezubringen (vgl. z.B. Haß 2006, S. 172 ff.; Ministerium für Schule und Weiterbildung des Landes Nordrhein-Westfalen [MSW NRW] 2012, S. 38 ff.; Ministerium für Schule und Bildung des Landes Nordrhein-Westfalen [MSB NRW] 2019, S. 22 ff.). Zudem sollen die Schüler*innen in einem sicheren, sinnvollen und reflektierten Umgang mit den verschiedenen Möglichkeiten und Angeboten in Bezug auf digitale Medien unterstützt werden (vgl. z.B. hierzu: Medienberatung NRW 2018).

Kinder und Jugendliche nutzen auch außerschulisch Apps, Online-Wörterbücher und Übersetzungsseiten des Internets, sodass Erfahrungen und Kenntnisse häufig bereits vorhanden sind. Diehr (2012) betont jedoch, dass sogar Oberstufenschüler*innen die Übersetzungshilfen häufig unkritisch und mit fragwürdigem Erfolg einsetzen (vgl. ebd., S. 2). So kann es u.a. bei der selbstständigen Erarbeitung des Wortschatzes in dessen Anwendung zu grammatisch fehlerhaften Satzkonstellationen kommen (vgl. Bulmahn 2012, S. 24 ff.). Auch die Stolpersteine der Polysemie, also der Mehrfachbedeutung eines Begriffes (z.B. bei Bank für *bank* und *bench* oder bei *match* für Spiel, Streichholz und zusammenpassen/zuordnen), sind nicht für alle Lernenden erkennbar (vgl. Diehr 2012, S. 4). Des Weiteren ist ungeachtet der Audio-Funktion, die die meisten digitalen Nachschlagewerke bieten, nicht gewährleistet, dass die Schüler*innen in den Anwendungssituationen das Gehörte richtig aussprechen (vgl. Bulmahn 2012, S. 24 ff.). Folglich werden die Englischlehrkräfte mit dem Einsatz der digitalen Hilfsmittel keinesfalls überflüssig. An die Lehrkräfte werden in einem Unterricht mit Wörterbüchern – digital oder print – mehrere Anforderungen gestellt: Sie müssen eine geeignete Auswahl von Nachschlagewerken treffen, über wörterbuchdidaktische Kompetenzen verfügen sowie situationsabhängig korrigierend eingreifen (vgl. Diehr 2012; Freudenau 2017, S. 302 ff.).

In diesem Beitrag soll der Einsatz digitaler Nachschlagewerke beleuchtet werden, indem zunächst auf Hörstifte und Apps eingegangen wird. Eine Diskussion des Einsatzes von Online-Wörterbüchern (OWB) schließt sich an. Die Darstellung einer Studie, die in dritten und vierten Schuljahren einer Grundschule zum Umgang mit OWB durchgeführt wurde (Freudenau 2017), ergänzt die Darlegungen. Schließlich werden Ableitungen, die sich aus den Erkenntnissen der Studie für die unterrichtliche Praxis ergeben, aufgezeigt sowie Empfehlungen für die Schärfung des Methodenbewusstseins für Sekundarstufenschüler*innen ausgesprochen.

7.2 Digitale Hörstifte

Digitale Hörstifte (z.B. Ting, Tiptoi oder Bookii) beinhalten eine Technologie, die es ermöglicht, einen nahezu unsichtbar gedruckten Code entsprechender Bücher oder Spiele zu erkennen und die enthaltenen Informationen akustisch wiederzugeben sowie teilweise auch über entsprechende Symbole als Video in Verbindung mit einem Smartphone oder Tablet. Im Englischunterricht, vornehmlich in der Primarstufe und den unteren Klassen der Sekundarstufe I, werden häufig entsprechende hörstiftfähige Printwörterbücher in Kombination mit dem Audiostift genutzt, sodass den Lernenden die Begriffe ,vorgelesen' werden. Durch kurzes Berühren des Wortes, der Texte oder Bilder mit dem Sensor an der Stiftspitze kann die/der Lernende flexibel entscheiden, was ,vorgelesen' bzw. benannt wird. Die abgerufenen Inhalte hängen demnach nicht von dem digitalen Medium ab, sondern von dem Printmedium, in diesem Fall das jeweilige Wörterbuch, mit dem es verwendet wird. Nachfolgend wird daher knapp auf Printwörterbuchtypen, die sich für den Englischunterricht der Grundschule und Sekundarstufe I eignen, eingegangen.

In der Grundschule haben ein- und zweisprachige Bild-Wörterbücher, die alphabetisch oder thematisch geordnet und zum Teil bebildert sind, einen hohen Stellenwert (vgl. Groß 2003, S. 82 f.; Freudenau 2012, S. 100 ff.; Freudenau 2017, S. 109 ff.). In den meisten sogenannten Grundwortschatz- oder Grundschulwörterbüchern befinden sich einsprachige Themenseiten mit Situationsbildern, wie z.B. *My home* oder *On the farm*, auf denen das Schriftbild zum entsprechenden Bild visualisiert wird.

Wie eingangs beschrieben, können einige Printwörterbücher in Kombination mit einem digitalen Hörstift genutzt werden (z. B. Langenscheidt Grundschulwörterbuch Englisch 2019; Duden – Mein sprechendes Bildwörterbuch Englisch 2012; Ravensburger tiptoi Grundschulwörterbuch Englisch 2013[1]). So wird ermöglicht, dass neben der visuellen Unterstützung mithilfe des Hörstiftes auch akustische Informationen übermittelt werden. Hörstifte bieten den Vorteil der unbegrenzten Wiederholbarkeit der akustischen Aussprachepräsentation, sodass die Vermutung naheliegt, dass digitale Hörstifte dem Spracherwerb zuträglich sind (vgl. Rymarczyk 2016). Dadurch, dass die Sprachausgabe des Stiftes das Erkunden im Sinne des Anhörens noch unbekannter Begriffe erlaubt, schafft das digitale Werkzeug ein höheres Maß an Autonomie. Die Lernenden können sich so Wörter selbstständig, respektive ohne Hilfe der Lehrkraft, entsprechend ihrer Kommunikationsbedürfnisse erschließen oder sich bei Unsicherheiten hinsichtlich der Aussprache rückversichern (vgl. Heim 2019, S. 19).

Da es sich bei den Wörterbüchern, die mit Hörstiften verwendbar sind, meist um Grundwortschatz- bzw. Grundschulwörterbücher handelt, umfassen sie einen begrenzten Wortschatz (ca. 1 000 Vokabeln). Dies ist in Anbetracht dessen, dass sie von jüngeren Lernenden genutzt werden, die erst lernen müssen, sich in dem Buch zu orientieren, berechtigt. Bei Begriffen, die außerhalb des Grundwortschatzes liegen, und die die Kinder häufig auch nachschlagen (z. B. ausgefallenere Hobbys, Lieblingstiere, -essen etc.), stößt die Papierversion an Grenzen und kann Frustrationen seitens der Lernenden bei vergeblicher Suche auslösen (vgl. Freudenau 2017, S. 106 ff.).

Hörstiftfähige Wörterbücher, die einen größeren Wortschatz aufweisen und die sich daher auch für fortgeschrittene und ältere Lernende in der Sekundarstufe I eigenen, bietet der Markt eingeschränkt ebenfalls an (z. B. Brockhaus Bildwörterbuch. Das sprechende visuelle Wörterbuch – Deutsch – Englisch – Spanisch – Türkisch – Russisch 2013, mit ca. 6 000 deutschen Vokabeln).

7.3 Apps

Zunächst muss darauf hingewiesen werden, dass die Inhalte, die Apps bieten, grundsätzlich auch von OWB darstellt werden können und vice versa. Es handelt sich lediglich um eine andere Art des Zugriffs. Darüber hinaus befin-

---

1 Eine Aufstellung der hier aufgeführten hörstiftfähigen Wörterbücher sowie der in den nachfolgenden Abschnitten genannten Apps und Online-Wörterbücher befindet sich im Anschluss an diesen Beitrag.

den sich die Angebote in einem ständigen Wandel, sodass nachfolgend auf aktuell angebotene Apps Bezug genommen wird sowie die derzeitigen Zugriffsoptionen dargelegt werden.

Die rein digitalen Tools – Apps sowie auch OWB – sind in gewisser Weise flexibler als die Kombination aus den zuvor diskutierten Printwörterbüchern und dem digitalem Hörstift, da sie sukzessiv gefüllt bzw. aktualisiert werden können. Darüber hinaus können sie auch schon für junge Lernende umfangreicher sein (Menge der Vokabeln, Beispielsätze etc.), da das digitale Nachschlagewerk im Allgemeinen nicht an Übersichtlichkeit verliert oder an Gewicht zunimmt. Schwere Bücher können besonders für junge Lernende und auch für Lehrkräfte, wenn diese die Nachschlagewerke von Klassenzimmer zu Klassenzimmer tragen müssen, zu Problemen führen.

Für die Nutzung von Apps sollten allerdings Tablets oder Smartphones vorhanden sein. Nach dem Download und der damit in der Regel einhergehenden Installation der entsprechenden Apps können sie leicht mit einem ‚Tipp' geöffnet werden. Die einschlägigen Apps können unterschieden werden in Wörterbuch-Apps, die ausschließlich als Nachschlagewerke fungieren und überwiegend eher für Schüler*innen der Sekundarstufe geeignet sind (z.B. *dict.cc,* LEO) – und Lern-Apps, die je nach Zielgruppe des Herstellers sowohl für Kinder als auch für ältere Lernende infrage kommen. Die Lern-Apps bieten meist Spiele und Übungen zum Lernen, Abfragen und Wiederholen von Vokabeln (z.B. English for Kids, Easy peasy Englisch für Kinder; Babbel und Duolingo für ältere Lernende) sowie sie zunehmend auch Wörterbücher inkludieren, deren Umfang von Anbieter zu Anbieter stark differiert. So muss zunächst entschieden werden, welches Ziel mit dem Einsatz der App verfolgt wird: Soll sie den Lernenden lediglich dazu dienen, Begriffe nachzuschlagen und zu übersetzen sowie die Orthografie zu überprüfen? Oder sollen die Schülerinnen und Schüler auch Übungen und Spiele mit dem fremdsprachlichen Wortschatz durchführen können? Da in diesem Beitrag der Fokus auf reine Nachschlagewerke gelegt wird, beziehen sich die folgenden Ausführungen auf diese entsprechenden Medien.

Bei Wörterbuch-Apps müssen die Begriffe, die in die Zielsprache übersetzt werden sollen, vornehmlich in ein Eingabefeld eingegeben werden. Über die meist zusätzlich verfügbare und sehr hilfreiche Sprachausgabe ist es möglich, sich das Wort anzuhören. Diese und weitere Funktionen, die in Bezug auf Apps und deren Einsatz geplant werden sollten, lassen sich mit folgenden Leitfragen zusammenfassen:

- Bietet die App die Funktion der Sprachausgabe?
- Gibt es eine Autokorrektur bzw. eine Funktion, durch die ähnliche Begriffe vorgeschlagen werden?

- Ist die Benutzerführung angemessen für das Alter und das Sprachniveau der Zielgruppe?
- Ist das Design ansprechend und übersichtlich?
- Ist eine Einführung der Lehrkraft notwendig oder können alle Lernenden intuitiv mit der App arbeiten?
- Ist die App kostenlos oder kostenpflichtig?
- Soll die App auch im Offline-Modus nutzbar sein?
- Welche Daten erfragt die App? (Das ist insbesondere bedeutsam, wenn keine schuleigenen Geräte genutzt werden, sondern die der Schüler*innen im Sinne von *Bring Your Own Device* [vgl. Alberta Education 2012].)
- Sind *In-App*-Käufe möglich und wenn ja, sind sie deaktiviert?

In Bezug auf die letztgenannte Fragestellung muss darauf geachtet werden, dass bei der Möglichkeit von *In-App*-Käufen diese ausgeschaltet sind, damit die Lernenden keine kostenpflichtigen Upgrades durchführen können. Diese und weitere Zahlungsfallen, wie z.B. Abos, stellen einen sinnvollen Gesprächsanlass dar, um die Lernenden für einen reflektierten Umgang mit Medien zu sensibilisieren.

Bei Wörterbuch-Apps gibt es hinsichtlich des Zugriffs zwei Optionen. Es gibt Apps, die nur über eine Internetverbindung (online) genutzt werden können und bei denen sich die Datenbasis automatisch im Hintergrund aktualisiert, sodass auf zusätzliche Daten, die der Anbieter zur Verfügung stellt, zugegriffen werden kann. Des Weiteren werden Apps angeboten, die im Anschluss an den Download ebenso im Offline-Modus genutzt werden können. Diese Programme gibt es mittlerweile von unterschiedlichen seriösen Anbietern (z.B. dict.cc – Sprachausgabe allerdings nur im Online-Modus nutzbar – oder Pons Wörterbuch *Advanced*) und überzeugen durch Qualität, Einfachheit und Schnelligkeit (vgl. Grimm/Hammer 2014, S. 3). Ein Vorteil dieser Apps ist, dass sie über Tablet oder Smartphone abgerufen, quasi überall – auch ohne Internetverbindung – genutzt werden können. Generell sind Apps allerdings an die obengenannten Endgeräte gebunden. Insbesondere Tablets werden zwar zunehmend in Klassen auch jüngerer Lernender eingesetzt, jedoch sind diese Ressourcen längst nicht in allen Schulen und für jede*n Lernende*n vorhanden (vgl. z.B. Hückelheim 2018, 18 f.). Daher kann es lohnenswert sein OWB, die auch über den Desktop-PC im Klassenraum abrufbar sind, einzusetzen.

7.4   Online-Wörterbücher

OWB bieten den Vorteil, dass sie ohne Download und Installation, wie dies bei Apps oder CD-ROM nötig ist, über den PC, über Tablet und Smartphone abrufbar sind; einzig eine Internetverbindung ist notwendig. Probleme in Bezug auf den Datenschutz sind bei frei zugänglichen OWB daher nicht zu erwarten. Da OWB über eine URL *(Uniform Resource Locator)* abgerufen werden, sollten diese als ‚Lesezeichen‘ oder ‚Favoriten‘ im Browser abgelegt wird, damit die Schüler*innen einen schnellen und unkomplizierten Zugriff darauf haben.

Viele OWB sind kostenfrei (z. B. LEO, Linguee oder dict.cc) und werden auch als App angeboten. Die Wörterbücher verfügen meist, sofern es sich nicht um bebilderte Wörterbücher handelt, über ein Eingabefeld – wie ebenso Wörterbuch-Apps, in welches das Suchwort auf Englisch oder Deutsch eingegeben wird. Zudem sind die OWB meist multilingual, sodass ebenso weitere Eingabe- und Zielsprachen verfügbar sind. Dies kann effektiv sein, wenn sich Lernende mit anderen Herkunftssprachen in der Klasse befinden. Die Wörterbücher mit Eingabefeld bieten sich eher für rechtschriftlich sicherere Schüler*innen an, da bei starker Abweichung von der korrekten orthografischen Schreibung das Suchwort trotz Autokorrektur bzw. Toleranz nicht gefunden wird. Die Sprachausgabe, mit der das neue Vokabular angehört werden kann, ist hingegen für junge Lernende sowie ebenfalls für Fortgeschrittene oft hilfreich.

Für jüngere Lernende oder für Lernende, die noch nicht über einigermaßen sichere Rechtschreibfähigkeiten verfügen, sodass die Korrektur der Software das eingegebene Wort nicht erkennen kann, können einsprachige, bebilderte Versionen (z. B. *LanguageGuide*) sinnvoll eingesetzt werden (bebilderte Wörterbücher sind in Apps ansatzweise vermehrt in Sprachlern-Apps integriert). In heterogenen Lerngruppen ist folglich das Anbieten verschiedener OWB-Versionen zielführend, damit je nach individuellen Fähigkeiten und Lernpräferenzen ein passendes Nachschlagewerk genutzt werden kann (vgl. Freudenau 2017, S. 263 ff., S. 304).

Nachfolgend werden exemplarisch zwei für den Unterricht geeignete, jedoch sehr unterschiedliche OWB – ein einsprachiges Bild-Wörterbuch und ein zweisprachiges Wörterbuch – tabellarisch (Tabelle 7.1) gegenübergestellt. Die Breite der Angebote und die damit einhergehenden differierenden Nutzungsmöglichkeiten sollen so aufgezeigt werden. Beide dargestellten Nachschlagewerke werden für verschiedenste Sprachen bereitgestellt, wobei sich hier auf die englische Sprache bezogen wird.

LanguageGuide Englisch *UK*	*dict.cc* Deutsch-Englisch-Wörterbuch
Das (weitestgehend) monolinguale OWB zeigt durch englische (und eingeklammerte deutsche Begriffe) zwölf Themenfelder an, welche zusätzlich durch ein Bild oder ein Symbol visualisiert sind. Die Themenfelder, z. B. *Clothing* oder *Animals,* sind zusätzlich in Unterthemen unterteilt, beispielsweise *Winter clothing* oder *Sea animals,* die ebenfalls bildlich oder symbolisch visualisiert sind. Durch Anklicken des Themas öffnet sich eine weitere Seite mit kleinen thematisch passenden Einzelbildern. Wird der Cursor über ein Objekt oder ein Wort bewegt, wird entsprechend ‚vorgesprochen' sowie gleichzeitig das Schriftbild angezeigt. Das OWB bietet nahezu ausschließlich Nomen an.	Das bilinguale OWB bietet ein Eingabefeld, in das der gesuchte Begriff oder ein *Chunk* (Wortkombinationen, die häufig zusammen gesprochen werden, wie z. B. *Wie spät ist es?*) auf Deutsch oder Englisch eingegeben wird. Nach dem Anklicken der ‚Suche' öffnet sich eine Tabelle, in der links die englischen Vorschläge stehen und rechts der deutsche Begriff oder *Chunk.* Bei nicht korrekter Schreibung werden Begriffe mit ähnlicher Schreibung vorgeschlagen. Die Einträge können über das Anklicken des Lautsprechersymbols angehört werden. Das OWB schlägt weitere *Chunks* und Phrasen, in denen das gesuchte Wort enthalten ist, oder Begriffe, mit denen das Suchwort verwandt ist, vor; z. B. wird bei dem Suchwort Hund u. a. *canine* oder *Good dog!* angezeigt. Darüber hinaus ist eine indexbasierte alphabetische Suche möglich.

Tabelle 7.1: Vergleich zweier Online-Wörterbücher

Das einsprachige Bildwörterbuch *LanguageGuide* Englisch *UK* lässt sich von jüngeren Lernenden zielführend nutzen, da die Bedeutung der englischen Begriffe durch ein Bild dargestellt wird und zudem eine Audio-Unterstützung geboten wird. Außerdem ist das OWB durch die vorgegeben Themenfelder klar und ansprechend strukturiert. Das OWB bietet jedoch lediglich einen begrenzten Wortschatz, der einerseits durch die Themen vorgegeben ist und sich andererseits die Vokabeln der Unterthemen überwiegend auf durch Bilder darstellbare Nomen beschränken. Für die Arbeit mit dem Grundwortschatz zu einem bestimmten Themenfeld lässt sich das OWB dennoch sinnvoll nutzen. So könnte z. B. eine Aufgabe die Erstellung und anschließende Präsentation eines Textes zum Thema *My favourite animal* sein, für das die Lernenden passende Begriffe im OWB suchen und nutzen. Unterstützend sollten Satzstrukturen (z. B. *My favourite animal is …/It has got … etc.*) vorgegeben werden.

Das bilinguale Nachschlagewerk *dict.cc* Deutsch-Englisch-Wörterbuch bietet unzählige Einträge, sodass bei der Suche nach einem Begriff sehr viele weitere Vorschläge aufgeführt werden, aus denen das Passende ausgewählt werden muss. Daher sind Nachschlagekompetenzen nötig (vgl. Diehr 2012, S. 5 f.), weshalb sich das OWB vornehmlich für Lernende der Sekundarstufe eignet. Aufgrund der Masse an Lemmata (Stichworte im Nachschlagewerk) gestaltet sich die alphabetische Suche, die über einen Index ermöglicht wird, jedoch auch für erfahrene Lernende teilweise als unübersichtlich. Das OWB bietet sich für die gezielte Suche nach Begriffen mit der Übersetzungsrichtung Deutsch – Englisch, wie sie z. B. beim Verfassen eines Textes nötig werden kann, sowie Englisch – Deutsch, wie beispielsweise mitunter erforderlich bei unbekannten Begriffen eines zu rezipierenden Textes, an.

7.5 Eine Studie zu Online-Wörterbüchern in der Grundschule

Nachfolgend wird eine Studie skizziert, die sich mit dem Umgang von OWB beschäftigt und Ergebnisse insbesondere zur Wortschatzerweiterung und zum Wortschatzbehalten von Grundschulkindern im Englischunterricht liefert (vgl. detaillierter: Freudenau 2017[2]). Diese Studie ist auch für Lehrende der Sekundarstufe relevant, da sie Erkenntnisse hervorbringt, die sich auch auf ältere Lernende übertragen lassen.

In der Untersuchung wurde vorwiegend ein OWB genutzt, welches von Brockhaus entwickelt, und im Rahmen des Portals Scolaris (Brockhaus Grundschulwörterbuch Englisch) angeboten wurde. Die Studie wurde in zwei Parallelklassen mit 45 Grundschulkindern durchgeführt. Da sich der Unterricht, in dem geforscht wurde, über rund acht Monate erstreckte, sowie anschließende Tests bis weitere zwei Monate danach stattfanden, befanden sich die Schüler*innen zu Beginn der Studie im dritten Schuljahr (zweites Halbjahr) und besuchten gegen Ende der Untersuchung das vierte Schuljahr (erstes Halbjahr). Es wurden sechs Unterrichtseinheiten, welche insgesamt 32 Unterrichtsstunden umfassten, durchgeführt und im Rahmen dessen Daten erhoben. Während die Experimentalgruppe mit OWB unterrichtet wurde, arbeitete die Kontrollgruppe gänzlich ohne Wörterbuch, wobei der Unterricht jeweils vergleichbar aufgebaut war und zu denselben Themen (z. B. *Sports and hobbies, City and traffic*) durchgeführt wurde. Das OWB stand den Kindern der Experimentalgruppe in dem themengeleiteten sowie in den Arbeitsphasen größtenteils geöffneten Unterricht als Zusatzmedium, welches individuell genutzt werden konnte, zur Verfügung. Beide Gruppen wurden zeitlich parallel von derselben Lehrkraft im Sinne der Methode *Action Research* (Lewin 1968; Mills 2003; Burns 2010) unterrichtet, wobei nach jeder Einheit ein Wechsel der Experimental- und Kontrollgruppe stattfand, sodass beide Grup-

---

2 Die in den Abschnitten 7.5–7.7 dargestellte Studie bezieht sich auf eine Untersuchung, die 2017 publiziert wurde (Freudenau 2017). Um die Darlegungen leser*innenfreundlich zu gestalten, wird lediglich dort nochmals auf die Quelle verwiesen, an denen direkt etwas entnommen wurde oder der Verweis gegeben werden soll, auf welchen Seiten der Originalquelle genauere Ausführungen zu finden sind.

pen jeweils an drei Unterrichtseinheiten mit OWB und drei Einheiten ohne OWB teilnahmen. In beiden Gruppen wurde anhand schriftlicher Wortschatz-Elizitierung und Beobachtung die Wortschatzerweiterung erhoben.[3]

Ein näherer Blick auf unterschiedliche Leistungsgruppen innerhalb der Experimentalgruppe gab Aufschluss darüber, inwiefern sich die Wortschatzerweiterung der Schüler*innen verschiedener Leistungsniveaus unterscheidet. Um Resultate zum kurzfristigen und längerfristigen Behalten zu erlangen, wurden *Cued-Recall*-Tests jeweils direkt nach einer Unterrichtseinheit (mindestens zwei und maximal drei Tage nach der Einheit) und nach mehreren Wochen (mindestens acht Wochen bis maximal 14 Wochen nach einer Einheit) durchgeführt.

7.6 Ausgewählte Ergebnisse der Studie

Der Wortschatz wurde in drei Kategorien unterteilt: der von der Lehrkraft eingeführte Wortschatz, der von den Kindern bei der Lehrkraft und z. T. bei den Beobachterinnen nachgefragte Wortschatz und der im OWB nachgeschlagene Wortschatz (Abbildung 7.1).

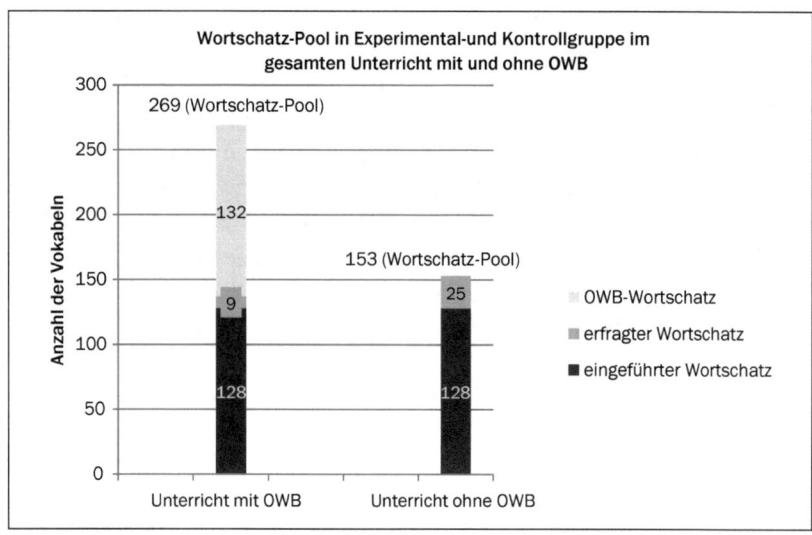

Abbildung 7.1: Wortschatz-Pool im Unterricht mit Online-Wörterbuch (Experimentalgruppe) und ohne Online-Wörterbuch (Kontrollgruppe) (aus: Freudenau 2017, S. 228)

---

3   Im Rahmen der Studie wurde bei der Wortschatzerweiterung aus unterschiedlichen Gründen ausschließlich die Übersetzungsrichtung Deutsch – Englisch betrachtet (s. Freudenau 2017, S. 113 f.).

Mit dem Begriff Wortschatz-Pool soll gekennzeichnet werden, dass es sich um Wortschatz handelt, der im Unterricht erarbeitet wurde (im Pool des Wortschatzes der Klasse vorhanden), jedoch kannten nicht alle Kinder jedes Wort, da diese zum Teil sehr individuell erarbeitet wurden.

Die Grafik (Abbildung 7.1) zeigt in beiden Säulen die Summe der in Experimental- und Vergleichsgruppe auf vergleichbare Weise eingeführten Wörter (128 Begriffe[4]). Die linke Säule veranschaulicht, dass im Unterricht mit OWB lediglich neun Begriffe bei der Lehrkraft nachgefragt wurden, während dies im Unterricht ohne OWB 25 Begriffe waren. 132 unterschiedliche Wörter wurden in den sechs Unterrichtseinheiten im OWB nachgeschlagen, sodass festgehalten werden kann, dass mithilfe des OWB die größte Anzahl zusätzlicher Vokabeln in den Unterricht einfloss.

In einem nächsten Schritt wurden die drei Leistungsgruppen genauer betrachtet, um zu identifizieren, ob es Unterschiede in der Wortschatzerweiterung zwischen den Kindern der unterschiedlichen Gruppen gibt. Das Leistungsniveau der einzelnen Schüler*innen wurde vornehmlich anhand fachbezogener Kompetenzen mithilfe von Beobachtungsbögen und Notizen, die von der Englischlehrkraft angefertigt wurden, ermittelt. Die nachfolgende Darstellung (Abbildung 7.2) zeigt, dass ein Kind des hohen Leistungsniveaus seinen Wortschatz in einer Unterrichtseinheit durchschnittlich um 7,27 Vokabeln erweitert hat. Ein Kind des mittleren Niveaus hat seinen Wortschatz um 4,88 neue Vokabeln erweitert und ein Kind des niedrigen Niveaus um durchschnittlich 2,59 Vokabeln.[5]

Offenkundig profitierten die leistungsstarken Kinder in Bezug auf die Wortschatzerweiterung am meisten von dem OWB, während die Kinder des niedrigen Niveaus die geringste Anzahl zusätzlichen Vokabulars nachschlugen.

Aus den qualitativen Ergebnissen zum Umgang mit dem erweiterten Wortschatz lassen sich Rückschlüsse darauf ziehen, dass die Kinder stolz auf ‚ihren Wortschatz‘ waren und sie die für sie neuen Begriffe in kommunikativ angelegten Unterrichtsphasen mit ihren Mitschüler*innen sehr gerne teilten

---

4   Begriff, Vokabel und Wort werden hier synonym verwendet. Eine genaue Darstellung, was als ‚ein Wort‘ verstanden und im Rahmen der Studie gezählt wurde, findet sich in Freudenau 2017, S. 191 ff. und 256 ff. Beispielsweise werden englische Multiwortlexeme, die physikalisch getrennte Wörter darstellen, oder Wörter, die durch Bindestriche getrennt sind (z. B. *town hall* oder *grown-up*), als ein Wort betrachtet.

5   Erklärend sei hinzugefügt, dass bei dieser Ergebnisdarstellung dieselbe Vokabel doppelt eingegangen ist, wenn ein Kind z. B. des hohen Leistungsniveaus dasselbe Wort nachgeschlagen hat wie ein Kind des mittleren Niveaus. Anders verhält es sich bei der Zählung der Wörter in der vorangegangenen Abbildung 7.1: Hier musste ein mehrfach nachgeschlagener Begriffe einmalig gezählt werden.

(vgl. ebd., S. 234, 267). Die Weitergabe der Wörter wurde so realisiert und möglicherweise auch ein besseres Behalten der von Kind zu Kind kommunizierten Begriffe.

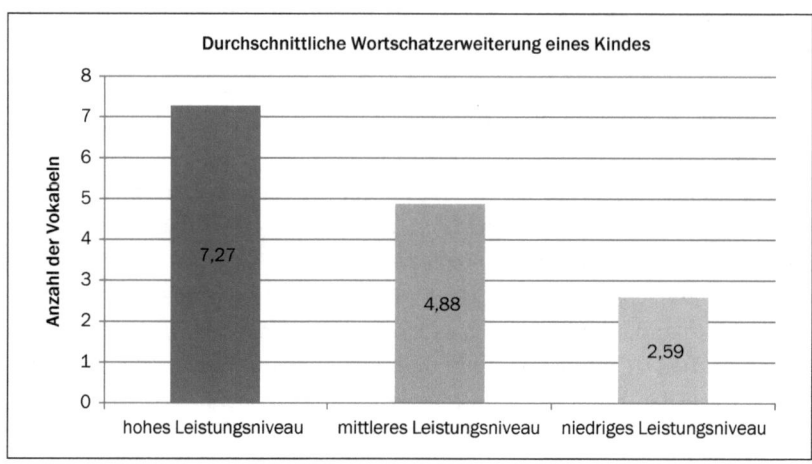

Abbildung 7.2: Durchschnittliche Wortschatzerweiterung eines Kindes des hohen, mittleren und niedrigen Leistungsniveaus in einer Unterrichtseinheit mit OWB (aus: Freudenau 2017, S. 241)

Überblicksartig sollen nun die Ergebnisse der Behaltensfähigkeit dargelegt werden. In der Untersuchung wurde ermittelt, ob Unterschiede in Bezug auf die Retention der von der Lehrkraft eingeführten Vokabeln in Experimental- und Kontrollgruppe ersichtlich werden. Ausschlaggebend für die Testung dieses Vokabulars waren insbesondere Beobachtungen, aus denen hervorging, dass einige Schüler*innen das OWB nutzten, um den von der Lehrkraft eingeführten Wortschatz zu wiederholen, sodass Erkenntnisse darüber, ob das OWB auch für die Behaltensfähigkeit dieses Wortschatzes dienlich sein kann, gewonnen werden sollten.

Wie bereits unter Punkt 7.5 beschrieben, wurden zu jeder der sechs Unterrichtseinheiten zwei Vokabeltests geschrieben, von denen ein Test zeitnah nach der Einheit und ein Test mehrere Wochen danach von den Kindern bearbeitet wurde. So konnte die Behaltensfähigkeit auch im Verlauf betrachtet werden, was besonders hinsichtlich der Ergebnisse der unterschiedlichen Leistungsgruppen bedeutsam wird. An dieser Stelle soll jedoch nur die längerfristige Retention betrachtet werden.

In der nachfolgenden Grafik (Abbildung 7.3) ist erkennbar, dass die Werte der Kinder im Unterricht mit OWB in jeder der sechs Einheiten über denen der Kinder ohne OWB lagen.

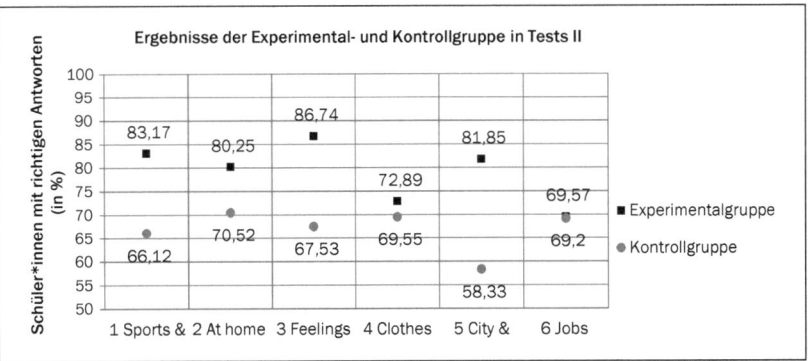

Abbildung 7.3: Anzahl der Kinder mit richtigen Antworten (%) in den sechs Tests II nach Unterricht mit und ohne OWB (Experimental- und Kontrollgruppe) (aus: Freudenau 2017, S. 250)

Das bedeutet, dass die Experimentalgruppe das Vokabular jeweils besser erinnern konnte. In der Einheit zum Thema *Clothes* sowie in der Einheit zum Thema *Jobs* liegen die Werte sehr dicht beieinander, während in den übrigen Einheiten größere Abstände zu verzeichnen sind.

Schließlich stellt sich die Frage, weshalb der von der Lehrkraft eingeführte Wortschatz in der Experimentalgruppe besser behalten wurde als in der Kontrollgruppe. Anhand der Beobachtungen und auch durch die Einzelfallstudien, im Rahmen derer sechs Kinder u. a. interviewt wurden, konnte die Erkenntnis erlangt werden, dass vor allem die Kinder des niedrigen Leistungsniveaus das OWB nutzten, um das eingeführte Vokabular zu wiederholen. Insbesondere die Kinder dieser Gruppe schlugen im OWB die Begriffe in alphabetischer oder thematischer Ordnungssystematik nach und hörten sie sich über die Sprachausgabe an. Des Weiteren konnte beobachtet und anhand der Äußerungen der Kinder in den Interviews belegt werden, dass gerade die leistungsschwächeren Schüler*innen sowie zum Teil auch die Kinder des mittleren Leistungsniveaus, sich die bereits bekannten Vokabeln unter Einbezug der Sprachausgabe mit- und nachsprachen, sich das Schriftbild ansahen und die Wörter abschrieben.

7.7 Zusammenfassung der Ergebnisse und Empfehlungen für die Praxis in der Sekundarstufe I

Aus den dargelegten Resultaten der Studie geht hervor, dass Kinder sich deutlich mehr Vokabular selbstständig erarbeiten, wenn ihnen im Unterricht ein OWB zur Verfügung steht. Besonders die leistungsstarken Lernenden haben von dem Zusatzmedium OWB profitiert, da diese Gruppe den größten neuen Wortschatz selbstständig erarbeitete. Das Wiederholen bereits bekannter Begriffe schien für sie weniger notwendig zu sein.

In Bezug auf die Behaltensfähigkeit des von der Lehrkraft eingeführten Wortschatzes stellte sich heraus, dass das Medium durchweg positiven Einfluss besitzt. Insbesondere die leistungsschwachen Lernenden nutzten das OWB, um bereits eingeführten Wortschatz zu wiederholen und weniger, um neuen Wortschatz nachzuschlagen. Dies hatte zur Folge, dass sie den eingeführten Wortschatz deutlich besser erinnerten als die Kinder der Vergleichsgruppe.[6]

Es zeigte sich des Weiteren, dass die Schüler*innen auf unterschiedlichste Weise Wortschatz nachschlugen (z. B. über die alphabetische sowie die thematische Suchfunktion) und mit den gefundenen Einträgen unterschiedlich umgingen (z. B. Anhören, Nach- bzw. Mitsprechen oder Abschreiben des Begriffs).

Die Studie belegt außerdem, dass besonders die leistungsstarken Lernenden sich neuen Wortschatz individuell erarbeiten, wenn sie die Möglichkeit erhalten, individuell mit einem OWB zu arbeiten. Die Erkenntnisse, die bei Dritt- und Viertklässler*innen gewonnen wurden, lassen sich auch auf die 5. Klasse und bedingt auch auf die 6. Klasse der Sekundarstufe I übertragen. So sollten auch hier durch offene Aufgabenstellungen und durch das zur Verfügung stellen von Zeit die Lernenden darin unterstützt und gefördert werden, interessengeleitet Wortschatz zu erarbeiten. Darüber hinaus sollten die Schüler*innen die Möglichkeit erhalten, das neue Vokabular zu präsentieren und z. B. in *peer learning activities* mit ihren Mitschüler*innen zu teilen. Dies kann wiederum weitere Schüler*innen darin bestärken, autonom Wortschatz zu erarbeiten.

Da sich die schwächeren Schüler*innen verstärkt auf die Wiederholung des im Unterricht thematisierten Vokabulars konzentrierten und sie das Wiederholen je nach Lernpräferenz gestalteten, ist es zielführend, Wörterbücher mit vielfältigen Darstellungsangeboten, u. a. mit Bild und Schriftbild sowie Sprachausgabe, zur Verfügung zu stellen. Außerdem können verschiedene Ordnungssysteme (alphabetisch, thematisch) hilfreich sein, um den unterschiedlichen Lerntypen gerecht zu werden. Des Weiteren sollten auch die Ar-

---

6 Eine Langzeitstudie der Universität Wuppertal konnte ebenfalls positive Effekte u. a. auf das Wortschatzbehalten sowie auf Wörterbuchbenutzungskompetenzen durch den Gebrauch elektronischer Wörterbücher nachweisen. Außerdem war die Einstellung der Schüler*innen zum elektronischen Hilfsmittel signifikant positiver als die zum Papierwörterbuch. In dieser Studie nutzten Mittelstufenschüler*innen von Haupt- und Gesamtschulen einerseits ausschließlich elektronische Wörterbücher und andererseits standen Lernenden lediglich Print-Wörterbücher zur Verfügung (Diehr/Kassel 2013).

beitsphasen geöffnet werden, damit alle Schüler*innen die Möglichkeit haben, die Wörterbücher entsprechend ihrer Bedürfnisse zu nutzen.

Um den sinnvollen Umgang mit digitalen Wörterbüchern zu unterstützen, ist es notwendig, dass die Lernenden von Zeit zu Zeit Reflexionsgespräche über die verschiedenen Angebote führen. Den Schüler*innen sollte verständlich werden, wie und wofür sie welches Nachschlagewerk zielführend nutzen können und auch, welche Präferenzen sie selbst haben.

Damit die Lernenden im Umgang mit digitalen Wörterbüchern „gute Nutzungsgewohnheiten entdecken und Methodenkompetenz ausbilden, sollten sie spätestens in der Mittelstufe dafür eigene Lernposter mit eigenen Kommentaren und Beispielen versehen" (Diehr 2012, S. 6).

Da in der Sekundarstufe der Übergang von einsprachigen Bild-Wörterbüchern zu zweisprachigen Nachschlagewerken ohne Bilder erfolgen sollte (vgl. z.B. MSB NRW 2019, S. 22), ist es wichtig, dass die Schüler*innen lernen, sich sorgfältig mit dem gesuchten Wort auseinanderzusetzen: Ist das Wort komplett unbekannt oder ist es in einem bestimmten Verwendungszweck seltsam? Reicht es, die ungefähre Bedeutung zu wissen oder muss es genau gewusst werden, sodass das Nachschlagen wichtig ist? (vgl. Diehr 2012, S. 6f.). Ein Grundgerüst für ein Lernposter bzw. einen Leitfaden für das Nachschlagen stellt Diehr (2012) vor (1. *Always think first,* 2. *Make sure you scroll down,* 3. *Read the example sentences,* 4. *To be on the safe side, double-check*) und benennt für jeden der vier aufgeführten Schritte darüber hinaus hilfreiche Fragestellungen und Tipps (vgl., ebd., S. 8).

Auch der reflektierte Umgang mit dem gefundenen Eintrag sollte thematisiert werden (ebd., S. 7f.; vgl. auch z.B. MSB NRW 2019, S. 30), da OWB sowie auch Apps, die über ein Suchworteingabefeld verfügen, diverse Begriffe und Beispielsätze liefern.

Materialien zur Wörterbucharbeit der Klett-Akademie für Fremdsprachendidaktik: www.klett.de/inhalt/digitalisierung-im-englischunterricht/woerterbucharbeit/9945

Hörstiftfähige Wörterbücher
Langenscheidt Grundschulwörterbuch Englisch. Buch mit Bookii-Hörstift-Funktion. (2019). München: Langenscheidt.
Brockhaus Bildwörterbuch. Das sprechende visuelle Wörterbuch (Ting-Edition) – Deutsch – Englisch – Spanisch – Türkisch – Russisch (2013). Gütersloh: Wissenmedia.
Duden – Mein sprechendes Bildwörterbuch Englisch – Ting! (2012). Mannheim: Dudenverlag.
tiptoi® Grundschulwörterbuch Englisch (2013). Ravensburg: Ravensburger.

Apps

Babbel. Anbieter: *Lesson Nine* GmbH

dict.cc Wörterbuch. Anbieter: *dict.cc* GmbH

Duolingo. Anbieter: Duolingo

Easy peasy Englisch für Kinder. Anbieter: *wonderkind* GmbH

English for Kids. Anbieter: Gennadij Tsodikov/*Peppermind Games*

LEO Wörterbuch. Anbieter: LEO GmbH

PONS Wörterbuch *Advanced.* PONS GmbH

Online-Wörterbücher

dict.cc: www.dict.cc

Brockhaus Grundschulwörterbuch Englisch: www.scolaris.de

LanguageGuide: www.languageguide.org/de/

LanguageGuide Englisch UK: www.languageguide.org/englisch-uk/vokabeln/

LEO: dict.leo.org/englisch-deutsch/

Linguee: www.linguee.de

Literatur

Alberta Education (2012): Bring your own device: A guide for schools. Edmonton: Alberta Education.

Bulmahn, Catharina (2012): Wörterbucharbeit mit dem TING-Hörstift: Entwicklung eines Konzepts für den Einsatz im Englischunterricht eines 3. Schuljahrs am Beispiel des Themas „Food and Drinks". Unveröffentlichte Examensarbeit. Zentrum für schulpraktische Lehrerausbildung Minden.

Burns, Anne (2010): Doing action research in English language teaching. New York und London: Routledge.

Diehr, Bärbel (2012): *Learner's little helpers:* Mit elektronischen Wörterbüchern das Englischlernen erleichtern. Der Fremdsprachliche Unterricht Englisch: Dictionaries (46), 2–8.

Diehr, Bärbel/Kassel, Jan (2013): Befunde der MobiDic-Studie zum Einsatz portabler elektronischer Wörterbücher im Englischunterricht. Wuppertal: Bergische Universität Wuppertal.

Freudenau, Tanja (2012): Multimedia dictionaries in the primary school. In: Lennon, P. (Hrsg.): Learner autonomy in the English classroom: Empirical studies and ideas for teachers. Frankfurt a.M.: Peter Lang, S. 95–122.

Freudenau, Tanja (2017): Wortschatzarbeit im Englischunterricht der Grundschule: Eine Studie zum autonomen Lernen mit Online-Wörterbüchern. Frankfurt a.M.: Peter Lang.

Grimm, Nancy/Hammer, Julia (2014): *Now, here, and everywhere:* Mit Edu-Apps Blended Learning-Szenarien gestalten und mobil lernen. In: Der Fremdsprachliche Unterricht Englisch 128, S. 2–7.

Groß, Christiane (2003): Der Einsatz von Bildwörterbüchern im Englischunterricht der Grundschule. In: Edelhoff, Christoph (Hrsg.): Englisch in der Grundschule und darüber hinaus: Eine praxisnahe Orientierungshilfe. Frankfurt a. M.: Schroedel, Diesterweg, Klinkhardt, S. 81–88.

Haß, Frank (2006): Fachdidaktik Englisch: Tradition – Innovation – Praxis. Stuttgart: Klett.

Heim, Katja (2019): Individuelles Arbeiten mit digitalen Medien: Üben, Lernen und Explorieren in der Freiarbeit. In: Fördermagazin Grundschule 66, H. 1, S. 16–22.

Hückelheim, Anna (2018): Medienkompetenz – so früh wie möglich. In: Grundschule H. 7, S. 17–19.

Lewin, Kurt (1968): Die Lösung sozialer Konflikte. Bad Nauheim: Christian.

Mills, Geoffrey E. (2003): Action research: A guide for the teacher researcher. Upper Saddle River, NJ: Merrill/Prentice Hall.

MSW NRW (2012) = Ministerium für Schule und Weiterbildung des Landes Nordrhein-Westfalen (2012): Englisch als Kontinuum – von der Grundschule zur weiterführenden Schule. Handreichung für den fortgeführten Englischunterricht in der Sekundarstufe I. H. 9048. Frechen: Ritterbach.

MSB NRW (2019) = Ministerium für Schule und Bildung des Landes Nordrhein-Westfalen (2019): Kernlehrplan für die Sekundarstufe I Gymnasium in Nordrhein-Westfalen. Frechen: Ritterbach.

Medienberatung NRW (Hrsg.) (2018): Medienkompetenzrahmen NRW. Münster/Düsseldorf. medienkompetenzrahmen.nrw/fileadmin/pdf/LVR_ZMB_MKR_Broschuere.pdf (Abfrage: 08. 06. 2020).

Rymarczyk, Jutta (2016): Aussprachekompetenz im Schriftspracherwerb mit TING-Stiften und Bildwörterbüchern. In: Böttger, Heiner/Schlüter, Norbert (Hrsg.): Fortschritte im Frühen Fremdsprachenlernen. Tagungsband zur 4. FFF-Konferenz. Braunschweig: Westermann, S. 152–161.

8 *Figuring it out:* Sprache entdecken mit digitalen Korpora

Peter Schildhauer

8.1 Einleitung

Digitalität erlaubt es uns, große Textsammlungen in Sekundenschnelle zu durchsuchen und zu analysieren. Dem Englischunterricht eröffnen sich damit vielfältige Möglichkeiten, den tatsächlichen Gebrauch der Zielsprache auf eigene Faust zu erkunden und vielfältige Fragen zu klären, die sich Sprachverwender*innen im Alltag immer wieder stellen. Wenn Schüler*innen der Oberstufe z. B. ein *comment* zu den Brexit-Verhandlungen verfassen, könnte es sie interessieren, mit welchen Verben *negotiations* eigentlich gebraucht wird, und zwar sowohl als Objekt *(require, use, have, make, call, encourage* etc. + *negotiations)*, als auch als Subjekt *(negotiations + z. B. fail, begin, reveal, involve, unfold)*. Bei Fragen dieser Art kommen Wörterbücher für Lernende an ihre Grenzen.[1]

Korpora hingegen liefern zu diesen Fragen in wenigen Sekunden Antworten – oder zumindest Daten, aus denen diese gewonnen werden können. In der Linguistik wird der Begriff *Korpus* (Pl. *Korpora*) für große Sammlungen natürlich vorkommender Sprachdaten verwendet (gemeint sind z. B. Zeitungsartikel, Webseiten, Gespräche etc.), die nach bestimmten Kriterien zusammengestellt wurden. Korpora werden erstellt, um eine Sprachvarietät abzubilden und Aussagen zu Phänomenen aus verschiedenen Bereichen zu ermöglichen – z. B. Lexikologie, Morphologie und Syntax (Adolphs 2006; Reppen 2010). Sie erlauben somit Aussagen wie bspw.: „Im Britischen Englisch drückt man xy so aus" oder „X ist im Amerikanischen Englisch weitaus gebräuchlicher als Y."[2]

Damit stellen Korpora ein mächtiges Werkzeug dar, mit dem Schüler*innen befähigt werden können, Sprache eigenständig zu erkunden und sogar zielsprachlich idiomatisch zu verwenden. Auf diese Weise können Korpora einen Baustein zum Erreichen eines wesentlichen Ziels des Englischunter-

---

1 Zu den Potenzialen von Online-Wörterbüchern siehe Freudenau in diesem Band.
2 Dabei stellt jede Sammlung natürlich nur einen Ausschnitt dar und kann die jeweilige Sprachvarietät (und ihre Diversität) nie vollständig abbilden.

richts darstellen: dass Lernende selbstständig die Feinheiten der Zielsprache zweckgebunden erschließen können. Neben dieser *Sprachlernkompetenz* kann das Arbeiten mit Korpora insbesondere das Entwickeln der Kompetenzbereiche *funktionale kommunikative Kompetenz (Verfügen über sprachliche Mittel* und *Schreiben)* und *Sprachbewusstheit* fördern.[3]

Im alltäglichen Unterrichtsgeschehen unterstützen Korpora neben (Online-)Wörterbüchern die Lehrkraft als wandelndes Kompendium und simulieren gewissermaßen einen *native speaker.* Sind Korpora also fester Bestandteil des Klassenraums, entlasten sie auch die Lehrkraft. Dabei wird außerdem sichtbar, dass man gerade als *non-native speaker* nicht alles wissen muss, aber Wissenslücken mit geeigneten Tools schließen kann.

Dieser Beitrag stellt zwei wesentliche Korpora des Englischen und eine zugängliche Plattform vor, die Lehrkräften und Lernenden den Zugriff auf diese und weitere Korpora ermöglicht. Anschließend werden verschiedene Einsatzmöglichkeiten von Korpora im Englischunterricht besprochen. Die Aufgaben sind verschiedenen Kompetenzstufen angepasst. Somit beschäftigt sich dieser Beitrag vor allem mit der Rolle, die Korpora in bestimmten Aufgabenformaten spielen können. Weitere Nutzungsformen im Umfeld des Englischunterrichts (z. B. die Analyse von Lerner*innensprache) müssen hier aus Platzgründen ausgeklammert werden. Zum Abschluss wird das didaktische Potenzial der Arbeit mit Korpora im Englischunterricht zusammenfassend diskutiert, insbesondere unter den Gesichtspunkten der Lerner*innenautonomie und des veränderten Zugangs zum Sprachenlernen, der auf diese Weise eröffnet wird.

8.2 Zentrale Korpora des Englischen

Für das Britische Englisch ist vor allem das *British National Corpus* ausschlaggebend. Es wurde Mitte der 1990er Jahre fertiggestellt und setzt sich mit seinen 100 Millionen Wortformen deutlich von Korpora der ersten Generation ab, die lediglich zwischen 1 und 5 Millionen Wortformen umfassten (Davies 2015). Bei seiner Zusammenstellung wurde darauf geachtet, sowohl gesprochene als auch geschriebene Sprache in jeweils unterschiedlichen Textsorten zu repräsentieren (Burnard 2009). Der geschriebene Teil, der ca. 90 % des Korpus ausmacht, beinhaltet z. B. nationale und regionale Zeitungstexte, wissenschaftliche Artikel und auch fiktionale Texte. Im mündlichen Teil finden sich sowohl alltägliche Gespräche als auch *Meetings* und öffentliche Vor-

---

3 Ich beziehe mich hier auf die Bildungsstandards für die fortgeführte Fremdsprache (KMK 2012).

träge. Zusammengenommen bildet das BNC somit einen Querschnitt des Britischen Englisch des ausgehenden 20. Jahrhunderts ab.

Dem technischen Fortschritt ist es geschuldet, dass das BNC gegenüber einigen neueren Korpora verhältnismäßig klein erscheint. Korpora der jüngsten Generation wie das *iWeb* umfassen bereits mehrere Milliarden Wortformen (Davies/Jong-Bok 2019). Zu diesen zählt auch das *Corpus of Contemporary American English* (COCA) mit ca. 1 Milliarde Wortformen, die sich im Wesentlichen auf gesprochene Sprache sowie verschiedene schriftsprachliche Textsorten, z. B. Zeitungen, Magazine und akademische Texte, in Jahresscheiben von 1990 bis 2019 verteilen (Davies 2015).[4] Damit ist das COCA repräsentativ für das Amerikanische Englisch der Gegenwart – und erlaubt es seinen Nutzer*innen obendrein, Veränderungen im jüngeren Sprachbrauch nachzuverfolgen.

Um effektiv mit diesen großen Textsammlungen arbeiten zu können, wird spezielle Software benötigt. Solche Korpustools erlauben nicht nur die automatisierte Zusammenstellung vieler Beispiele zu einem Phänomen auf einmal, sondern können Suchanfragen auch auf Grundlage statistischer Berechnungen ausführen. Damit braucht es z. B. nur wenige Mausklicks, um herauszufinden, in welchen Kollokationen ein bestimmtes Wort vorkommt. Im Folgenden möchte ich das Korpus-Tool vorstellen, das von Mark Davies an der Brigham Young University unterhalten wird (daher im Folgenden: BYU). Es ist unter der URL https://www.english-corpora.org/ zu erreichen und erlaubt einen nutzer*innenfreundlichen Zugriff auf alle (und viele weitere) Korpora, die in diesem Abschnitt genannt wurden. Teils wurden diese von Davies selbst kompiliert (z.B. das COCA), teils erlaubt BYU Zugriff auf Korpora, die aus anderen Quellen stammen, wie z.B. das BNC.

8.3 Das Korpus-System der Brigham Young University (BYU)

Die Webseite https://www.english-corpora.org/ arbeitet mit einem gestaffelten Zugriffssystem: Prinzipiell kann sie ohne Anmeldung und kostenfrei genutzt werden (Status 0 *„unregistered user"*). Daher bietet sie sich für Einsteiger*innen und insbesondere für die rechtssichere Nutzung im Klassenraum an. Allerdings ist die Anzahl der Suchanfragen und der maximal pro Tag angezeigten Beispiele aus dem Korpus begrenzt. Durch eine Anmeldung in einer der höheren Statusgruppen 1 *(non-researcher)* bzw. 2 *(semi-researcher)* erhöht sich die Zahl der Suchanfragen und Ergebnisse deutlich. Da die Registrierung auf dem Portal keine Nachteile wie Spam-Mail mit sich bringt, ist

---

4   Stand: März 2020 – das COCA wird kontinuierlich um neue Zeitscheiben erweitert.

es für Lehrkräfte eine gute Option, sich in einer dieser Gruppen anzumelden.[5] Darüber hinaus steht auch ein *Premium Account* (30 US Dollar/Jahr) zur Verfügung, der die Suchanfragen in jeder Kategorie noch einmal erhöht. Nutzer*innen ohne *Premium Account* werden in regelmäßigen Abständen (ca. alle 10 Suchanfragen) gefragt, ob sie einen solchen Account buchen möchten.

Auf der Startseite (Abbildung 8.1) wird durch Klick ein Arbeits-Korpus gewählt und eine Suchmaske angezeigt. Über dem Suchfeld werden verschiedene Optionen angeboten (Abbildung 8.2).

English-Corpora.org

home corpora users related resources my account help

The most widely used online corpora. Overview, search types, looking at variation, using Virtual Corpora, corpus-based resources.

The links below are for the online interface. But you can also download the corpora for use on your own computer.

Corpus (online access)	Download	# words	Dialect	Time period	Genre(s)
iWeb: The Intelligent Web-based Corpus		14 billion	6 countries	2017	Web
News on the Web (NOW)		11.0 billion+	20 countries	2010-yesterday	Web: News
Global Web-Based English (GloWbE)		1.9 billion	20 countries	2012-13	Web (incl blogs)
Wikipedia Corpus		1.9 billion	(Various)	2014	Wikipedia
Corpus of Contemporary American English (COCA)		1.0 billion	American	1990-2019	Balanced
Coronavirus Corpus		606 million+	20 countries	Jan 2020-yesterday	Web: News
Corpus of Historical American English (COHA)		400 million	American	1810-2009	Balanced

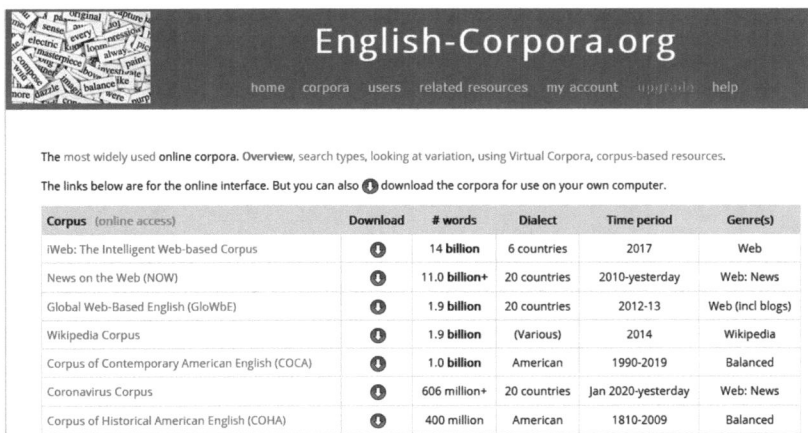

Abbildung 8.1: Startseite von BYU

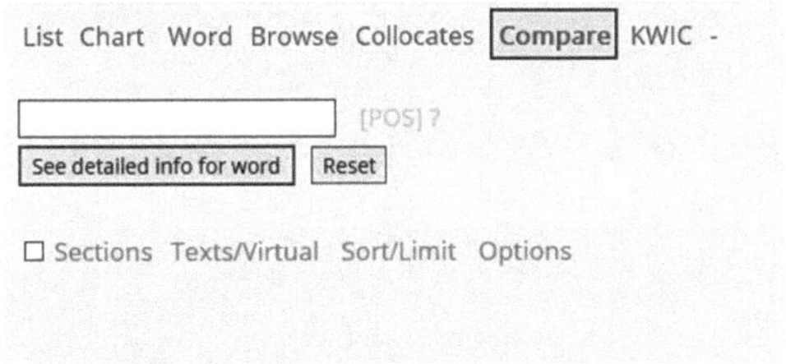

List Chart Word Browse Collocates Compare KWIC -
[POS] ?
See detailed info for word
Reset
Sections Texts/Virtual Sort/Limit Options

Abbildung 8.2: Erweiterte Suchmaske bei BYU

Die für diesen Beitrag wesentlichen Funktionen sind dabei:

- *List* – eine Häufigkeitsanalyse (wie oft taucht ein Wort bzw. eine Konstruktion im Korpus auf?)

5 Gruppe 3 *(researcher)* ist Universitätsangehörigen vorbehalten.

- *Collocates* – identifiziert Wortformen, die häufig gemeinsam mit dem Suchbegriff auftreten, und eignet sich z. B. für Fragen des angemessen bzw. korrekten Sprachgebrauchs (siehe u. a. das *negotiations*-Beispiel in der Einleitung), die eher schwierig mit gängigen Nachschlagewerken zu klären sind (Granath 2009).
- *KWIC (keywords in context)* – listet Stellen aus dem Korpus auf, in denen das Suchwort enthalten ist; das Suchwort wird mittig angezeigt.

Diese Funktionen werden im Folgenden anhand konkreter Aufgabenbeispiele und Anwendungsszenarien für den Englischunterricht vorgestellt.[6]

8.4 Verfügen über sprachliche Mittel: Wortschatz

8.4.1 Kollokatoren-Quiz

Auf der Grundlage frequenzbasierter Analysen kann BYU Wörter liefern, die in einem Korpus besonders häufig gemeinsam mit dem Suchbegriff auftreten, sogenannte Kollokatoren. Möchte man z. B. die *negotiations*-Frage aus der Einleitung beantworten, kann dies bei BYU über den *Collocates*-Reiter über dem Suchfeld geschehen (Abbildung 8.3).

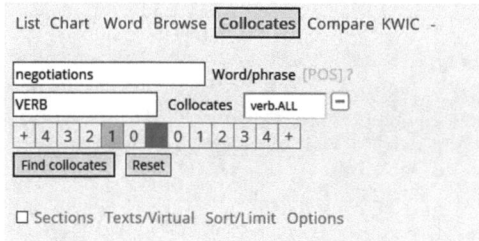

Abbildung 8.3: Kollokatorensuche bei BYU

Im Dropdown-Menü kann *verb.ALL* ausgewählt werden, um die Suchergebnisse auf Verben zu beschränken. In den Zahlenfeldern gibt man an, auf wie viele Positionen sich die Suche nach Kollokatoren links und rechts vom Such-

---

6　BYU ist natürlich nur ein Korpus-Tool unter vielen. Besonders benutzer*innenfreundlich und reich an Korpora verschiedener Sprachen ist z. B. Sketch Engine (www.sketchengine.eu), das ähnliche Funktionen wie BYU bei einer zugänglicheren Oberfläche bietet. Allerdings ist Sketch Engine kostenpflichtig (aktuell 69,01 Euro im Jahr), was seinen Einsatz im Klassenraum und die Nutzung durch Schüler*innen außerhalb des Klassenraums unwahrscheinlich macht.

wort erstrecken soll. Standardmäßig sucht die Software jeweils 4 Positionen auf jeder Seite ab. Für das *negotiations*-Beispiel interessiert nun vor allem, welche Verben direkt vor diesem Nomen auftreten (1 links, 0 rechts, siehe Abbildung 8.4). Das Ergebnis dieser eingeschränkten Abfrage (Korpus: COCA) ist ausschnitthaft in Abbildung 8.4 dargestellt.

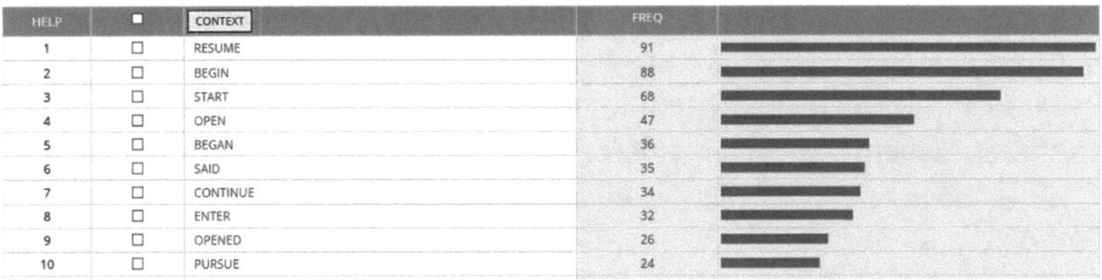

HELP	■	CONTEXT	FREQ	
1	☐	RESUME	91	
2	☐	BEGIN	88	
3	☐	START	68	
4	☐	OPEN	47	
5	☐	BEGAN	36	
6	☐	SAID	35	
7	☐	CONTINUE	34	
8	☐	ENTER	32	
9	☐	OPENED	26	
10	☐	PURSUE	24	

Abbildung 8.4: Ergebnis der Kollokatorenabfrage bei BYU (COCA, Verben unmittelbar vor dem Suchwort)

Mit Klick auf eines der ermittelten Verben werden die entsprechenden Belegstellen aus dem Korpus angezeigt.

Mit dieser Funktion könnten verschiedene Übungen zum Wortschatztraining erstellt werden (siehe bspw. Chong 2013), und zwar nicht unbedingt von der Lehrkraft, sondern – im Rahmen eines lerner*innenzentrierten Unterrichts – insbesondere auch von den Schüler*innen selbst. Gerade aufgrund der in diesem Fall noch recht überschaubaren Suchprozedur und Ergebnisdarstellung sind die folgenden Aufgaben gut dafür geeignet, Lernende an Korpora heranzuführen. Neben dem Wortschatztraining können somit erste Schritte hin zur eigenständigen Korpusnutzung erfolgen.

a) Guess the top collocates!

Ausgehend von Alltagsverben wie *(to) make, (to) do* oder auch *(to) brush* können die Schüler*innen aufgefordert werden, Nomen aufzuschreiben, die häufig als Objekt des jeweiligen Verbs auftreten. Zu zweit oder in Gruppen vergleichen die Schüler*innen ihre Listen und versuchen sich auf eine gemeinsame Trefferliste zu einigen. Schließlich werden die Vorschläge im Plenum veröffentlicht und mit den tatsächlichen Korpusergebnissen verglichen (entweder *live* durch eine Korpusabfrage der Lehrkraft oder durch Vorstellen der im Vorfeld durchgeführten Abfrage). Denkbar ist es, Punkte zu vergeben (z. B. drei Punkte für jedes Wort, das im Korpus unter den Top 5 ist, zwei für die Plätze 6–10 und einen Punkt für 11–15).[7]

---

7 Das Ratespiel kann auch umgedreht werden, indem den Schüler*innen eine Liste von Kollokatoren gegeben wird, zu denen sie dann jeweils die Basis der Kollokation ermit-

Neben den genannten Verben stellen auch andere Alltagswörter wie *house, tree, car* u. a. exzellente Übungsfelder für jüngere Jahrgangsstufen dar. Chong (2013) schlägt außerdem vor, die oben beschriebene Übung erst mit dem Verb *(to) boost* durchzuführen (welche Nomen folgen häufig? Ergebnisse z. B.: *confidence, profits, sales...*), und anschließend mit dem Nomen *boost* (welche Adjektive stehen häufig vor *boost?*). Die Autorin argumentiert, dass auf diese Weise *chunks* wie *(to) receive/give a big/great/major boost to confidence/profits/sales...* erworben bzw. gefestigt werden können. In diesem Beispiel für fortgeschrittene Lernende ist ebenfalls wieder zentral, dass die Schüler*innen neben dem potentiellen Zuwachs an sprachlichen Mitteln spielerisch einüben, Korpora für das eigenständige Erarbeiten auch komplexerer *chunks* zu nutzen, wenn sie z. B. ihre jeweiligen Vorschläge selbst am Korpus validieren.

b) Who's the best word engineer?
Mit der *List*-Funktion kann auch nach Wortbildungen gesucht werden, d. h. nach Prä- und Suffixen, oder auch Komposita, die mit einem Suchbegriff im Korpus auftreten. Mit Asterisken kann angegeben werden, welcher Wortteil beliebig von der Korpussoftware gefüllt werden soll. Die Eingabe **like* ermittelt somit Ergebnisse wie *unlike, alike, dislike, childlike, businesslike* usw.

Schüler*innen könnten auf dieser Basis aufgefordert werden, möglichst viele Derivate/Komposita eines gegebenen Wortes zu bilden, die dann gemeinsam mit dem Korpus abgeglichen werden. Optional können besonders häufige oder auch besonders ausgefallene (seltene) Wortbildungen mit Punkten honoriert werden, z. B. in einem Wettstreit der *word engineers*.

8.4.2 Quasisynonyme: What's the difference?

Etwas anspruchsvoller und wohl eher für fortgeschrittene Lerner*innen (Oberstufe) geeignet ist das Szenario *What's the difference,* bei dem es darum geht, Bedeutungsunterschiede von Quasisynonymen zu erkunden, d. h. von Wörtern, die sich in ihrer Bedeutung stark ähneln (Gesuato 2007). Siepmann (2018) schlägt vor, dies anhand des Paares *mist* und *fog* auszuprobieren. Es sind aber auch Beispiele wie *big – tall – large* oder auch *see – look – watch* denkbar.

---

teln sollen, z. B. *rights, beings, genome...* zu *human.* Auch in dieser Variante können Lernende selbst die Übung für ihre Mitschüler*innen erstellen und somit Sicherheit im Umgang mit Korpora erlangen.

Mit *Collocates A/B* bietet BYU eine Funktion, bei der zwei Suchbegriffe hinsichtlich ihrer Kollokatoren verglichen werden können.[8] Die Bedeutungsunterschiede lassen sich dann im Rückschluss aus den jeweils unterschiedlichen Arten häufiger Kollokatoren ableiten. Für das Beispiel *mist* vs. *fog* benennt Siepmann (2018, o. S.) u. a., dass „*mist* einen Nebel mittlerer Dichte bezeichnet, während *fog* (z. B. *dense, peasouper, blanket, thicken*) einen dicken, undurchsichtigen und potentiell überfrierenden *(freezing)* Nebel bezeichnet".

Um zu dieser Einsicht zu gelangen, müssen Lernende die aufgelisteten Kollokatoren jeweils durchgehen und nach semantischen Kriterien kategorisieren. Für das Beispiel *mist – fog* ist dies bereits recht komplex, da Kollokatoren aller Wortarten (Nomen, Verben, Adjektive) und in allen möglichen Positionen (vor und nach dem Suchwort) einbezogen werden müssen.

Im Fall von *big – tall – large* könnte die Suche etwas vereinfacht werden, da hier der Fokus auf Nomen gelegt werden kann, die dem jeweiligen Adjektiv folgen (Abbildung 8.5).

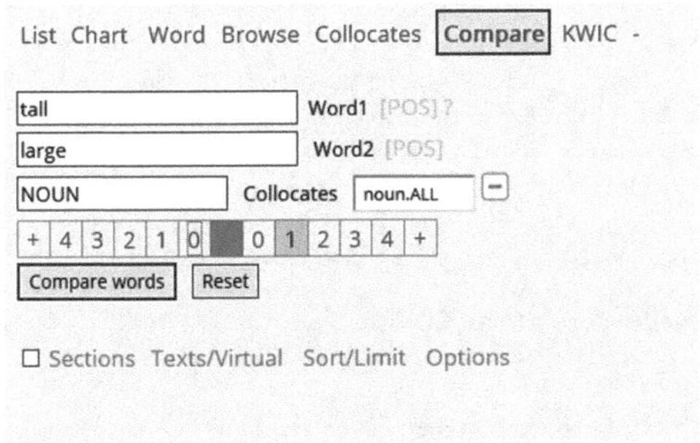

Abbildung 8.5: Kollokationenvergleich im BYU

Aus der Ausgabe kann dann geschlossen werden, dass *tall* Größe in Bezug auf Höhen bezeichnet *(grass, palm trees, reeds, poppy, officer, heels* u. a.), während *large* sich auf Mengen bezieht *(amount, portion, numbers, percentage, majority)* und *big* z. B. für Größe im Sinne dreidimensionaler Ausdehnung *(city)* oder für abstrakte Konzepte *(deal, problem, mistake)* verwendet wird. Neben Sprachbewusstheit und Wortschatz trainiert diese Aufgabe (sprach)analytisches Denken.

---

8   Der Algorithmus ermittelt zunächst die Kollokatoren und errechnet dann einen Vergleichsscore „Vorkommen mit Wort 1: Vorkommen mit Wort 2". Die Ausgabe ist dann für jedes der beiden Worte nach diesem Score geordnet. Sie zeigt also, welche Kollokatoren besonders häufig mit Wort 1, aber nicht mit Wort 2, und umgekehrt vorkommen.

8.4.3 Grammatik an authentischen Beispielen

In fortgeschrittenen Lerngruppen sollen hin und wieder bestimmte grammatische Strukturen schnell an einigen Beispielen wiederholt werden. Nicht immer bieten die Lehrwerke genügend Material und konstruierte Beispiele der Lehrkraft sind eben das: konstruiert. Korpusbeispiele sind hingegen linguistisch authentisch, weil sie keineswegs für einen Sprachlehrkontext produziert wurden, sondern für tatsächliche Alltagskommunikation (Bündgens-Kosten 2013, S. 277).

Mit der Funktion *Keywords in Context (KWIC)* können rasch solche Beispiele für verschiedene grammatische Themenfelder wie Relativsätze mit *who/ which*, *if-clauses* oder komplexere Konstruktionen zusammengestellt werden. Abbildung 8.6 zeigt die KWIC-Ansicht zur Suche *stop_v to*, Abbildung 8.7 die Liste für *stop_v *ing* (*stop* gefolgt von einem Wort auf *-ing*).[9]

Abbildung 8.6: KWIC-Ansicht für die Suche *stop_v to* im COCA

Abbildung 8.7: KWIC-Ansicht für die Suche *stop_v *ing* im COCA

---

9   Das Element *_v* grenzt die Suche auf alle Beispiele ein, in denen *stop* als Verb vorkommt. Es wird von der Software hinzugefügt, wenn im POS-Feld *verbALL* angeklickt wird. Die Suche funktioniert auch ohne, dann müssen aber Belege mit *stop* als Nomen ignoriert werden.

Diese Beispiele können vielfältig für das Vertiefen/Erarbeiten einer Regel (in diesem Fall: *stop* + Infinitiv vs. *stop* + Gerundium), deren deduktive Wiederholung und auch – in Lückentextform – für die geschlossene Übung verwendet werden. Sind Schüler*innen mit der KWIC-Funktion vertraut, können die Lernenden anstatt der Lehrkräfte die Beispiele für solche Wiederholungsphasen bereitstellen – oder sogar die Wiederholungsphasen nach dem Muster (Regel – Beispiele – Übung) selbst durchführen. Damit können selbst deduktive Wiederholungsphasen lerner*innenzentriert angelegt werden, indem den Lernenden Verantwortung für den Lernprozess übertragen wird.

8.5 Schreiben

Die in den vorangegangenen Punkten vorgestellten Funktionen können auch in etwas komplexere Zusammenhänge eingebettet werden, z. B. in Schreibaufgaben. Wenn eine Lerngruppe z. B. dazu angeleitet wird, eine *short story* zu schreiben (wie im Beispiel aus *Green Line Transition* bei Weisshaar 2018), könnte eine Anforderung sein, dass handelnde Personen möglichst lebendig und abwechslungsreich beschrieben sowie Wiederholungen der Verben *(to) have*, *(to) do* und *(to) make* vermieden werden.

Hierfür bietet BYU entsprechende Werkzeuge: Die *Word*-Funktion listet für jede Suchanfrage einige Synonyme, Kollokatoren und Themengebiete auf, die jeweils weiter erkundet werden können.[10] Soll der Protagonist einer *short story* z. B. ein *boy* sein, liefert die *Word*-Funktion Synonyme wie *young man*, *youngster*, *teenager*, *lad*, *schoolboy* und Adjektiv-Kollokatoren wie *little*, *naughty*, *skinny* u. a. Zu jedem der Synonyme, aber auch zum Ausgangswort *boy*, könnten mit der *Collocates*-Funktion rasch weitere Kollokatoren gefunden werden (die Adjektiv-Kollokatoren-Suche im COCA bei BYU ergibt z. B. *fat*, *older*, *13-year-old*, *sweet*, *handsome*, *smart*, *Jewish*).

Die zweite Anforderung, hochfrequente Verben wie *(to) have*, *(to) do* und *(to) make* zu vermeiden, kann ebenfalls mithilfe der *Word*-Funktion erfüllt werden – die Anfrage bei BYU ergibt allein für *(to) make* 57 Synonyme, die von *(to) bake* und *(to) brew* über *(to) produce* bis zu *(to) assemble* und *(to) appoint* reichen. Andererseits kann die *Collocates*-Funktion auch mit zentralen Nomen in der *short story* als Suchworten zu entsprechenden Verb-Kollo-

---

10 Die Lernenden könnten auch einen analogen Thesaurus oder einen anderen Online-Thesaurus nutzen (z. B. www.thesaurus.com); eleganter ist es aber sicherlich, wenn nicht erst die Plattform gewechselt werden muss. Außerdem ist der BYU-Thesaurus korpusspezifisch (z. B. auf Basis des COCA), die Herkunft der Vorschläge bei anderen Online-Angeboten bleibt oft intransparent.

katoren befragt werden, um *(to) have, (to) do* und *(to) make* zu vermeiden und insgesamt zu einer größeren Variabilität im Ausdruck zu gelangen. Ganz nebenbei können die Lernenden bei dieser Vorgehensweise sogar sicher sein, dass die verwendeten Kollokationen zielsprachlich angemessen sind.

Im Schreibprozess wird die Dimension der Angemessenheit mit zunehmenden Lernstand immer relevanter: Fortgeschrittene Lernende müssen aus einem wachsenden Repertoire lexiko-grammatischer Mittel wählen und reflektieren, inwiefern die getroffene Auswahl jeweils angemessen (oder gar im engeren Sinne *korrekt*) ist. Dies betrifft insbesondere Szenarien mit konkurrierenden Varianten. Ein solches Beispiel wäre die Frage, welche der Varianten *different from, to* oder *than* angemessener sei. Bei BYU könnten alle diese über die *List*-Funktion gesucht werden. Werden dabei sowohl BNC als auch COCA genutzt, ergibt sich folgendes Bild (Tabelle 8.1).

	BNC	COCA
different from	3 246	26 747
different to	474	1 654
different than	50	11 158

Tabelle 8.1: Häufigkeit von *different from, to* und *than* in COCA und BNC

Beide Abfragen zeigen, dass die Variante *different from* am häufigsten im jeweiligen Korpus auftritt und somit die sicherste Wahl darstellt. In einem Text, der sich am Britischen Standard (BNC) orientiert, sollten aufgrund des deutlichen Abstands zu *different from* die Varianten *to* bzw. *than* generell ausgeschlossen werden. Im amerikanischen Englisch (COCA) wäre hingegen auch *different than* ein möglicher Kandidat.[11]

Die generell sehr unterschiedlichen Häufigkeiten von BNC vs. COCA (Tabelle 8.1) könnten zusätzlich vor dem Hintergrund unterschiedlicher Korpusgrößen (Davies 2015, S. 13 f.) reflektiert werden, um eine kritische Lesefähigkeit der Suchergebnisse anzubahnen.[12]

---

11 Fortgeschrittene Lernende könnten außerdem recherchieren, wie sich die Varianten auf verschiedene Genres verteilen, und daraus Schlüsse für die aktuell jeweils angestrebte Textsorte ziehen.

12 Um Vergleichbarkeit zwischen BNC und COCA zu erreichen, müssten die jeweiligen Trefferzahlen in Relation zur Gesamtwortzahl des jeweiligen Korpus gesetzt werden. Dies könnte ebenfalls gemeinsam mit den Lernenden ausprobiert werden. Vgl. zu diesem sog. „Normalisieren" Hirschmann (2019, Kap. 4.5.1).

Das Beispiel zeigt außerdem einen Vorteil, den Korpora in Fragen der Angemessenheit gegenüber der weit verbreiteten Methode haben, die Zahl der Hits bei Suchmaschinen wie Google zu vergleichen: Es können viel genauere Aussagen getroffen werden – z. B. hinsichtlich der Angemessenheit in einer bestimmten Varietät des Englischen.

8.6 Schlussbemerkungen: Potenziale der Korpusarbeit

In diesem Artikel habe ich am Beispiel der Plattform BYU verschiedene Einsatzmöglichkeiten von Korpora im Englischunterricht aufgezeigt. Die Beispiele bezogen sich vor allem auf den Kompetenzbereich *Verfügen über sprachliche Mittel* (Abschnitt 8.4). Ebenfalls wurde deutlich, wie Korpora zur Stützung funktionaler kommunikativer Kompetenzen (hier: *Schreiben*, Abschnitt 8.5) eingesetzt werden können. In vielen Beispielen wurde auch der Kompetenzbereich *Sprachbewusstheit* berührt.

Die Arbeit mit Korpora führt anschaulich vor Augen, dass Sprache ein lebendes, dynamisches Zeichensystem ist, bei dem sich Bedeutungen aus den Beziehungen ergeben, die ein Zeichen mit anderen eingeht (siehe das Beispiel *big – tall – large*). Die intensive Arbeit mit Korpora modelliert somit Sprachenlernen im Sinne von Vorstellungen des *usage-based learning*: Sprachenlernen ist ein Prozess, bei dem ein mentales Netzwerk an Beziehungen zwischen Knotenpunkten (sprachlichen Einheiten) aufgebaut wird. Diese Beziehungen sind umso stärker ausgeprägt, je häufiger sprachliche Einheiten gemeinsam wahrgenommen werden. Somit werden sprachliche Regularitäten aus einer hohen Anzahl von Beispielen einer bestimmten Struktur abgeleitet: „Learners have to figure language out" (Ellis 2002, S. 144). Dabei spielen Häufigkeiten eine zentrale Rolle:

> „Comprehenders know the relative frequencies with which individual verbs appear in different tenses, in active versus passive structures and in intransitive versus transitive structures, the typical kinds of subjects and objects that a verb takes, and many other such facts. Such information is acquired through experience with input that exhibits these distributional properties." (Ellis 2002, S. 144)

Die Arbeit mit Kollokations- oder KWIC-Listen erledigt dies gewissermaßen im Schnelldurchlauf: Lernende erhalten hier einerseits deklaratives Wissen zu Häufigkeiten z. B. bestimmter Kollokationen. Andererseits werden sie auch mit einer hohen Zahl von Beispielen konfrontiert, welche die von Ellis geforderte „experience with input" ermöglicht.

Damit fügt sich die Arbeit mit Korpora in moderne Ansätze des Fremdsprachenlernens wie den *lexico-grammar approach* ein, die Ideen des *usage-based learning* aufgreifen (z. B. Willis 2003; Hutz 2018). Der lexiko-grammatische Ansatz plädiert dafür, die rigide Trennung von Wortschatz und Grammatik zugunsten eines Kontinuums aufzuheben (vgl. auch Ellis 2002, S. 145), in dessen ‚Grauzone‘ sich insbesondere Kollokationen befinden. Sowohl lexikalische als auch grammatische *patterns* ergeben sich durch Häufigkeiten des gemeinsamen Auftretens bestimmter Einheiten. Wichtige Forderungen des Ansatzes bestehen deshalb im Erarbeiten von lexikalischen Einheiten (*chunks* mit Kollokationen als Untergruppe, Hutz 2018, S. 136) anstatt einzelner Wörter sowie im Aufbau mentaler Netzwerke durch die Bildung und Stärkung von Verknüpfungen zwischen lexikalischen Einheiten (Hutz 2018, S. 146; siehe z. B. 8.4.1).

Zugegeben, die Arbeit mit Korpora ist anfangs etwas gewöhnungsbedürftig – für Lehrkräfte wie für Lernende. Allerdings: es lohnt sich! Nicht zuletzt fördern alle hier vorgestellten Szenarien in besonderem Maße *Sprachlernkompetenz* und somit die Fähigkeit der Schüler*innen, „das eigene Sprachenlernen selbstständig zu analysieren und bewusst zu gestalten" (KMK 2012, S. 22). Damit wird ein wesentlicher Beitrag zur Entwicklung von *language learner autonomy* (Little 2007) geleistet. Wenn korpus-basierte Aufgaben entsprechend gerahmt, sprachbezogene Probleme gemeinsam identifiziert, Lösungswege mit steigender Eigenständigkeit vollzogen und Erfolge reflektiert werden, dann stellt der Umgang mit Korpora Lernende auf lange Sicht auf eigene Füße. Denn dann ist *figuring it out* bereits selbstverständlicher Teil der Lösung und nicht mehr das Problem.

PLE-Kasten

Auf www.corpora-in-elt.com werden Materialien zum Einsatz von Korpora im Englischunterricht bereitgestellt und weitere Ressourcen verlinkt.

Ein zugängliches Korpustool ist das hier vorgestellte www.english-corpora.org

Ebenfalls komfortabel, im ansprechenden App-Design, aber kostenpflichtig: www.sketchengine.eu

Auf www.lextutor.ca finden sich anspruchsvollere Online-Tools speziell für Sprachlehrkontexte

Die Software WordSmith (www.lexically.net) ist intuitiv bedienbar, aber kostenpflichtig und erlaubt die Erstellung sowie Analyse eigener Korpora

Corpus Explorer (www.corpusexplorer.de) ist ein anspruchsvolleres, aber kostenfreies Tool zur Korpuserstellung und -analyse; eine Einführung in die Möglichkeiten bietet diese Videosammlung: www.10plus1journal.com/?page_id=811

Literatur

Adolphs, Svenja (2006): Introducing electronic text analysis: A practical guide for language and literary studies. London: Routledge.

Burnard, Lou (2009): The BNC in numbers. www.natcorp.ox.ac.uk/corpus/index.xml?ID= numbers (Abfrage: 06.03.2020).

Bündgens-Kosten, Judith (2013). Authenticity in CALL: Three domains of realness. In: ReCALL 25, H. 2, S. 272–285.

Chong, Chia Suan (2013): „5 ways to use corpora for classroom activities". www.etprofessional.com/5-ways-to-use-the-corpora-for-classroom-activities (Abfrage: 06.03.2020).

Davies, Mark (2015): Corpora: An introduction. In: Biber, Douglas/Reppen, Randi (Hrsg.): The Cambridge handbook of English corpus linguistics. Cambridge: CUP, S. 11–31.

Davies, Mark/Jong-Bok, Kim (2019). The advantages and challenges of „big data": Insights from the 14 billion word iWeb corpus. In: Linguistic research 36, H. 1, S. 1–34.

Ellis, Nick C. (2002): Frequency effects in language processing: A review with implications for theories of implicit and explicit language acquisition. In: Studies in second language acquisition 24, H. 2, S. 143–188.

Granath, Solveig (2009): Who benefits from learning how to use corpora? In: Aijmer, Karin (Hrsg.): Corpora and language teaching. Amsterdam: Benjamins, S. 47–65.

Gesuato, Sara (2007): How (dis)similar? Telling the difference between near-synonyms in a foreign language. In: Hidalgo, Encarnación/Quereda, Luis/Santana, Juan (Hrsg.): Corpora in the foreign language classroom. Amsterdam/NY: Rodopi, S. 175–190.

Hirschmann, Hagen (2019): Korpuslinguistik: Eine Einführung. Stuttgart: Metzler.

Hutz, Matthias (2018): Focus on form: The lexico-grammar approach. In: Surkamp, Carola/Viebrock, Britta (Hrsg.): Teaching English as a foreign language. Stuttgart: Metzler, S. 133–158.

KMK (2012) – Kultusministerkonferenz (2012): „Bildungsstandards für die fortgeführte Fremdsprache (Englisch/Französisch) für die Allgemeine Hochschulreife (Beschluss der Kultusministerkonferenz vom 18.10.2012)". www.tinyurl.com/kmkABI2012 (Abfrage: 12.09.2020).

Little, David (2007): Language Learner Autonomy: Some fundamental considerations revisited. In: Innovation in language learning and teaching 1, H. 1, S. 14–29.

Reppen, Randi (2010): Using corpora in the language classroom. Cambridge: CUP.

Siepmann, Dirk (2018): Datengesteuertes Lernen: Lexiko-grammatische Kenntnisse erweitern und sprachliche Zweifelsfälle lösen. In: Surkamp, Carola/Khuen, Yvonne (Hrsg.): Klett Akademie für Fremdsprachendidaktik: Digitalisierung im Englischunterricht. www.klett.de/inhalt/digitalisierung-im-englischunterricht/data-driven-learning/9965 (Abfrage: 11.03.2020).

Weisshaar, Harald (2018): Digital writing. In: Surkamp, Carola/Khuen, Yvonne (Hrsg.): Klett Akademie für Fremdsprachendidaktik: Digitalisierung im Englischunterricht. www.klett.de/inhalt/digitalisierung-im-englischunterricht/schreiben/6459 (Abfrage: 11.03.2020).

Willis, Dave (2003). Rules, patterns and words: Grammar and lexis in ELT. Cambridge: CUP.

9 *Flip the classroom* – Potenziale und Herausforderungen für den Englischunterricht

Margitta Kuty

9.1 Einleitung – Flip your meeting

Um das Grundkonzept zu verstehen, bietet es sich an, es kurz zu simulieren. Falls es aktuell nicht möglich ist, das nachfolgende Video zu schauen, hat das keine Auswirkungen auf das weitere Lesen: Stellen Sie sich eine 90-minütige Sitzung mit der Fachschaft Englisch vor, in der das Konzept des *flipped classroom* diskutiert werden soll.

Sprouts https://www.youtube.com/watch?v=qdKzSq_t8k8
Flipped classroom concept

At home: Watch the following video and take notes on the questions:

1. What is so special about that approach?

2. What is different from 'traditional' learning and teaching in the classroom?

3. What are the benefits for the learners shown in the video?

4. What are the benefits for the teacher shown in the video?

5. Let us know what you think: Would that model be possible in your classroom? Why? Why not?

6. What are your questions concerning the approach?

At school with your colleagues:

1. Exchange your impressions with your colleagues. Find answers to your questions in your group. Discuss the possibilities your school has.

2. Make a list of questions you as a group still have.

3. Decide what to do next.

An diesem Beispiel wird deutlich, dass die knapp bemessene Sitzungszeit optimaler gefüllt werden kann, wenn die Teilnehmenden bereits vorbereitet kommen und eigene Fragestellungen mitbringen. Ein kollaborativer Austausch und die Entwicklung erster Lösungsansätze können dann vermutlich weit besser innerhalb der vorgesehenen Zeit verwirklicht werden, als wenn jemand zunächst einen Vortrag zur Thematik hält und die Teilnehmenden am Ende der Sitzung mit vielen (individuellen) Fragen (und Hausaufgaben) nach Hause gehen. Dies gelingt jedoch nur, wenn möglichst alle Kolleg*innen das Video auch tatsächlich gesehen und sich damit auseinandergesetzt haben. Wie sieht es bei Ihnen aus? Konnten Sie alle Fragen beantworten? Welche weiterführenden Fragen stellen sich Ihnen?

9.2 Grundkonzept und Potenziale

Beim *Flipped* oder auch *Inverted classroom* Modell ('Umgedrehter Unterricht') werden Teile des 'konventionellen' Unterrichts vertauscht. Nach dem Motto '*school work at home and home work at school*' wird die Inputphase (Einführung in ein Thema, Erklärungen etc.), traditionell oft durch die Lehrkraft mittels Lehrervortrag und/oder Unterrichtsgespräch gelenkt, in die (vorbereitende) Häuslichkeit der Schüler*innen verlagert. Die Unterrichtszeit wird verstärkt dafür genutzt, gemeinsam vertiefend Aufgaben zu lösen, für die im traditionellen Unterricht oftmals die Zeit nicht mehr reicht und die in häuslicher und/oder individueller Lernzeit außerhalb des Präsenzunterricht erledigt werden müssen. Bei diesem Ansatz geht man davon aus, dass die Schüler*innen vorbereitet in den Unterricht kommen, da sie sich in das Thema bereits eingearbeitet haben. Dazu werden laut Grundkonzept oftmals Lehr- bzw. Erklärvideos eingesetzt. Diese können flexibel zuhause, unterwegs oder in der Schule, z. B. im Zuge individueller Lernzeit, angesehen werden. Im Unterricht haben die Lernenden dann die Zeit und die Möglichkeiten, um entweder individuell oder gemeinsam das selbst Vorbereitete zu hinterfragen, zu üben, zu diskutieren oder Problem(aufgaben) zu lösen. Damit gehört dieses Modell zum Konzept des *Blended Learning*, das den Unterricht in Online- und Präsenzphasen untergliedert, die aufeinander bezogen sind. Nach Bishop/Verleger (2013) handelt es sich um eine zweiteilige Lehr-/Lernmethode, bei der online angebotene Selbstlernphasen außerhalb des Unterrichts vor- oder nachbereitend zu interaktiven Gruppenlernaktivitäten im Unterricht führen. Das Konzept zielt darauf ab, im Unterricht mehr Zeit und Raum für die gemeinsame Generierung von Wissen mit gegen- und lehrerseitiger Unterstützung, für kooperatives und soziales Lernen und Arbeiten sowie für das vertiefte Problemlösen zu nutzen. Zudem soll dieses Modell mehr Flexibilität bieten, um in zunehmend heterogenen Lerngruppen individuelle Zuwendung und Förderung zu erreichen.

9.3 Forschungslage

Bisher gibt es nur wenige Meta-Analysen, die oftmals den Fokus auf den universitären Lehrbetrieb richten (vgl. Zeaiter/Handtke 2017). Dieser Kontext lässt sich jedoch nicht vollständig auf schulische Bedingungen übertragen. Zudem finden sich Studien entweder übergreifend zum Konzept (in Deutschland z. B. Werner/Spannagel 2018) oder zu anderen als sprachlichen Fächern, oftmals Mathematik und/oder Biologie/Chemie. Lo (2020) stellt heraus, dass die wenigen Studien zum schulischen Unterricht ein eher heterogenes und noch nicht ausreichendes Bild bzgl. langfristiger Effekte des Lernens nach diesem Ansatz zeichnen. Erfahrungs- und Praxisberichte überwiegen. So beschreibt Gloeckner (2018) ein Unterrichtsbeispiel aus dem Spanischunterricht, bei dem der ‚Grammatikunterricht geflippt‘ wird. Ihre Untersuchung ergab eine höhere Motivation bei Schüler*innen, jedoch keinen erhöhten Lernerfolg, aber auch keinen schlechteren, wie sie ausführt.

Insgesamt zeigen sich in Meta-Studien durchaus positive Einstellungen von Lernenden zum Ansatz (Bishop/Verleger 2013). Erste erfreuliche Effekte auf die Lernleistungen der Lernenden können auch Gillette et al. (2018) nachweisen. Pearson (2013) verweist in einer Vergleichsstudie zwischen traditionell geführtem und *flipped classroom* Unterricht auf die gesteigerten Lernleistungen der Schüler*innen und die erhöhte Interaktion zwischen Lehrenden und Lernenden. Lo/Hew/Chen (2017, S. 61 ff.) benennen in ihrer Auswertung unterschiedlicher Studien aber auch wichtige Herausforderungen, so z. B. Vertrautheit mit dem Konzept, mangelnde Vorbereitung auf das eigenverantwortliche Lernen zuhause, Probleme beim Aufgaben- und Textverständnis und beim gezielten Nachfragen außerhalb des Unterrichts oder die fehlende Motivation und Konzentrationsfähigkeit beim Anschauen von Lehr- und Erklärvideos. Diese Ergebnisse machen deutlich, dass dieses Konzept – wie jedes andere auch – nicht per se erfolgreich ist und grundsätzlich jeden Lernenden anspricht, sondern dass es wie bei jedem anderen Ansatz auch auf eine Analyse der Potenziale und Herausforderungen sowie eine passgenaue Planung für die jeweilige Lerngruppe entsprechend der Zielstellung des Englischunterrichts ankommt. *The flipped or inverted classroom* stellt einen Ansatz unter vielen im Englischunterricht dar. Daher bietet es sich an, nicht komplett auf das Format umzustellen, sondern zunächst einzelne Stunden(blöcke) zu konzipieren, zu erproben und zu evaluieren. Die nachfolgenden Ausführungen sollen dabei unterstützen und bieten unterschiedliche Zugänge je nach Vertrautheit mit dem Konzept.

9.4 Grundlegendes Vorgehen

9.4.1 Inputphase

Die Schüler*innen eignen sich digital zur Verfügung gestellte Inhalte vorbereitend und außerhalb der Unterrichtszeit an. Die Bearbeitung durch die Lernenden kann sehr flexibel zu unterschiedlichen Zeiten, an verschiedenen Orten und/oder individuell/in Lerngruppen geschehen. Zudem können die Inhalte uneingeschränkt wiederholend aufgerufen werden. Zu den Schritten, die die Schüler*innen in dieser Phase durchlaufen, gehören:

a) *Listen/Watch/Read*: Die Lernenden hören/lesen und/oder schauen sich Podcasts/Videos/Präsentationen/Dokumentationen etc. an und machen sich Notizen zu den wichtigsten Aspekten. Sie entscheiden, wie oft sie mit dem Material arbeiten, wann sie stoppen oder zurückgehen.
b) *Think*: Die Lernenden lösen erste Aufgaben, vor allem zum Verständnis. Diese Aufgaben stehen den Lernenden ebenfalls digital zur Verfügung und können schwierigkeitsgestuft aufgebaut sein (Anforderungsbereiche I–III). Die Schüler*innen entscheiden, welche Aufgaben sie bereits lösen können und für welche Aufgaben sie Unterstützung benötigen. Alle Aufgaben haben einen konkreten Bezug zu den Zielen der Präsenzphase.
c) *Dig deeper*: Die Lernenden wenden sich einem Teilaspekt zu, den sie entweder noch nicht ausreichend verstanden haben und/oder zu dem sie sich weiterführende Informationen wünschen. Diese können auf der Plattform, auf der sich die Materialien befinden, mittels Links angegeben sein oder werden durch den Lernenden selbst recherchiert.
d) *Discuss*: Die Lehrkraft bietet den Schüler*innen ein Forum auf der Lernplattform, in dem Fragen von den Schüler*innen bereits im Vorfeld gestellt und ggf. durch andere Schüler*innen beantwortet oder eine erste Diskussion durch die Lehrkraft angeregt werden. Dies ermöglicht der Lehrkraft, Schwierigkeiten rechtzeitig zu erkennen, in der Onlinephase aufzufangen bzw. in der Vorbereitung auf die Präsenzphase mit zu planen.

Der zeitliche Umfang dieser Phase sollte in der Sekundarstufe I durchschnittlich ca. 20 bis 30 Minuten (davon anfänglich 3–5 Minuten Video/Podcast/Tutorial etc.) nicht überschreiten.

9.4.2 Präsenzphase – Unterrichtszeit

Ausgehend davon, dass die Schüler*innen vorbereitet in den Unterricht kommen, bieten sich folgende Schritte an:

a) *Share:* Die Lernenden tauschen sich über die Inhalte und Aufgaben(lösungen) aus. In dieser Phase gibt es die Möglichkeit, alle Problemfelder, die individuell und/oder im Forum kommuniziert wurden, gemeinsam zu lösen. Diese Phase ist nicht dazu da, nochmals alle Inhalte neu aufzubereiten. Daher ist diese Phase zeitlich kurz gefasst.
b) *Practise and apply:* Je nach Zielstellung für die Unterrichtsstunde und/oder -einheit üben die Schüler*innen entweder individuell/in kleinen Gruppen oder nutzen die Informationen für die Erfüllung einer (komplexeren) Lernaufgabe *(task).* Die Lehrkraft unterstützt individuell und nach Bedarf.
c) *Present:* Die Ergebnisse werden gesichert/präsentiert. Dies kann in der Unterrichtszeit selbst (z. B. Lernaufgabe/Projektergebnisse etc.) und/oder digital (z. B. individuelle Übungsaufgaben) erfolgen.

Dieses grundlegende Vorgehen orientiert sich am darbietenden Unterrichtsansatz, der die Unterrichtsschritte PPP: *present – practice – produce* durchläuft (mehr zu diesem Ansatz in Kuty 2017, S. 246 ff.). Eine Verknüpfung mit anderen Ansätzen, z. B. dem *task-based-language learning,* ist möglich.

9.5 Modifikationen und Variationen

Inzwischen haben sich auf Grund veränderter (kompetenzorientierter) Zielstellungen einige Variationen etabliert, die – je nach Lerngruppe und/oder Erfahrung im Umgang mit dem Modell – Eingang in den Englischunterricht finden.

9.5.1 In-class-flip (oder faux flipped model)

Bei diesem Vorgehen werden die digitalen Inhalte im Unterricht angeboten. Dies kann mehrere Vorteile haben. Einerseits können die Schüler*innen in der Einführungsphase des Konzeptes mit den Medien (Videos, Podcast, Dokumentationen, Tutorials etc.) und begleitenden Materialien (Aufgaben, *Scaffolding*-Elemente, weiterführende Quellen und Materialien etc.) vertraut gemacht werden, indem die Erarbeitung (individuell und/oder in kleinen Gruppen) im Unterricht stattfindet und die Lehrkraft sofort auf Probleme eingehen kann. Die Schüler*innen durchlaufen dabei im Grundsatz das gleiche Vorgehen wie oben beschrieben. Die Lehrkraft lenkt jedoch stärker, stoppt ggf. an verschiedenen ‚Gelenkstellen' und holt Zwischenfeedback ein. Andererseits bietet sich dieses Vorgehen auch an, wenn die technischen Voraussetzungen bei vielen Schüler*innen nicht vorhanden sind und/oder durch sie nicht hinreichend genutzt werden (können). Das Modell ermöglicht dann vor allem individuelles Lernen. Die Schüler*innen schreiten unterschiedlich schnell voran *(own pace),* bearbeiten Aufgaben auf unterschiedlichen Anforderungsniveaus, nutzen bedarfsorientiert *Scaffolding*-Angebote und/oder wählen interessengeleitet Vertiefungsschwerpunkte. Im Unterrichtsraum stehen ihnen sowohl die Lehrkraft als auch kleinere Gruppen, die ähnliche Aufgaben, Bedarfe und/oder Interessen haben, zur Zusammenarbeit und Unterstützung zur Verfügung.

Die Schüler*innen haben die Lernaufgabe, ein *job interview* als Rollenspiel zu gestalten. Dazu erhalten sie (z. B. über das Lehrwerk) unterschiedliche Materialien (z. B. Texte über *summer jobs in the UK* oder Arbeitsblätter mit Hinweisen oder sprachlichen Mitteln zur Thematik). Gemeinsam mit der gesamten Klasse oder partner-/gruppenweise rufen sie einen Kurzfilm zum Vorstellungsgespräch auf. Dieser ist online verfügbar und kann jederzeit auch später zuhause angesehen werden. Die Schüler*innen bearbeiten analog Aufgaben zum Film. Diese werden anschließend für die Ausarbeitung eines eigenen Interviews benutzt.

Verweis:

Wissenspool *Flirt English* https://www.planet-schule.de/wissenspool/flirt-english/inhalt/sendungen-1-staffel/getting-a-job.html#

Folge 7: *Getting a job.* Planet Schule

9.5.2 Half-flip

Diese Modifikation zielt auf die Unterstützung bei komplexeren Lernaufgaben (z. B. im *Task-based-setting*), an denen zumeist kooperativ und/oder kollaborativ gearbeitet wird. Bei dieser Variante werden den Schüler*innen digital sowohl Informationen als auch Unterstützung angeboten. Die Schüler*innen können zu unterschiedlichen Zeitpunkten der Arbeit (sowohl während der Unterrichtszeit als auch außerhalb) auf digitale Materialien zugreifen. Der Vorteil dieses Verfahrens liegt darin, dass die digitalen Angebote mehrfach Verwendung finden (z.B. Tutorial zu *How to give a good presentation?*) und/oder Schüler*innen selbst auch digitale Produkte, z.B. ein Erklärvideo, erstellen und anderen Schüler*innen zur Verfügung stellen können (z.B. *How to use if-clauses? How to write a film script?*). Auch bei dieser Variante können Schüler*innen(gruppen) unterschiedlich schnell voranschreiten, ggf. verschiedene Teilziele innerhalb der Arbeit an einer gemeinsamen Thematik verfolgen oder auf verschiedene *Scaffolding*-Angebote zurückgreifen.

> Die Lernenden sollen innerhalb einer komplexeren Lernaufgabe zu Australien gruppenweise eine eigene Rede fiktiv vor dem australischen Parlament halten, in der sie sich kritisch zu den Geschehnissen im Rahmen der ‚*stolen generation*' sowie deren historischer Aufarbeitung äußern. Den Lernenden werden online verschiedene *Scaffolding*-Maßnahmen angeboten, die die Schüler*innen individuell abrufen, wenn sie sie benötigen. In diesem Unterrichtsbeispiel sind das vor allem von der Lehrkraft erstellte oder online frei verfügbare Lernvideos zu z.B. *past tense*, Präsentationsmethoden, Methoden zur Filmanalyse von Dokumentationen zur Thematik oder zu rhetorischen Fachbegriffen (zum vollständigen Unterrichtsbeispiel vgl. Weidmann 2018, S. 105 ff.)

9.5.3 Gamified-flip

Das Besondere an dieser Variante besteht darin, dass sich die Schüler*innen während der Online-Phase Punkte oder Belohnungen, z.B. in Form von einmaligem Hausaufgabenerlass, ‚verdienen' *(points, badges)* und ihren Erfolg auch dokumentieren können: „*So, the more the students accessed and passed the quizzes, the more they received the points and the more they won many badges.*" (Zainuddin et al. 2019, o.S.). Dies führt dazu, dass Schüler*innen ggf. motivierter Medien und angebotene Materialien nutzen, um Punkte zu sammeln. Erste Untersuchungen ergaben, dass dies auch zu einem erhöhten Lernerfolg beitragen kann. Mit diesem Vorgehen sollen Schüler*innen animiert werden, das Online-Angebot auch tatsächlich zu nutzen, denn nach Geiger/Deibl/Zumbach (2019) ist das Ablenkungspotenzial bei digitalen Medien und Materialien um ein Vielfaches höher als bei ‚konventionellen' Angeboten.

Die Schüler*innen wiederholen oder systematisieren verschiedene Zeitformen und nutzen dazu online angebotene Videos, z. B. *grammar animation narrative tenses* (Pearson English, 2016). Diese sind frei zugänglich. Die Lehrkraft entwickelt passende Quiz-Aufgaben dazu. Als Unterstützung dienen auch Videos, die die *narrative tenses* nochmals erklären, bevor das Quiz durchgeführt wird.

Sollte in der Schule mit *Classcraft* gearbeitet werden, einer Online-Spielumgebung mit Krieger*innen, Magier*innen und Heiler*innen, können sich die Schüler*innen Lebens- oder Erfahrungspunkte verdienen oder mit besonderen Fähigkeiten ausgestattet werden.

Verweise:

Gamify your classes https://www.youtube.com/watch?v=tQfNFTMc8kA
Classcraft Tutorial – gamification of education

Pearson English https://www.youtube.com/watch?v=hCm0y4hiHmw
Grammar in focus: narrative tenses

BBC Learning English https://www.youtube.com/watch?v=3mi50I23A6w
6 Minute Grammar: How to use narrative tenses

9.6   Herausforderungen und erste Lösungsansätze

Schüler*innen mit ihren unterschiedlichen Voraussetzungen und Begabungen stellen sich den Anforderungen auf verschiedene Art und Weise. Dabei kann es durchaus passieren, dass sich digital versierte und affine Lernende durch das Lern-Medium angesprochen fühlen und motivierter zu besseren Lernergebnissen in der Lage sind. Dagegen kann es bei anderen (ggf. leistungsschwächeren) Schüler*innen, die eher über eine instruktivistisch angeleitete *face-to-face* Interaktion mit der Lehrkraft zu Erfolgen kommen, eine Überforderung darstellen, nunmehr selbstgesteuert lernen zu müssen, ohne das direkte Feedback und die Möglichkeit des Nachfragens zu haben. Ähnliches gilt für Lernende, die entsprechend des individuellen Lernstils vielfältige – ggf. auch handlungsorientierte – Angebote benötigen. Abhilfe können hier selbstgesteuerte Elemente bereits im konventionellen Unterricht schaffen, die die Schüler*innen auf die Online-Situation vorbereiten, bei denen die Lehrkraft aber immer auch zur Verfügung steht. In einem nächsten Schritt werden digitale Materialien innerhalb des *half-flip*-Modells angeboten und zunächst gemeinsam und dann einzeln oder gruppenweise bearbeitet. Die Lehrkraft zieht sich nach und nach zurück und beobachtet sehr zielgerichtet, welche Unterstützungssysteme die Schüler*innen für die Bearbeitung benötigen. Diese gilt es dann online zu übertragen, wenn innerhalb einer (konventionellen) Unterrichtseinheit eine *flipped classroom* Sequenz durchgeführt wird (z.B. Verständnisaufgaben zum Video, Möglichkeit des digitalen Nachfragens z.B. in einem geschützten Blog, Quiz mit Selbstkontrolle, Glossar mit wichtigen Begriffen).

Mit einer Online-Phase verändert sich auch die Präsenzphase des Englischunterrichts. Dabei stellt sich die Frage, wie die Online- und die Präsenzphase effektiv(er) miteinander verknüpft werden können, sodass die Vorzüge des *flipped classroom* Konzeptes (mehr Zeit für Kollaboration, Kooperation, Vertiefung, Problemlösen usw.) zur vollen Entfaltung kommen. Dies kann in einem problembasierten *task-based* oder *inquiry-based* Kontext am besten gelingen, weil die Schüler*innen genau wissen, mit welchem kompetenzorientierten Ziel die komplexe Aufgabe versehen und welche Rolle dabei die Online-Phase spielen muss, ohne die die Aufgabe nicht gelöst werden kann. Bei unterstützenden Online-Angeboten zur Lernaufgabe nach dem *half-flip*-Prinzip bedienen sich die Lernenden der Angebote nur, wenn sie sie benötigen. Schüler*innen, die unvorbereitet in die Präsenzphase kommen, können durch eine kurze kooperative *share*-Phase aufgefangen werden – dies sollte jedoch nicht zum Standard werden. Im Zuge des *gamified-flip*-Prinzips können hier auch Punktabzüge helfen.

Vorbehaltlich vorhandener technischer und personeller Voraussetzungen und Möglichkeiten an der Schule bedarf es anfänglich eines Mehraufwandes für die Lehrkraft, um dieses Konzept umzusetzen. Dies betrifft zunächst die vorbereitete Online-Lernumgebung. Erklärvideos, Tutorials und/oder Videopräsentationen usw. müssen nicht zwangsläufig durch die Lehrkraft selbst produziert werden, sondern lassen sich inzwischen bei vielen Schulbuchverlagen und/oder auf bildungsnahen ‚Kanälen' wie z. B. BBC Learning English, British Council Learn English for Teens oder über Planet-Schule finden bzw. werden im Laufe der Vertrautheit mit dem Konzept auch gern von den Schüler*innen selbst erstellt. Passgenaue Aufgaben dazu müssen – wenn vorhanden – für die Lerngruppe modifiziert bzw. neu erstellt werden. Die Online-Begleitung (Rückmeldungen und ggf. individuelles Feedback) kann je nach technischer Voraussetzung an der Schule und vor allem am Anfang ebenfalls Zeit kosten. In der Präsenzzeit besteht dafür bei guter Planung der Freiraum für die individuelle oder gruppenweise Zuwendung und die Beobachtung der Lernprozesse sowie sozialen Interaktion.

Weitere Herausforderungen sind die Einführung in den *Flipped Classroom,* das gezielte selbstständige Lernen mit Videos, der Umgang mit vergessenen ‚Hausaufgaben' oder die Planung von passgenauen Aktivitäten in der Präsenzphase. Diesen begegnen Werner/Spannagel (2018, S. 65 ff.) mit didaktischen *design patterns,* sog. Entwurfsmustern, die z. B. den Kontext und das Problem beschreiben, Einflussfaktoren berücksichtigen, Gestaltungshinweise zur Lösungsfindung formulieren und ggf. Umsetzungsbeispiele anbieten. Konkrete *design patterns* finden sich z. B. zum Lernen mit Videos, dem Umgang mit vergessenen Hausaufgaben oder Aktivitäten in der Präsenzphase. Kuty (2018) bietet Erfolgsindikatoren z. B. in Form von relevanten Fragen zum Online-Material, zur Berücksichtigung der Lerngruppe oder zu passenden Aufgabenstellungen, deren Beachtung den Erfolg des Konzeptes erhöhen kann.

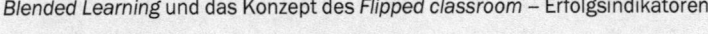

Klett Akademie für Fremdsprachendidaktik Margitta Kuty

https://www.klett.de/inhalt/digitalisierung-im-englischunterricht/flipped-classroom/6469

Blended Learning und das Konzept des *Flipped classroom* – Erfolgsindikatoren

9.6.1 Einstieg-Entscheidungshilfen für ‚flippable moments‘ im Unterricht

Wer sich dafür entscheidet, erste Elemente des *flipped classroom* Konzeptes zu erproben, steht vor der Planungsaufgabe zu überlegen, wann sich solche (digitalen) Elemente sinnvoll und effektiv nutzen lassen, um die gesteckten Kompetenzziele zu erreichen. Hier finden sich einige Anregungen.

Challenging parts
Findet sich in der konventionell durchgeführten Unterrichtsstunde/-einheit eine besondere Herausforderung für die (meisten) Schüler*innen, kann diese mittels ‚Erklärvideos/*tutorials*‘ digital unterstützt werden. Dies hat den Vorteil, dass die Lehrkraft über die Inhalte der Filme entsprechend der Zielstellung entscheidet, ehe Schüler*innen selbst zuhause auf die Suche gehen und minderwertige Produkte anschauen.

Beispiel: In einer Unterrichtsstunde wird ein Kurzfilm angeschaut und es werden wichtige Aspekte der Filmanalyse besprochen. Die Schüler*innen erhalten die Hausaufgabe, zum Film eine Filmanalyse zu schreiben. Begleitend zur Hausaufgabe können die Schüler*innen ein von der Lehrkraft freigegebenes Erklärvideo nutzen, in dem sich die wichtigen Aspekte für die Analyse wiederfinden (siehe dazu auch Leonhardt/Viebrock in diesem Band).

Fundamental parts
Bei den *fundamental parts* geht es um die Aspekte, die Schüler*innen benötigen, um grundlegend kommunikativ handeln zu können. So kann die Erfüllung einer – noch so spannenden – komplexen Lernaufgabe ohne eine Basis im Wortschatz- und Grammatikbereich nur scheitern. Ohne das Verstehen von englischsprachigen Texten (im weitesten Sinne) kann keine weitere kompetenzorientierte oder kreative Auseinandersetzung mit einem Thema erfolgen usw. Vor diesem Hintergrund ist es sinnvoll, zu grundlegenden Aspekten wie Wortschatzlernen, Lesestrategien und/oder Grammatik etc. digitale Angebote zu unterbreiten, die Schüler*innen individuell immer dann abrufen können, wenn sie sie benötigen. Dies kann unnötige Unterrichtszeit ersparen, in der frontale Wiederholungsschleifen stattfinden, die nur für einen Teil der Lerngruppe effektiv und sinnvoll sind.

Beispiel: Gerund (Green Line 4 – Workbook Übungssoftware – Gerund, Klett Verlag),
Klett Akademie Englisch: https://e.video-cdn.net/video?video-id=7bUZMJeTkt_zykwd
SsYaCy&player-id=AJYEiFY7L5cvRC_oBy-WmW&width=800
Klett Erklärfilm Englisch: Das Gerundium

Parts for differentiation

Geiger/Deibl/Zumbach (2019) verweisen auf Studien, die aufzeigen, dass webbasierte Aufgaben zu z. B. Erklärvideos zumeist kognitive Leistungen niederer Ordnung erfordern (Anforderungsniveau I). Sie plädieren nicht nur für den Einsatz verschiedenster didaktischer Instrumente in der Online-Phase (nicht nur Erklärvideos), sondern auch für herausfordernde Aufgabenformate, die Schüler*innen auch zur vertieften und/oder erweiterten Auseinandersetzung auffordern. Dies bietet sich vor allem für Schüler*innen an, denen der traditionelle Unterricht zu wenig Herausforderung bietet. Sie sind schnell gelangweilt und arbeiten die geplanten Unterrichtsphasen nur ab, um das von der Lehrkraft vorgegebene Ziel zu erreichen. Es wäre daher sinnvoll, neben leichteren (Verständnisaufgaben) auch weitere Wahlaufgaben anzubieten. Zudem können Schüler*innen im Zuge des Modells ‚Lernen durch Lehren‘ eigene kleine Unterrichtseinheiten/-videos für ihre Mitschüler*innen bzw. jüngere Lernende erstellen. Dies erhöht die intensive Auseinandersetzung mit einer Thematik um ein Vielfaches (zum unterrichtlichen Vorgehen beim Erstellen von z. B. Erklärvideos durch Schüler*innen vgl. Weidmann 2018, S. 109 ff. und Bastkowski 2019, S. 20 ff.).

Motivational parts

Nicht zuletzt dienen digitale Angebote auch dazu, den Lernenden attraktive Materialien und Medien anzubieten, die die Lust am Englischlernen erhöhen sollen. Bei besonders ‚unbeliebten‘ Themenfeldern kann z. B. witzige digitale Unterstützung durchaus zur Motivierung beitragen. Gleichzeitig erleichtern sie den Einstieg in das Konzept des *flipped classroom*.

Beispiel: German Coast Guard Commercial
https://www.youtube.com/watch?v=zkalf0odHs8
Berlitz – We are sinking. Learn more about the German accent and pronunciation.

Motivierung kann jedoch auch bedeuten, dass die Schüler*innen nicht über- oder unterfordert sind und in ihren Lernzugängen angesprochen werden. Dazu wäre es möglich, den Schüler*innen vor allem bei komplexeren Aufgaben ein sog. ‚Skript‘ anzubieten. Dieses Skript könnte z. B. Folgendes enthalten:

- Hinweise zum schrittweisen Vorgehen,
- Verweise auf unterschiedliche online angebotene inhaltliche Quellen
- Scaffolding-Materialien und/oder Quellen zur Unterstützung
- passende Aufgaben (unterschiedlichen Zuschnitts und ggf. zur Wahl gestellt) mit Angabe der dabei zu erreichenden Kompetenzen (mehr zur Anlage eines Skriptes vgl. Kück 2014).

9.7 Fazit

Die Ziele, die mit dem Konzept des *Flipped or Inverted Classroom* verbunden sind, lassen sich auch im Englischunterricht verwirklichen, wenn konzeptionell und unterrichtspraktisch auf wichtige ‚Gelenkstellen‘ geachtet und nach weiteren Lösungsmöglichkeiten gesucht wird. Der Erfolg hängt auch bei diesem Konzept von verschiedenen Faktoren ab: vom online zur Verfügung gestellten Material, von der Lehrkraft, dem bzw. der individuellen Lernenden, der Lerngruppe und den begleitenden Aktivitäten, Aufgaben und Unterstützungssystemen.

Literatur

Bastkowski, Martin (2019): *Lights, camera, explain!* Erklärvideos zu grammatischen Themen erstellen. In: Englisch 5–10. Unterricht/Übungen/Material H. 46, S. 20–24.

Bishop, Jacob/Verleger, Matthew A (2013): The flipped classroom: A survey of the research. In 120th ASEE national conference and exposition, Atlanta, GA. www.ctdinstitute.org/library/2015-05-18/flipped-classroom-survey-research (Abfrage: 20.03.2020).

Geiger, Viola/Deibl, Ines/Zumbach, Jörg (2019): *Flipped Classroom* – Ein pädagogisches Fehlkonzept? In: Erziehung & Unterricht 2019, H 1/2, S. 1–10.

Gillette, Chris/Rudolph, Michael/Kimble, Craig/Rockich-Winston, Nicole/Smith, Lisa/Broedel-Zaugg, Kimberly (2018): „A meta-analysis of outcomes comparing flipped classroom and lecture". www.ncbi.nlm.nih.gov/pmc/articles/PMC6041496/ (Abfrage: 20.03.2020).

Gloeckner, Mareike (2018): Der geflippte Fremdsprachenunterricht. In: Werner, Julia/Ebel, Christian/Spannagel, Christian/Bayer, Stephan (Hrsg.): *Flipped classroom*: Zeit für deinen Unterricht. Gütersloh: Verlag Bertelsmann Stiftung, S. 117–128.

Kück, Alexandra (2014): Unterrichten mit dem *Flipped Classroom*-Konzept: Ein Handbuch für individualisiertes und selbstständiges Lernen mit neuen Medien. Mühlheim an der Ruhr: Verlag an der Ruhr.

Kuty, Margitta (2017): Lehr- und Lernverfahren. In: Haß, Frank (Hrsg.): Fachdidaktik Englisch: Tradition/Innovation/Praxis. Stuttgart: Klett, S. 245–279.

Kuty, Margitta (2018): „*Blended Learning* und das Konzept des *Flipped Classroom*: Möglichkeiten zur Erhöhung von Individualisierung, Kooperation und Interaktion im *(face-to-face)* Englischunterricht". www.klett.de/inhalt/digitalisierung-im-englischunterricht/flipped-classroom/6469 (Abfrage: 20.03.2020).

Lo, Chun Kwan/Hew, Kee Foon/Chen, Goawei (2017). Toward a set of design principles for mathematics flipped classrooms: A synthesis of research in mathematics education. In: Educational Research Review 22, S. 50–73.

Lo, Chan Kwan (2020): Systematic reviews on flipped learning in various education contexts. In: Zawacki-Richter, Olaf/Kerres, Michael/Bond, Melissa/Buntins, Katja (Hrsg.): Systematic reviews in educational research: Methodology/perspectives/application. Wiesbaden: Springer VS, S. 129–139.

Pearson Education (2013): „Flipped learning model dramatically improves course pass rate for at-risk students". www.assets.pearsonschool.com/asset_mgr/current/201317/Clintondale_casestudy.pdf (Abfrage: 20.03.2020).

Pearson English (2016): Focus 3, grammar animation, narrative tenses. www.youtube.com/watch?v=hCm0y4hiHmw (Abfrage: 25.09.2020).

Werner, Julia/Spannagel, Christian (2018): *Design patterns*: Erfahrungsrezeptbuch. In: Werner, Julia/Ebel, Christian/Spannagel, Christian/Bayer, Stephan (Hrsg.): *Flipped classroom*: Zeit für deinen Unterricht. Gütersloh: Verlag Bertelsmann Stiftung, S. 65–92.

Weidmann, Dirk (2018): Handlungsorientierung durch *Scaffolding* bei komplexen Lernaufgaben in einem modernen Fremdsprachenunterricht. In: Werner, Julia/Ebel, Christian/Spannagel, Christian/Bayer, Stephan (Hrsg.): *Flipped classroom*: Zeit für deinen Unterricht. Gütersloh: Verlag Bertelsmann Stiftung, S. 105–116.

Zainuddin, Zamzami/Hermawan, Hardika Dwi/Haruna, Hussein/Keumala, Cut Muftia (2019): „How do students learn in a low-tech gamified flipped learning model? A self-determination theory perspective". www.semanticscholar.org/paper/How-do-students-

learn-in-a-low-tech-gamified-model-Zainuddin-Hermawan/5838b43873951a08e08b8b
964a2e3bf74e83e154 (Abfrage: 20.03.2020).

Zeaiter, Sabrina/Handtke, Jürgen (2017): *Inverted classroom – The next stage:* Lehren und
Lernen im 21. Jahrhundert. Baden-Baden: Tectum.

10 Kulturdidaktik digital: Forschendes Lernen mit digitalen Medien, oder *Finding out about food'*

Lotta König

10.1 Einleitung

Mit der zunehmenden Digitalisierung der Gesellschaft wandeln sich die Kulturen, auf die im Englischunterricht Bezug genommen wird, und damit die Gegenstände (inter-)kultureller Lernprozesse. Der chronisch schwierige Zugang zu fremdsprachigen Kulturen im Rahmen von Unterricht wird durch digitale Medien vielfach vereinfacht. Digitale Medien haben das Potenzial, Werkzeuge und Gegenstände eines sich verändernden Verständnisses von kulturellen Lernprozessen zu sein. Um dieses Potenzial im Unterricht zu nutzen, muss kein Feuerwerk aktuellster Apps abgebrannt werden (das ein Jahr später ohnehin schon wieder verglüht sein wird). Es gilt vielmehr, die genuinen Gegenstände und Zugangsformen des Englischunterrichts konsequent im Kontext einer digitalisierten Gesellschaft zu denken und digitale Medien als „Katalysator für den eigentlichen Lernprozess" (Schmidt/Strasser 2016, S. 4) zu nutzen, ohne sie losgelöst von den Inhalten zu verabsolutieren. In diesem Beitrag werden daher Veränderungen kulturellen Lernens in einer digitalisierten Gesellschaft mit aktuellen englischdidaktischen Prinzipien des forschenden Lernens und der Aufgabenorientierung zusammengedacht und am Beispiel eines thematischen Klassikers des interkulturellen Fremdsprachenunterrichts, nämlich Essgewohnheiten, skizziert und angewandt.

10.2 Kulturelles Lernen in einer digitalisierten Gesellschaft

Die Digitalisierung ist neben Migration, erhöhter Mobilität und einem globalen Kapitalismus ein zentraler Faktor für die Vermischung und Diversifizierung von Kulturen. Ein Konzept von in sich geschlossenen, oft nationalstaatlich verstandenen Kulturen scheint dadurch nicht mehr angemessen. Da Englisch vielfach als Lingua franca der Globalisierung (vgl. Zehne in diesem Band) fungiert, muss insbesondere der Englischunterricht diesen Entwicklungen Rechnung tragen. Im Folgenden soll kurz skizziert werden, welche

Konsequenzen sich aus den durch die Digitalisierung katalysierten gesellschaftlichen Entwicklungen für Konzepte kulturellen Lernens im Englischunterricht, das Verständnis, was zielsprachliche Kulturen überhaupt ausmacht, und die Rolle der Lernenden und Lehrenden ergeben.

10.2.1 Konzepte kulturellen Lernens

Im Hinblick auf das Verständnis von kulturellem Lernen lässt sich angesichts
globalisierter Gesellschaften überlegen, inwiefern das curricular verbriefte
Konzept interkultureller Kompetenz (vgl. z.B. Kultusministerkonferenz der
Länder 2003, S. 16 f.) durch ein Verständnis von Transkulturalität oder andere kulturdidaktische Ansätze ergänzt werden sollte.[1] Mit Transkulturalität
lassen sich die in einer globalisierten Welt vorhandenen kulturellen Vermischungen und die dadurch entstehende kulturelle Hybridität und Heterogenität sowohl in den Klassenzimmern als auch in den zielsprachlichen kulturellen Kontexten beschreiben, die durch eine vergleichende Gegenüberstellung im ,inter'kulturellen Lernen nicht immer deutlich werden. Ein weiterer
Ansatz kulturellen Lernens ist die Förderung von Diskursfähigkeit (vgl. Hallet 2008), deren Fokus auf einer thematischen Auseinandersetzung mit aktuellen Diskursen liegt, die globale, nationale und lebensweltliche Sphären
überspannen. Diese Themen (wie z.B. Corona, Fußball oder Essgewohnheiten) werden dann aus verschiedenen Perspektiven anhand multimodaler Texte
(mündliche, schriftliche, audiovisuelle oder/und grafische) betrachtet. Dabei
geht es nicht in erster Linie um die Repräsentation einer bestimmten Kultur,
sondern um ein inhaltliches Thema aus verschiedenen Perspektiven. Explizit
als ,Globales Lernen' bzw. ,Global Education' wird zudem ein fächerübergrei-
fender Ansatz bezeichnet, der zunehmend für den Englischunterricht aufge-
griffen wird, und in dem fremdsprachige Diskurse fokussiert werden, die sich
in allgemeinen Zielen der Demokratiebildung und Nachhaltigkeitserziehung
verorten lassen (vgl. z.B. Cates 2002). Diesen verschiedenen Ansätzen liegt
ein erweitertes Verständnis davon zugrunde, was unter zielsprachlichen Kulturen verstanden werden kann.

---

1   Für einen Überblick über diese Diskussion vgl. Freitag-Hild 2018, für eine ausführliche
    Auseinandersetzung aus theoretisch-konzeptionellen, empirischen und unterrichts-
    praktischen Perspektiven vgl. König/Schädlich/Surkamp 2020.

10.2.2 Zielsprachliche Kulturen

Was als zielsprachliche Kultur im Englischunterricht entdeckt werden kann, erweitert sich durch die Globalisierung und maßgeblich die Digitalisierung in Breite und Tiefe. Zum einen wird die Reichweite größer, denn ‚englischsprachige Kulturen' beziehen sich nicht länger nur auf (die Mehrheitskultur) der USA und UK und Mitglieder des Commonwealths, sondern auch auf postkoloniale Staaten. Jenseits eines national gebundenen Kulturbegriffs rücken zudem vor allem internationale und kulturell vielfältige globalisierte Kontexte in den Fokus, in denen Englisch als Verkehrssprache genutzt wird. Digitale Medien ermöglichen einen direkteren multimodalen Zugang zu allen diesen Kontexten über publizistische oder soziale Medien und die Teilhabe daran erfolgt auf Englisch.

Zum anderen geht die Betrachtung von Kultur in die Tiefe, denn zu einer differenzierten Darstellung gehört die Abbildung kultureller Heterogenität innerhalb nationaler Grenzen und über diese hinweg (vgl. Grimm/Meyer/ Volkmann 2016, S. 169). Diese Differenzierung kann einerseits in der Betrachtung allgemeiner gesellschaftlich wirksamer Differenzkategorien wie *gender, ethnicity, class, age, religion* oder *sexuality* bestehen. Das ermöglicht eine ‚kulturell binnendifferenzierende' und zugleich globale kulturdidaktische Analyse, denn diese Kategorien existieren in allen Kulturen, werden jedoch z.T. unterschiedlich konstruiert. Sie eignen sich somit für Differenzierungen spezifisch geprägter kultureller Perspektiven und zugleich zur Thematisierung von Gemeinsamkeiten über andere kulturelle Grenzen hinweg. Außerdem gehören zu einer diversifizierten Betrachtung nicht nur Hoch-, sondern auch Popkultur. Darunter sind auch die sich in der digitalen Welt herausbildenden Subkulturen zu fassen, wie bestimmte *gaming communities* und Rezeptionskulturen (z.B. von Serien auf Streamingdiensten oder die Manga-Subkultur), die global vernetzt sind und geografisch weit entfernt voneinander geteilt werden können.

Doch nicht nur kulturelle Gemeinsamkeiten und Durchmischungen werden durch digitale Medien verstärkt. Gerade auch die Betonung von kulturellen Unterschieden und die populistische Heraufbeschwörung von kulturellen Gräben erfolgt – vielleicht gerade in Gegenreaktion auf als verunsichernd erlebte kulturelle Vermischungsprozesse – vielfach online. Spezifische Bedingungen von digitaler Kommunikation wie Anonymität und die Bildung von Filterblasen tragen dazu bei. Umso dringlicher erscheint es, dass Schüler*innen lernen, mit kultureller Vielfalt konstruktiv umzugehen und Diskurse als solche reflektieren zu können, die auf vereinfachenden und abwertenden kulturellen Gegenüberstellungen beruhen (wie z.B. Rassismus, Sexismus).

Die beschriebenen kulturellen Dynamiken und Fokusveränderungen betreffen schließlich auch das direkte Umfeld der Lernenden. Lokale Kulturen sind u.a. durch Digitalisierung global vernetzt und können als Felder kulturellen Lernens, gerade auch für ein Verständnis kultureller Vermischungen, genutzt werden. Dieser buchstäblich so naheliegende Ansatz ist eher eine Frage der Blickweise bzw. des Sichtbarmachens von etwas, das schon bekannt ist: Durch eine Dezentrierung der Perspektive auf das vermeintlich ‚Eigene‘, nämlich die Lebenswelt der Lernenden, lässt sich auf die Vielfalt darin aufmerksam machen und diese als Anlass für kulturelles Lernen nutzen. Digitale Medien können als Werkzeuge eines solchen distanzierten Blicks dienen (vgl. König 2019). Zu dieser transkulturellen Vielfalt gehört auch im Umfeld jeder Klasse sprachliche Vielfalt. Durch die Digitalisierung entstehen nicht zuletzt neue sprachliche Varietäten innerhalb der *Communities* online und in der Kommunikation in Sozialen Medien (vgl. Schildhauer 2019). Es gilt, diese Mehrsprachigkeit und Transkulturalität auch im Englischunterricht als Ressource zu nutzen (vgl. Bündgens-Kosten/Lohe in diesem Band).

10.2.3 Rolle und Verhältnis von Lernenden und Lehrenden

Lernende sind in Sachen Digitalisierung wie auch (sub-)kultureller Vielfalt basierend auf ihren lebensweltlichen Erfahrungen Expert*innen. Kulturdidaktik im Englischunterricht in der digitalisierten Gesellschaft bedeutet also auch eine grundsätzliche Verschiebung in dem Verständnis von Expertise zwischen Lehrer*innen und Schüler*innen ebenso wie im Verhältnis zu Medien im Unterricht. Digitale Medien verändern sich so schnell, dass ein Wissen um sie sehr zeitlich begrenzt ist und ein Wissensvorsprung nicht mehr unbedingt bei den Lehrkräften liegt. Auch zur Entlastung letzterer gilt es daher, die Nutzung digitaler Medien als fortlaufenden Lernprozess zu verstehen, der gemeinsam mit den Schüler*innen durchlaufen wird oder in dem auch von den Schüler*innen gelernt werden kann. Unterstützung durch die Lehrkraft wird allerdings nach wie vor in der Reflexion der durch die Digitalisierung entstehenden Veränderungen benötigt, ebenso wie Impulse, um eigene kulturelle Praktiken sprachlich benennen und aushandeln zu können.

Es gilt also, Lernende als kulturell Handelnde zu verstehen, die an kulturellen Aushandlungen beteiligt sind und die Fremdsprache oder mehrere Sprachen nutzen (vgl. Hallet 2011, S. 105 ff.). Digitale Medien können diese kulturellen Partizipationsmöglichkeiten vervielfältigen und z. B. durch den partizipativen Charakter von sozialen Medien auch den Lernenden selbst verdeutlichen. Die Voraussetzung dafür ist allerdings, dass für Schüler*innen relevante Themen und sinnvolle Aufgaben gestellt werden und auch die Medien lebensweltnah sind.

10.3 Methodischer Zugang: Forschendes Lernen mit digitalen Medien

Um stereotype Verallgemeinerungen zu vermeiden und den Blick für die vorhandene kulturelle Vielfalt zu schärfen, bieten sich Ansätze forschenden Lernens in Verbindung mit aufgabenorientiertem Lernen an (vgl. z. B. Hallet 2011, S. 135 ff.). Anstelle von lehrer*innen- oder lehrwerksgesteuerter Wissensvermittlung erkunden die Lernenden dabei aktiv ein Thema und generieren eigenes Wissen darüber, das sie anschließend darstellen. Wird ein solch explorativer Blick auf das eigene (analoge wie digitale) Umfeld gerichtet und werden kulturelle Praktiken analysiert, lässt sich dies im Anschluss an kulturwissenschaftliche Methoden auch als ethnografisches Arbeiten bezeichnen (vgl. König 2020). Eine ‚Forschungsfrage' und ein systematisch untersuchender Blick können zu einer Distanzierung und Dezentrierung der unmittelbaren eigenen Perspektive dienen und omnipräsente Phänomene oder Diskurse aus der eigenen Lebenswelt der Schüler*innen sichtbar und besprechbar machen (vgl. ebd.).

Digitale Medien können bei dieser Form kulturellen Lernens ebenso Werkzeug wie Gegenstand sein. Bei einem explorativen Erkunden des eigenen Umfelds dienen sie der Dokumentation (mit Fotos, Audio- oder Videoaufnahmen) und der anschließenden Präsentation der Ergebnisse – und tragen damit noch zu dem verfremdenden forschenden Blick bei. Als Aufnahmegeräte können nach dem *Bring your own device*-(BYOD)-Prinzip die Smartphones der Schüler*innen dienen.

Digitale Inhalte können aber auch der Untersuchungsgegenstand sein, denn wie eingangs erwähnt, ermöglichen digitale Medien Zugang zu vielfältigen Kulturen: Soziale Medien bieten Einblicke in individuelle und (sub-) kulturelle Selbstdarstellungen. Öffentliche Bildmedien ebenso wie satellitengestützte Kartendienste, z. B. Google Maps mit der *Streetview*-Ansicht, ermöglichen virtuellen Zugang und exploratives Erkunden weit entfernter Orte. Inwieweit die Repräsentation selbst durch das jeweilige Medium geprägt ist (sei es die Selbstdarstellung in Sozialen Medien oder auch die umstrittenen Aufnahmen von Google Street View) gehört ebenfalls zur Reflexion von digitaler Mediennutzung, zu der Schüler*innen auch fächerübergreifend angeregt werden sollten. Dabei wird das Medium selbst zum Gegenstand kulturellen Lernens, anhand dessen für Schüler*innen zugleich das ansonsten recht abstrakte Verständnis von kultureller Konstruktion greifbarer wird: dass, was wir wissen, stets davon abhängt, wie es dargestellt wird, und dass alle daran beteiligt sind.

10.4 Kulturelles Lernen in der Mittelstufe: *Finding out about food*

Als niedrigschwelliges und lebensweltnahes Thema, mit dem bereits in der frühen Mittelstufe kulturelles Lernen initiiert werden kann, sollen hier Essen und Essgewohnheiten näher betrachtet werden. Dieses Thema bietet sich an, da es die oben skizzierten verschiedenen Facetten kulturellen Lernens illustriert: Essen ist zentraler Bestandteil einer Konstruktion von nationaler ebenso wie regionaler Kultur und ist häufig Gegenstand interkultureller Vergleiche. Gleichzeitig zeigen sich in alltäglichen Essgewohnheiten besonders eindrücklich – bzw. mit mehreren Sinnen erfahrbar – kulturelle Hybridisierungstendenzen, z. B. wenn es Spagetti, Burger oder Frühlingsrollen in der Schulmensa gibt. Auch gesellschaftliche Differenzkategorien wie sozio-ökonomisches Milieu, Religion, Alter und Geschlecht spielen eine maßgebliche Rolle dafür, wer was is(s)t – oder werden für eine Polarisierung genutzt (man denke nur an den zunehmenden Diskurs von gender-spezifischen Essvorlieben mit viel Fleisch für Männer und leichten kalorienarmen Lebensmitteln für Frauen oder an den Aufschrei, als einige Kindergärten in Deutschland auf Schweinefleisch verzichten wollten). Ebenso lassen sich (sub-)kulturelle Essgewohnheiten wie Veganismus und Vegetarismus ausmachen.

Curricular ist das Thema Essen Bestandteil interkultureller Kompetenz, und wird beispielsweise in den Bildungsstandards bis zum Abschluss der Mittelstufe wie folgt kontextualisiert: „Die Kenntnisse und Fertigkeiten beziehen sich insbesondere auf Charakteristika der eigenen und der fremdsprachlichen Gesellschaft und Kultur aus folgenden Bereichen: das tägliche Leben (Alltag, Schule und Freizeit, Essen und Trinken, Arbeitszeiten und -gewohnheiten, Feiertage u. a.)" (Kultusministerkonferenz der Länder 2003, S. 16). Bei dieser Beschreibung fällt die Gegenüberstellung von ‚der eigenen' und ‚der fremdsprachlichen' Gesellschaft und Kultur auf. Die sich diversifizierenden kulturellen Entwicklungen sind darin noch nicht explizit abgebildet – sind aber hinzuzufügen, wenn der Verweis auf das ‚tägliche Leben' ernstgenommen wird. Die dargestellte Lernaufgabe ist im Anschluss an die curricularen Beschreibungen zunächst auf die untere und mittlere Mittelstufe ausgelegt, z.B. Jg. 7, wo Essgewohnheiten häufig in Lehrwerken thematisiert und daran angebunden werden können, oder Jg. 8, wenn die erste Klassenfahrt ins Ausland oder ein Austausch ansteht. Sie kann aber mit einigen Ergänzungen und vor allem Auswertungen und Meta-Reflexionsanlässen zu kulturellem und digitalem Lernen, auf die bei den Hinweisen zur Durchführung näher eingegangen wird, ebenso gut mit höheren Jahrgängen durchgeführt werden.

Finding out about food

When you go abroad or meet people from different places here, a popular small talk topic (in English!) is food. Look at these two examples:

"What do Germans Eat?":

https://www.youtube.com/watch?v=imzzBUZgQKE

"Intercultural Communication: Food":

https://www.youtube.com/watch?v=WFB4XnRLjVY

People might ask you what you eat in Germany – maybe expecting sausage, potatoes and cabbage. But: What *do* you and the people around you actually eat in your everyday life? What do you expect your new friends to eat – and what do they really eat?

In order to talk about more than just (stereo-)typical food when you have this conversation, let's do some research about food! Afterwards, you will stage a dialogue about food that is more than small talk – with your own research results to prove it.

Finding out about food around you

Step 1: Walk down the main street in **your area.** Take **pictures of the signs for food** you can buy there.

Step 2: Show your pictures to your group and **discuss** if you have ever had this food and how you liked it.

Focus on language: Which of the foods' names do you have to translate? Which are the same in German and English and why? Think about which languages and cultural influences are part of your examples of everyday food in Germany.

Step 3: Create a **survey** about eating habits in your class (and maybe your whole year or school?). You can use survey apps like www.mentimeter.com to create a survey easily and get instant results. Include the different kinds of food you found on your street (or the pictures directly) in the survey and ask questions, e.g.

- Which of these do your classmates eat (once a week or more/once a month/once a year/never)?
- Formulate questions to find out more: e.g. What do they eat in the morning/for lunch/in the evening/for snacks/on special holidays like Christmas, Sugar Festival or Hanukkah?
- Also interesting: What do they NOT eat? (e.g. meat, pork, dairy products, sugar?)

Collect your results in a folder/on posters where everyone can use them for their dialogue later.

Finding out about food in a place you want to go to

Step 4: In your group, **decide on a place** in another country you already know you will go to soon or where you would like to go one day. It does not have to be in an English-speaking country but one where you would use English to communicate.

Think about it: How can you find out about what people eat in everyday life there? Which digital media or online tools can you use as 'research instruments'?

Step 5: Find out about food in 'your' place in one of the following ways:

- Use the medium you thought of in Step 4 as **your 'research instrument'**.
- Find the main street of your place on **Google Maps in Streetview** mode.[2] 'Walk' around and take screenshots of food to buy there like you did in your area.
- If you are a user of social media **like Instagram, Facebook, Snapchat, Twitter** or others, use them for your research! E. g. look for groups or hashtags that will show your food for your place, e. g. #[insert: your place]food.
- If you already know **people from that place** (friends, family, your exchange school) send them your class survey(s) to answer, too!

Collect your results in a folder/on a poster where everyone can use them for their dialogue later.

Step 6: Dialogue

If you have an exchange partner, contact them on Skype, WhatsApp or other social media you share.

In the classroom: Imagine a situation in which you meet someone (or more people) who knows about another food culture and decide who is who in the dialogue.

Start out with three or four sentences of small talk. Then start talking about the food. You can use the same questions as you used in your survey. For your answers, you can use your research results.

10.5 *Finding out about food* – Hinweise zur Durchführung

Nach der Vorstellung der Aufgabe durch die Lehrperson, unterstützt durch einige generische Beispiele für interkulturelle Begegnungssituationen zum Thema Essen aus YouTube-Videos, erfolgt die erste Erkundung der eigenen

---

2   Für diese – in einem universitären Kurs bei der Erforschung von *linguistic landscapes* bereits bewährte – Idee und anregende kollegiale Gespräche zu digitalen Medien im (Hoch-)Schulunterricht danke ich Peter Schildhauer.

Umgebung durch die Schüler*innen selbstständig (z. B. auch als Beobach-tungsauftrag auf dem Schulweg oder als Hausaufgabe).

Sprachlich bietet die anschließende Auswertung dieser ersten ‚For-schungsfrage' voraussichtlich kaum Schwierigkeiten, da die plurikulturellen kulinarischen Einflüsse international verbreitet und verständlich sind (z. B. Pizza, Döner, Sushi, Gyros, Crêpes, Curry) und zudem das Bildmaterial das Verständnis multimodal unterstützt. Die Auswertung bietet daher eine Mög-lichkeit, Mehrsprachigkeit in der Gesellschaft zu reflektieren und gegebenen-falls diejenige in der Klassengemeinschaft zu nutzen, wenn Schüler*innen Kenntnisse haben und diese beisteuern wollen (z. B. dass der Plural von *Pizza* auf Italienisch *Pizze* ist und *Döner* vom türkischen Wort für ‚drehen' kommt und warum sich dahinter das gleiche verbirgt wie bei *Gyros*). Bei anderen Gerichten muss Lexis aus dem Wortfeld ‚Essen' reaktiviert werden, um z. B. zu erklären (bzw. ggf. vorher zu recherchieren), woraus wohl ein Strammer Max besteht.

Für die Vorbereitung der zweiten Forschungsaufgabe, der Umfragen, wird anwendungsorientiert geübt, wie auf Englisch Fragen formuliert wer-den. Dabei fallen bereits sprachliches, inhaltliches und mediales Lernen zu-sammen, denn es hängt von den Inhalten und den Darstellungsformen ab, ob offene oder geschlossene Fragen gestellt werden sollen, ob sie durch die zuvor mitgebrachten Bilder unterstützt werden oder nicht, und wie die Antworten repräsentiert werden sollen (als Balken- oder Tortendiagramm, als *Word Cloud* oder Sprechblase etc.). In Gruppen, für die dies eine Herausforderung darstellt, können die Fragen auch arbeitsteilig erarbeiten werden (also nur eine Frage pro Gruppe), in anderen erarbeitet jede Gruppe einen eigenen Fragenkatalog. Für die Erstellung lassen sich verschiedenste digitale Umfra-ge-Tools nutzen (siehe Kasten).

Umfrage-Tools

Folgende Umfrage-Tools sind (in den grundlegenden Versionen) kostenfrei, intuitiv zu bedienen und eignen sich auch für Live-Umfragen im Klassenzimmer: Mentimeter und FreeQuizDome, bei denen sich auch Bilder einfügen lassen, sowie Tweedback und Feedbackr.

Da Software und Apps fortlaufend entwickelt werden, können ständig andere ge-eignete Tools hinzukommen. Als digitale Quelle für den Austausch zu digitalem Unter-richten, die sich (anders als dieser Print-Text) laufend aktualisiert und aus schulischen Praxiserfahrungen gespeist ist, sei hier auf das #Twitterlehrerzimmer (vgl. auch B. Blume in diesem Band) hingewiesen. Darin kann auch mitlesen, wer nicht bei Twitter aktiv ist – aber vielleicht regt ein Ausprobieren der o. g. Apps ja auch an, die Erfahrun-gen dort teilen zu wollen. Um innerhalb größerer Twitter-Hashtags etwas zu finden, muss innerhalb der Suchleiste der Suchbegriff@Hashtag eingegeben werden (z. B. survey@twitterlehrerzimmer).

Die Ergebnisse der Auswertung stellen sich die Schüler*innen – möglichst digital – gegenseitig zur Verfügung. Bei Interesse kann an dieser Stelle auch bereits eine kurze Zwischensicherung erfolgen, bei der sich voraussichtlich bereits eine kulturelle Heterogenität in den Essgewohnheiten einschließlich regionaler Besonderheiten feststellen lassen wird.

Im zweiten Teil der Aufgabe, wenn es um Essgewohnheiten an anderen Orten geht, findet eine Progression und Öffnung in den digitalen Zugangsmöglichkeiten statt, bei denen die Schüler*innen als Expert*innen eigene Wege der Recherche finden, aber auch auf Vorschläge zurückgreifen können.

Der das forschende Lernen rahmende Dialog, wie er lebensweltnah tatsächlich in Begegnungssituationen häufig stattfinden kann, lässt sich als Einübung für den ‚kommunikativen Ernstfall' im Klassenzimmer simulieren, wobei ein Teil der Schüler*innen dann eine Person aus den zuvor ‚erforschten' Orten darstellt und die gewonnenen Erkenntnisse für eine Perspektivenübernahme nutzt. Idealerweise wird dieser Dialog jedoch auch als tatsächliches Gespräch mit der Austauschklasse, internationalen Freund*innen oder auch einer*einem Bekannten der Lehrperson per Skype oder sozialen Medien mit Videoanruf gestaltet.

Abschließend erfolgt nach der Aufgabe eine gemeinsame Reflexion. Mit jüngeren Lerner*innen kann dies vor allem eine Betrachtung dessen sein, wie vielfältig ‚food in Germany' und den anderen erforschten Orten sein kann, welche Besonderheiten es aber auch gibt. Insbesondere mit älteren Lerngruppen können die ‚Forschungsergebnisse' aber auch Gegenstand einer weiter differenzierenden Analyse und Reflexion sein, z. B. indem sie auswerten, welche kulturellen Einflüsse beim Essen eine Rolle zu spielen scheinen: regionale oder nationale Zugehörigkeiten, Gender, Alter (Essen als Generationenfrage), ökonomische Bedingungen (wer kann sich welches Essen leisten?), wozu auch Arbeitsbedingungen gehören (wer hat wann Zeit wo was zu essen?). Auch die Medialität der ‚Forschungsinstrumente' kann Gegenstand dieser Auswertung sein: Was sind die Vor- und Nachteile von Google Street View? Wie ‚alltäglich' ist die Darstellung von Essen auf Instagram bzw. welche Repräsentationspraktiken sind auf diesen Kanälen üblich etc.? Auf diese Weise, so steht zu hoffen, lassen sich kulturelles und digitales Lernen im Englischunterricht verbinden.

Literatur

Cates, Kip (2002): Teaching for a better world: Global issues and language education. In: Human Rights Education in Asian Schools Volume V, S. 41–52.

Freitag-Hild, Britta (2018): Teaching culture: Intercultural competence, transcultural learning, global education. In: Surkamp, Carola/Viebrock, Britta (Hrsg.): Teaching English as a foreign language. Stuttgart: Metzler. S. 159–176.

Grimm, Nancy/Meyer, Michael/Volkmann, Laurenz (2016): Teaching English. Tübingen: Narr.

Hallet, Wolfgang (2008): Diskursfähigkeit heute: Der Diskursbegriff in Piephos Theorie der kommunikativen Kompetenz und seine zeitgemäße Weiterentwicklung für die Fremdsprachendidaktik. In: Legutke, Michael (Hrsg.): Kommunikative Kompetenz als fremdsprachendidaktische Vision. Tübingen: Narr, S. 76–96.

Hallet, Wolfgang (2011): Lernen fördern Englisch: Kompetenzorientierter Unterricht in der Sekundarstufe I. Seelze: Klett Kallmeyer.

König, Lotta (2019): Looking for stories of finding refuge: Mit Interviews Migrationsgeschichten im eigenen Umfeld erforschen. In: Der Fremdsprachliche Unterricht Englisch 53, H. 159, S. 20–25.

König, Lotta (2020, erscheint): Ethnographisch-exploratives Arbeiten. In: Hallet, Wolfgang/Königs, Frank G./Martinez, Hélène: Handbuch Methoden im Fremdsprachenunterricht. Seelze: Klett Kallmeyer.

König, Lotta/Schädlich, Birgit/Surkamp, Carola (2020, erscheint demnächst): unterricht_kultur_theorie: Kulturelles Lernen im Fremdsprachenunterricht gemeinsam anders denken. Stuttgart: Metzler.

Kultusministerkonferenz der Länder (2003): Bildungsstandards für die erste Fremdsprache (Englisch/Französisch) für den mittleren Schulabschluss. Berlin.

Schildhauer, Peter (2019): Genre and community: The early history of the weblog. In: Brock, Alexander/Pflaeging, Jana/Schildhauer, Peter (Hrsg.): Genre emergence: Developments in print, TV and digital media. Berlin: Peter Lang, S. 213–234.

Schmidt, Torben/Strasser, Thomas (2016): „Digital Classroom". In: Der Fremdsprachliche Unterricht Englisch 50, H. 144, S. 2–7.

Schwerpunkt: Spielen und Entdecken

11 Von Rebellen und Patrioten: Ein digitales Lernspiel für den fremdsprachlichen Englischunterricht

Carolyn Blume und Andreas Hübner

11.1 Einführung

Oregon Trail, Civilization und The Assassin's Creed sind nur drei von unzähligen digitalen Spielen, die seit mehr als einem halben Jahrhundert für das Spielen mit Bezug zu oder zur Vermittlung von historischen Ereignissen entwickelt wurden. Schon 1965 versuchte Bruse Moncreiff, ein IBM-Mitarbeiter und Wirtschaftstheoretiker, die unterrichtspraktischen Potenziale des Sumerian Game, einer digitalen Wirtschaftssimulation für die Schulen im US-Bundesstaat New York, zu ergründen (vgl. Smith 2020). Zwar wurden Moncreiffs Forschungen in der Folge nur vereinzelt von Pädagogik und Didaktik beachtet, jedoch traten diverse Spielemacher in den 1970er, 1980er und 1990er Jahren in Moncreiffs Fußstapfen. Sie entwickelten immer mehr digitale Spiele, deren historischer Hintergrund auch zur Deutung von vergangenen Geschehnissen beitrug. Gleichzeitig funktionierten die Spiele als „Produkte und Zeugen konkreter historischer Gesellschaften und Kulturen" (Pfister/Winnerling 2020, S. 4).

In dieser Hinsicht unterscheiden sich die Spiele bis heute nicht wesentlich von anderen Medien, die in Form von schriftlichen, mündlichen und visuellen Quellen die Geschichte nicht nur wiedergeben, sondern auch deuten. Entsprechend lässt sich die Einbettung solcher Spiele in formale Unterrichtssituationen nicht nur motivational begründen: Ihre Einbettung bietet zudem die Chance einer Analyse des Mediums, der Sprache und der historischen Ereignisse, an die sie angelehnt sind. Dies gilt für jegliche Art von Spielen, jene, die dem Freizeitvergnügen dienen, und jene, die für den schulischen Einsatz bestimmt sind. Die letztgenannten *serious games*, d.h., die digitalen Spiele, die dezidiert für Lernzwecke entwickelt wurden und inzwischen die schnellst wachsende Produktgruppe der digitalen Spieleindustrie darstellen (vgl. Schmidt/Schmidt/Schmidt 2016), können in der Schulpraxis überaus konstruktiv eingesetzt werden und produktive digitale Lehr-Lern-Erlebnisse für Lehrkräfte und Schüler*innen bereitstellen (Nolden 2019) – auch wenn ihnen allgemeinhin der Ruf des *chocolate-covered broccoli* anhaftet. Soll heißen, *serious games*

ermöglichen zwar oftmals eine Anbindung an schulische Themen und Strukturen, sie ahmen jedoch viele Aspekte von Spielen, die für Vergnügungszwe-
cke gedacht sind, nicht überzeugend nach (Thiele-Schwez 2020, S. 240).

Mit For Crown or Colony des gemeinnützigen Produzenten Mission US
(www.mission-us.org) steht Lehrenden nun ein Lernszenario zur Verfügung,
dessen Einsatz im Unterricht aus schulpraktischer Perspektive durchaus Erfolg verspricht, nicht zuletzt, weil es inhaltlich und didaktisch an historischen
Modellen, Strukturen und Prozessen orientiert ist und von den Schüler*innen
eine Reihe von interdependenten Entscheidungen verlangt (Nolden 2019,
S. 50), während es gleichzeitig eine kritische Auseinandersetzung mit eben-
diesen erfordert. Gerade im interdisziplinären und fächerübergreifenden
Fremdsprachenunterricht könnte For Crown or Colony einen enormen
Mehrwert entwickeln, den es hier zu erörtern gilt. Dies verlangt, dass im Folgenden zunächst das Spiel und der Spielmechanismus beschrieben werden,
bevor die fremdsprachendidaktischen Potenziale in den Fokus rücken. Darauf aufbauend ist anschließend die Eignung des Spiels für die Bereiche des in-
terkulturell- und transkulturell-kommunikativen Lernens freizulegen.

11.2 Das Spiel

Die Reihe, aus der For Crown or Colony stammt, wurde von Historiker*innen, Spielentwickler*innen und den öffentlich-rechtlichen Medien für den
digital-gestützten Geschichtsunterricht der Mittelstufe in den USA entwickelt. Die verschiedenen „missions", wie die Produzenten die jeweiligen Spiele
der fünfteiligen Reihe bezeichnen, fokussieren auf Episoden der US-amerikanischen Geschichte, fördern das Verständnis und Bewusstsein für Geschichte
wie Kultur des angloamerikanischen Sprachraumes und bedienen damit ein
curriculares Ziel des Englischunterrichts der gymnasialen Oberstufe (KMK
2012, S. 19). Aus Perspektive der Fremdsprachendidaktik können mithilfe des
Spiels kommunikative und inter- bzw. transkulturelle Kompetenzen sowie
die Verwendung von Strategien zur Rezeption und Analyse von audiovisuellen Materialien gefördert werden (vgl. Niedersächsisches Kultusministerium
2017a).

For Crown or Colony ist ein Spiel der gemeinnützigen Organisation Mission-US.org. Die
Spiele, die zahlreiche Perioden der US-amerikanischen Geschichte thematisieren, wurden in Zusammenarbeit mit Historiker*innen des American Social History Project/
Center for Media & Learning (ASHP) der City University of New York entwickelt. Dank
dieser Kooperation weist das Spiel einen sozialgeschichtlichen Ansatz auf. For Crown

or Colony war 2009 das erste Spiel der Reihe und wurde 2019 überarbeitet, um jüngste technische Anforderungen und wissenschaftliche Erkenntnisse zu berücksichtigen. Das Spiel kann im Browser, als App oder als herunterladbares Programm verwendet werden. Eine Registrierung ist zwar erforderlich, es wird aber auf E-Maila-Adressen und persönlichen Daten verzichtet. Zahlreiche weiterführende Materialien werden in dem kostenlosen, über zweihundertfünfzigseitigen *Teacher's Manual* bereitgestellt, welches vielfältige Einsatzszenarien unter Berücksichtigung von individuellen digitalen und zeitlichen Parametern skizziert. Das *Manual* stellt zudem Primärquellen und Links zu weiteren geschichtsdidaktischen und historischen Ressourcen bereit, die online frei verfügbar sind. Das Spiel ist dank der Unterstützungsmaterialien für Lernende der Sprachniveaustufen B1/B2 nach dem Gemeinsamen Europäischen Referenzrahmen geeignet.

Der Protagonist von For Crown or Colony ist Nathaniel Wheeler, genannt Nat, ein 14-Jähriger, der sich im Februar 1770 auf den Weg nach Boston, Massachusetts, begibt, um eine Stelle als Auszubildender bei einem Verleger anzutreten. Die Entscheidungen, die die Spieler*innen für Nat treffen, bilden die Spielzüge, gestatten neue Handlungen und eröffnen Entscheidungsoptionen. Dabei stellen das Fortschreiten Nats und der sich zuspitzende Konflikt zwischen den Kolonist*innen und der Kolonialmacht Großbritannien die wesentlichen narrativen und spielrelevanten Elemente dar, die auch mithilfe von filmischen und dokumentarischen Sequenzen sowie von authentischen und fiktiven Dialogen vorangetrieben werden. Hierdurch entfaltet sich eine Komplexität, die die Entscheidungsprozesse der Spielenden berücksichtigt und die Interaktivität erhöht.

Die Spieler*innen müssen in einer Atmosphäre steigender Spannungen in die Rolle von Nat schlüpfen und seinem Arbeitgeber beweisen, dass Nat die für einen Verleger notwendigen persönlichen und beruflichen Fähigkeiten besitzt. Dieses Ziel bestimmt die Interaktionen mit einer Vielzahl von *non-player characters,* also von nicht-spielbaren Figuren, die Nat überzeugen, unterstützen oder denen er aus dem Weg gehen muss. Der Verlauf der drei Spielwochen, die durch fünf Kapitel strukturiert sind, ist von einer Einführung *(„prologue")* und einem Abschluss *(„epilogue")* gerahmt, die dazu dienen, den historischen Kontext des Spiels vorzustellen und die Verbindung zu sich anschließenden Ereignissen herzustellen. Dazwischen befinden sich Aufgaben und Entscheidungspunkte, die vom individuellen Spielverlauf abhängig sind. So müssen die Spieler*innen beispielsweise entscheiden, welche Risiken Nat eingeht, um die aufstrebenden Kolonisten zu unterstützen, ohne Gefahr zu laufen, seine Anstellung zu verlieren. Auf diese Weise werden die Spieler*innen in eine Lage versetzt, in der potenziell gefährliche Handlungen

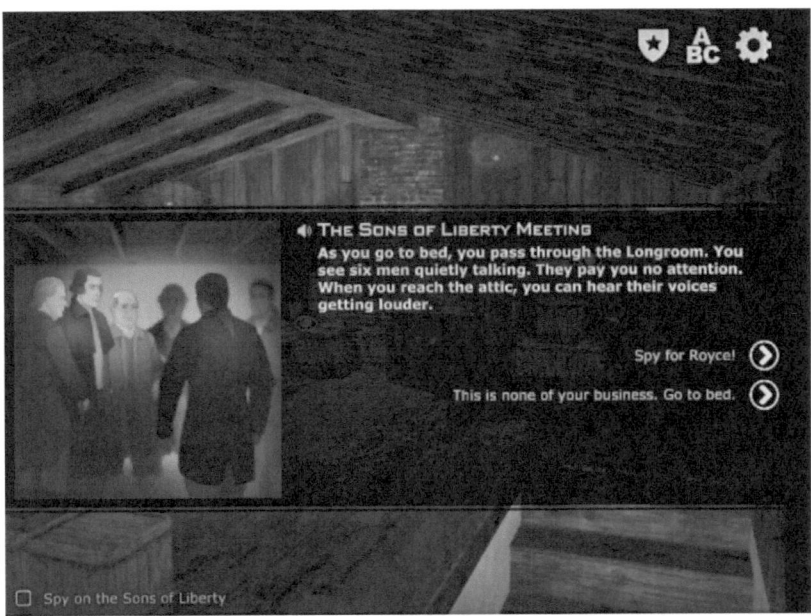

Abbildung 11.1: Spionieren oder sich raushalten?

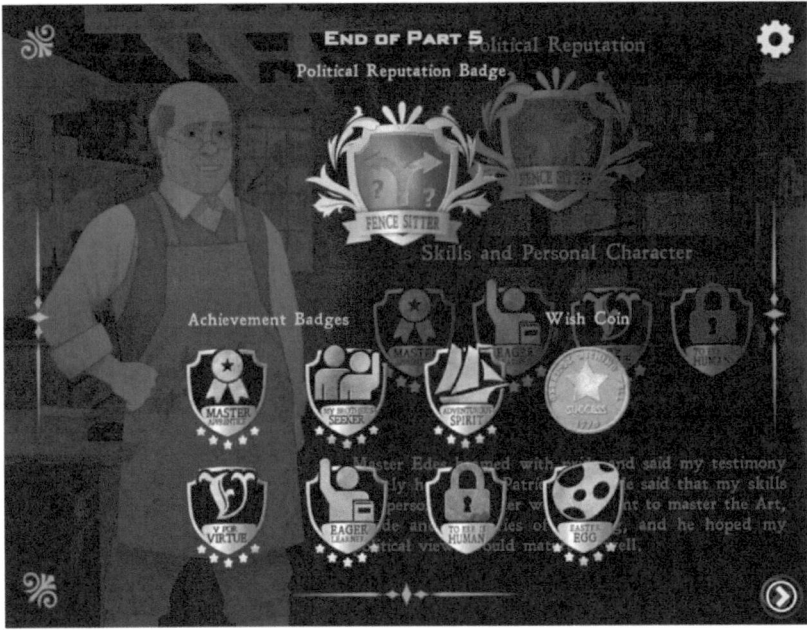

Abbildung 11.2: Nats Auszeichnungen

nach ethischen sowie pragmatischen Prinzipien, die teils widersprüchliches oder gar hinterhältiges Verhalten erfordern, abzuwägen sind (Abbildung 11.1). Dabei dienen die Äußerungen und Reaktionen der *non-player characters* auf diese Entscheidungen als unmittelbares Feedback, das implizit darauf hinweist, inwiefern die vorgegebenen Anweisungen zielführend verfolgt werden. Die Spieler*innen verdienen durch diese Entscheidungen unterschiedliche Auszeichnungen, die Nats Merkmale und Kompetenzen in Bereichen wie etwa Abenteuerlust und Lernfähigkeit reflektieren und seinen persönlichen Charakter bezeugen (Abbildung 11.2). Gleichzeitig dienen solche *badges* als konkrete Nachweise des Kompetenzerwerbs. Aus spieltheoretischer Sicht wirken die *badges* motivierend und begünstigen den Transfer des gewonnenen prozessualen und inhaltlichen Wissens (vgl. Kerres/Bormann 2009).

11.3 Historischer Hintergrund und weiterführende didaktische Überlegungen

Nats Erlebnisse führen die Spieler*innen an einen kritischen Wendepunkt der Amerikanischen Revolution heran: Das *Boston Massacre* vom März 1770. Bereits seit 1767 hatte sich Boston zum Brennpunkt der revolutionären Ereignisse entwickelt. Als im Rahmen der umfassenden Verwaltungsreformen der englischen Regierung nach 1767 weitere Maßnahmen beschlossen und verabschiedet wurden, die vornehmlich die Steuergesetzgebung betrafen und zunehmend den Handlungsspielraum der kolonialen *Assemblies* einschränkten, verschärfte sich die Situation (Heideking/Mauch 2008, S. 31 f.). In der angespannten Atmosphäre, zu der auch die Stationierung britischer Truppen in Boston beigetragen hatte, eskalierte am 5. März 1770 eine Schneeballschlacht zwischen englischen Soldaten und aufgebrachten Bürgern. Dabei verlor eine „sich bedroht fühlende Wache" die Nerven, feuerte in eine Menge von Zivilisten und tötete fünf Menschen (Dippel 1985, S. 53 f.). Zwar hatten die Soldaten weder auf Befehl noch unter Vorsatz geschossen, dennoch wurde der Vorfall von radikalen revolutionären Kräften und Patrioten zum Anlass genommen, die Opfer zu Märtyrern zu stilisieren und die Wut der Bevölkerung gegen die britische Armee zu schüren.

Nicht unwesentlich war an diesen Geschehnissen der Drucker Paul Revere beteiligt, dessen kolorierter Kupferstich eher eine Exekution der Zivilisten darstellte, als dass er die Verworrenheit der Situation nachzeichnete (Abbildung 11.3). Reveres Kupferstich wurde bald eines der einflussreichsten Stücke der anti-britischen Propaganda, das *Boston Massacre* per se zum Sinnbild der Tyrannei Englands (Foner 2008, S. 186 f.).

Abbildung 11.3: Zwei Perspektiven der Boston Massacre. Links: Aus dem Spiel. Rechts: Paul Reveres Kupferstich

In schulischen Lehr-Lern-Szenarien wird das *Boston Massacre* zumeist in klassisch-lineare Narrative zur Amerikanischen Revolution eingepasst. Im Vordergrund stehen dabei im Fach Englisch häufig die Diskussion einer *„American Experience"* (vgl. bspw. Niedersächsisches Kultusministerium 2017a, S. 25 f.) sowie im Fach Geschichte die Einordung der Ereignisse in das globale Zeitalter der bürgerlichen Revolutionen (vgl. bspw. Niedersächsisches Kultusministerium 2017b, S. 21 f.). Ob jedoch über eine klassisch-lineare Narrativierung der Revolution grundlegende, strukturierende Aspekte um „Freiheit und Herrschaft", „Individuum und Gesellschaft" sowie „Kontinuität und Wandel" wirklich tiefergehend erörtert werden können, wie es in den Curricula gefordert wird, erscheint zumindest fraglich. For Crown or Colony kann hier Abhilfe leisten und das Verständnis von Lehrkräften und Schüler*innen für die Ursprünge des Konflikts, die Perspektiven der Konfliktparteien und vor allem auch die Bedeutung der Medien in Bezug auf die konkreten historischen und sozialen Kontexte nachdrücklich schärfen (vgl. bspw. Niedersächsisches Kultusministerium 2017a, S. 21 f., sowie 2017b, S. 31).

Nats Biografie ist eingebettet in die Geschichte von der Gründung der amerikanischen Nation. Zumindest einige Lehrkräfte und Schüler*innen dürften sich daher durch den Protagonisten an die Biografie Benjamin Franklins erinnert fühlen. Wie Nat durchlief der aus Philadelphia stammende Autodidaktiker eine Ausbildung zum Drucker und Verleger. Später beteiligte sich Franklin an ersten Entwürfen zur Unabhängigkeitserklärung und schwang sich zu einem der so genannten Gründerväter der USA auf. Auch Nats Fortschreiten und Entscheidungen werden im Spielverlauf immer enger mit Fragen der amerikanischen Unabhängigkeit verwoben. Lehrkräfte stehen daher vor der Herausforderung, ihre Schüler*innen mit den/m nötigen Werkzeugen, Kompetenzen und Wissen auszustatten, damit diese ein kritisch-inter- und transkulturelles Bewusstsein (*„perspective consciousness"*) entwickeln, die genuin amerikanische Narrativierung der Revolutionszeit dekonstruieren und zugleich die eigenen Perspektivierungen des globalen Zeitalters der bürgerlichen Revolutionen hinterfragen (Blell/Doff 2014, S. 86).

Der *Teacher's Guide* zu For Crown or Colony, der auf der Webseite von Mission US barrierefrei zugänglich ist, bietet für ein solches Unterfangen einen hervorragenden Ausgangspunkt. Rund um den gelernten Drucker (und Schmied) Paul Revere haben die Produzent*innen des Spiels eine Reihe quellenbasierter Aktivitäten konzipiert, die es den Schüler*innen ermöglichen, die mediengeschichtlichen Dimensionen der Amerikanischen Revolution zu erkunden (Mission-US 2019, S. 106 ff.). Dabei knüpfen einzelne Bausteine an aktuelle Themen um alternative Fakten und *Fake News* an, wenn sie die Augenzeugenberichte eines englischen Offiziers der Entstehung des berühmten Kupferstichs von Revere gegenüberstellen und von den Schüler*innen verlangen, die verschiedenen Perspektiven der Akteure nachzuvollziehen und zu analysieren. Darüber hinaus schärfen die Aktivitäten des *Teacher's Guide* ganz grundsätzlich das Verständnis der Schüler*innen von Wirkung und Bedeutung der Medien: Paul Reveres Kupferstich wird bei For Crown or Colony zum zentralen Untersuchungs- und Diskussionsgegenstand erhoben und bildet einen exzellenten Ausgangspunkt für die Gestaltung vielförmiger Redeanlässe und die Entwicklung kommunikativer Kompetenzen zum Themenfeld *Media and Digital Literacy*.

Ferner berücksichtigt For Crown or Colony die pragmatischen Kompetenzen, d. h. die rezeptive und produktive Verwendung von adressaten- und situationsbezogenen Äußerungen (vgl. Niedersächsisches Kultusministerium 2017a, S. 5 f.). Solche pragmatischen Kompetenzen, wie etwa die Verwendung angemessener Formalitätsformeln, sind mit der Realisierung von inter- und transkulturellen Kompetenzen eng verknüpft, werden jedoch im Fremdsprachenunterricht oft vernachlässigt (Diehr 2016). Im Spiel bestimmen die Antworten der Spieler*innen auf Anfragen und Ansprachen die Reaktionen der Gesprächspartner*innen, welche durch die *non-player characters* dargestellt werden. Verdeutlicht wird durch diese Reaktionen auch die pragmatische Angemessenheit der gewählten Option (Abbildung 11.4). For Crown or Colony ermöglicht den Spieler*innen an diesen Punkten also ein direktes und nuanciertes Feedback hinsichtlich ihrer pragmatischen Kompetenzen (vgl. Sykes 2013, S. 10 f.). Dies geschieht dank der Spielumgebung in einem geschützten Raum ohne reelle Konsequenzen. So können Schüler*innen durch das Spielen fremdsprachliche Verhaltensmuster und soziale Regeln erarbeiten. Hier knüpft das Spiel an grundlegende Aspekte des kindlichen Spiels an, welches die Möglichkeit bietet, komplexe Sachverhalte und kognitive Herausforderungen zu bewältigen, ohne negative Konsequenzen zu erfahren (vgl. Klippel 1980, S. 54).

Abbildung 11.4: Pragmatische Kompetenzen im Umgang mit Mrs. Eder

Lernanlässe in Bezug auf weitere kommunikative Kompetenzen sind im Spiel reichlich vorhanden und werden der Heterogenität im schulischen Einsatz gerecht. Um das Hör- und Leseverständnis aller Schüler*innen zu unterstützen und die Bedürfnisse einzelner Schüler*innen mit auditiven oder visuellen Einschränkungen zu berücksichtigen, werden alle Interaktionen gesprochen sowie textuell angezeigt. Auch finden sich Grafiken, die zwar in ihrer Komplexität nicht an den visuellen Standard vieler kommerziellen Spiele herankommen, das Verständnis jedoch zielführend multimedial und multimodal unterstützen (vgl. Schmidt 2007, S. 32 f.). Die Sprachausgabe kann jederzeit wiederholt werden. Ebenso gibt es ein digitales Glossar, das mit *„smart words"* individuell bestückt wird, die im Spielverlauf vorkommen. Die Nutzung von vorgefertigten differenzierten Vokabelkarten und -übungen im *Teacher's Manual* (S. 60 ff.) sowie ausführliche Vokabellisten (S. 10–16) wirken vorentlastend. Diese Elemente bieten Unterstützung für alle Schüler*innen und ermöglichen eine passgenaue Lernumgebung.

Dass solch kommunikative Kompetenzen immer auch in Prozesse inter- und transkulturellen Lehrens und Lernens einzubetten sind, ist spätestens seit Mitte der 2010er innerhalb der Fremdsprachendidaktiken selbstverständlich (Blell/Doff 2014). For Crown or Colony liefert diesbezüglich eine hervorragende Vorlage, um mit den Schüler*innen auf metakognitiver Ebene inter- und transkulturelle Kompetenzen zu fördern. Dafür ist es notwendig, die Schüler*innen erfahren zu lassen, dass Plot, Erzählung und Protagonist*innen in For Crown or Colony dezidiert aus US-amerikanischer Perspektive herrühren und nach den curricularen Vorgaben der amerikanischen Schulbehörden, nämlich im Sinne einer Bildung um die amerikanische Nationenwerdung, gestaltet wurden. Ein in Deutschland produziertes Spiel, dass die hiesigen ländercurricularen Vorgaben berücksichtigen müsste, hätte die Geschichte Nat Wheelers freilich in das Zeitalter der globalen bürgerlichen Revolutionen eingepasst und entsprechende Plotwendungen, Erzählmotive und Protagonist*innen integriert. In der Konsequenz bedeutet dies: Wird den Schüler*innen bewusst, dass die Inhalte und Deutungen maßgeblich von bildungspolitischen Institutionen und Entscheidungsträgern beeinflusst sind, dann können die Schüler*innen auf diesem Wege auch reflektieren, warum und wie vergangene Biografien und Ereignisse nach bildungspolitischen Vorgaben an verschiedenen Orten des Globus in der Gegenwart erzählt, gelehrt und verfestigt werden (vgl. Foucault 1977, S. 246 f.).

11.4 Zusammenfassung und Ausblick

Obwohl For Crown or Colony in Hinblick auf Spieldesign und Inhalt fundiert inszeniert ist, ist die dadurch versprochene Verbindung zwischen „Spielen" und „Lernen" nicht unumstritten. Schließlich handelt es sich bei allen *serious games* um das Zusammenführen von freiwilligen und intrinsisch motivierten Tätigkeiten mit in der Regel verpflichtenden und – wenn überhaupt – überwiegend extrinsisch motivierten formalen Tätigkeiten (vgl. Schmidt/Schmidt/Schmidt 2016). Zwar kann auch mit For Crown or Colony die Frage nach der Spiel- und Lernmotivation nicht allumfänglich beantwortet werden. Dennoch gibt es zahlreiche Studien, die die Fähigkeit solcher Lernspiele bescheinigen, „in verschiedenen Kontexten Lernprozesse durchaus [zu] unterstützen und die Brücke zwischen Unterhaltung und Lernen schlagen [zu] können" (Schmidt/Schmidt/Schmidt 2016, S. 11). Dies kann am ehesten gelingen, wenn in Einklang mit dem spieltheoretischen Konzept des *flow* (vgl. Csikszentmihalyi 1990) die im Spiel vorgegebenen Herausforderungen anhand von rekursiven Versuchen sowie der Anwendung von Problemlösestrategien bewerkstelligt werden. Ob das *Flow*-Erleben in For Crown or Colony zustande kommt, kann aufgrund der Individualität der Spieler*innen nicht vorhergesagt werden. Allerdings sind das Spielgeschehen und die Vermittlung des Wissens eng miteinander verknüpft, sodass störende Phasen des expliziten Lernens minimiert werden (vgl. Kerres/Bormann 2009, S. 27). Gleichzeitig ist aufgrund des überschaubaren Umfangs der Narration sowie der Spielstruktur, gepaart mit einer höchstkomplexen historischen und sprachlichen Darstellung der Spielereignisse, eine anspruchsvolle fremdsprachendidaktische Lerngelegenheit gegeben, die es im Englischunterricht in Zukunft zu nutzen gilt.

PLE-Kasten

MOOC: The American Revolution/Open Yale: https://oyc.yale.edu/history/hist-116

Historischer Überblick: Boston Massacre and Boston Tea Party: https://robertallisonhistory.wordpress.com/2016/07/26/the-boston-massacre-and-boston-tea-party/

Multimedia-Verbindungen zur Gegenwart: The New American Revolution: https://time.com/collection/the-new-american-revolution/

Blog mit diversen Themen mit Amerika-Bezug: American Studies Blog: http://blog.asjournal.org/

Website über Phillis Wheatley: A Poet Enslaved and Enlightened: The Life and Poetry of Phillis Wheatley: https://ushistoryscene.com/article/phillis-wheatley/

Das *Museum of the American Revolution* mit Standort in Philadelphia bietet auf seiner Webseite umfangreiche digitale Ressourcen rund um die amerikanische Unabhängigkeit: https://twitter.com/AmRevMuseum

Mission US, das Projekt hinter For Crown or Colony?, berichtet regelmäßig über Neuigkeiten zu seinen Spielen und bietet beachtliche didaktische Materialien: https://twitter.com/Mission_US, https://www.facebook.com/MissionUS, https://www.mission-us.org/

Games for Change bietet eine Sammlung von Serious Games zu unterschiedlichen Themen: https://twitter.com/g4c, https://www.facebook.com/gamesforchange, http://www.gamesforchange.org/

Literatur

Blell, Gabriele/Doff, Sabine (2014): It takes more than two for this tango: Moving beyond the self/other-binary in teaching about culture in the global EFL-classroom. In: Zeitschrift für Interkulturellen Fremdsprachenunterricht 19, H. 1, S. 77–96.

Csikszentmihalyi, Mihaly (1990): Flow: The psychology of optimal experience. New York, NY: Harper & Row.

Diehr, Bärbel (2016): Wissen, Können, Handeln: Die Rolle des Übens beim Erwerb pragmatischer Fähigkeiten im Fremdsprachenunterrricht. In: Burwitz-Melzer, Eva/Königs, Frank G./Riemer, Claudia/Schmelter, Lars (Hrsg.): Üben und Übungen beim Fremdsprachenlernen: Perspektiven und Konzepte für Unterricht und Forschung. Tübingen: Narr Francke Attempto, S. 50–61.

Dippel, Horst (1985): Die amerikanische Revolution 1763–1787. Frankfurt am Main: Suhrkamp.

Foner, Eric (2008): Give me liberty! An American history. Volume 1: To 1877. 2. Auflage. New York, NY: Norton.

Foucault, Michel (1977): Überwachen und Strafen: Die Geburt des Gefängnisses. Frankfurt am Main: Suhrkamp.

Heideking, Jürgen/Mauch, Christof (2008): Geschichte der USA. 6. Auflage. Tübingen: Francke.

Kerres, Michael/Bormann, Mark (2009): Explizites Lernen in Serious Games: Zur Einbettung von Lernaufgaben in digitalen Spielwelten. In: Zeitschrift für E-Learning, H. 4, S. 23–34.

Klippel, Friederike (1980): Lernspiele im Englischunterricht: Mit 50 Spielvorschlägen. Paderborn: Ferdinand Schöningh.

KMK (2012): „Bildungsstandards für die fortgeführte Fremdsprache (Englisch/Französisch) für die Allgemeine Hochschulreife. Beschluss der Kultusministerkonferenz vom 18.10.2012". Bonn.

Mission-US (2019): „Teacher's guide mission 1: For Crown or Colony?". www.mission-us.org/pages/mission-1-educator-guide-overview (Abfrage: 01. April 2020).

Niedersächsisches Kultusministerium (2017a): „Kerncurriculum für das Gymnasium – gymnasiale Oberstufe – die Gesamtschule – gymnasiale Oberstufe – das Berufliche

Gymnasium – das Abendgymnasium – das Kolleg Englisch". www.db2.nibis.de/1db/cuvo/datei/en_go_kc_druck_2018.pdf (Abfrage: 01. April 2020).

Niedersächsisches Kultusministerium (2017b): „Kerncurriculum für das Gymnasium – gymnasiale Oberstufe – die Gesamtschule – gymnasiale Oberstufe – das Berufliche Gymnasium – das Abendgymnasium – das Kolleg Geschichte". www.db2.nibis.de/1db/cuvo/datei/ge_go_kc_druck_2017.pdf (Abfrage: 01. April 2020).

Nolden, Nico (2019): Geschichte und Erinnerung in Computerspielen: Erinnerungskulturelle Wissenssysteme. Berlin: De Gruyter.

Pfister, Eugen/Winnerling, Tobias (2020): Digitale Spiele. In: Docupedia-Zeitgeschichte 1, S. 1–46 (auch online unter www.docupedia.de/zg/Pfister_Winnerling_digitale_spiele_v1_de_2020).

Schmidt, Torben (2007): Gemeinsames Lernen mit Selbstlernsoftware im Englischunterricht. Tübingen: Gunter Narr.

Schmidt, Torben/Schmidt, Inke/Schmidt, Philipp René (2016): Digitales Spielen und Lernen – A perfect match? Pädagogische Betrachtungen vom kindlichen Spiel zum digitalen Lernspiel. In: Dadaczynski, Kevin/Schiemann, Stephan/Paulus, Peter (Hrsg.): Gesundheit spielend fördern: Potenziale und Herausforderungen von digitalen Spieleanwendungen für die Gesundheitsförderung und Prävention. Weinheim und Basel: Beltz Juventa, S. 18–49.

Smith, Alexander (2020). They create worlds: The story of the people and companies that shaped the video game industry. Boca Raton, FL: CRC Press.

Sykes, Julie M. (2013): Synthetic immersive environments and second language pragmatic development. In: Chapelle, Carol A. (Hrsg.): The encyclopedia of applied linguistics. Malden, MA: Wiley-Blackwell (auch online unter: https://doi.org/10.1002/9781405 198431.wbeal1136).

Thiele-Schwez, Martin (2020): Die Geschichte lebt! Fünf Prämissen zur Entwicklung digitaler und analoger didaktischer Spielformen. In: Möring, Sebastian/Riemer, Nathanael (Hrsg.): Videospiele als didaktische Herausforderung. Potsdam, Universitätsverlag Potsdam. S. 238–265.

12 Breakout Games im Englischunterricht

Judith Bündgens-Kosten

12.1 Was sind Breakout Games?

„Geschafft! Endlich!" rufst du aus, als du die letzte Englischklausur auf den Stapel korrigierter Arbeiten legst.
Es ist schon recht spät, und das Lehrerzimmer hat sich längst geleert. Noch schnell die Kaffeetasse spülen, und dann kann es auch für dich ins Wochenende gehen.

Die Lehrkraft, die noch freitagabends über Klausuren brütet. Der Entdecker, der den Schatz der Inka heben möchte. Die Wissenschaftlerin, die an einem Heilmittel für eine gefährliche Krankheit tüftelt. Breakout Games sind keine Breakout Games ohne eine Geschichte. Stets haben wir eine Rahmenhandlung, oft mit interessanten Figuren, faszinierenden Orten, und gefährlichen Vorkommnissen. Die Rahmengeschichte kann am Anfang vorgelesen werden, als Video auf einem mysteriösen USB Stick gefunden werden, oder sich aus Briefen, Tagebucheinträgen oder Zeitungsartikeln erschließen lassen. Manchmal ist die Rahmenhandlung nur das Salz in der Suppe, und manchmal essentieller Bestandteil von zu lösenden Rätseln. Auf alle Fälle muss sorgfältig zugehört/gelesen werden, und so mancher Brief, so manche Einkaufsliste, wird auch mehrfach von den Schüler*innen gelesen werden.

„Doch was ist das? Die Tür des Lehrerzimmers ist verriegelt! Seit wann gibt es denn hier so ein seltsames Zahlenschloss?"

Breakout Games spielen mit dem Topos des Ein- oder Ausgeschlossenseins. Alleine in einem Unterseeboot, und der Sauerstoff geht aus? Eingesperrt in einem seltsamen Schloss, und überall stehen verschlossene Truhen? Nur sechzig Minuten Zeit, um sich bis zum Casino-Tresor vorzuarbeiten und diesen zu knacken? Breakout Games sind Spiele rund um verriegelte Türen, verschlossene Schatullen, und geheimnisvolle Zahlenschlösser.

Bei den Schlössern kann es sich dabei um physische Schlösser handeln, die z. B. eine Box mit Vorhängeschloss verschließen, oder es handelt sich im virtuelle Schlösser, die z. B. mit LearningApps.org einfach erstellt werden können[1].

---

1 Ein hilfreiches Tutorial, erstellt von Stefan Schwarz, findet sich hier: https://www.you tube.com/watch?v=jSq7-V-w9e8.

12.2 Aufgabentypen in Breakout Games

„Was machen denn die drei großen, roten Umschläge dort auf dem Tisch? Heute Nachmittag waren die doch noch nicht hier!"

Hinter jedem der Schlösser steht eines oder mehrere Rätsel, die geknackt werden müssen. Wer das Logical richtig löst, erhält das Passwort für das Buchstabenschloss. Ist das Kreuzworträtsel vollständig ausgefüllt, ergibt sich „One hundred and twenty three" als Lösungswort – und öffnet das Zahlenschloss. Jedes Aufgabenformat, das als Ergebnis eine Reihe von Zahlen, Buchstaben, Farben, Pfeilen, etc. hat – oder bei dem die Lösung einem verrät, wo man nach einem Schlüssel für ein ganz normales Vorhängeschloss suchen muss – eignet sich für Breakouts.

Bei den Rätseln kann man sich natürlich am Lehrbuch orientieren, oder an publizierten Rätselsammlungen für den Englischunterricht. Es gibt auch eine Reihe an Apps und Webseiten, die einen unterstützen können (Tabelle 12.1).

Dabei müssen Rätsel nicht immer um das *geschriebene* Wort kreisen. Ein QR-Code kann z. B. zu einem Video, in dem das Rätsel vorgetragen wird, führen, oder Hinweise können mit dem Anybook Reader[2] erlesen werden (vorher die Anybook Aufkleber ‚besprechen' und z. B. auf ein Arbeitsblatt, auf die Innenseite einer Truhe, unter mysteriöse Objekte, etc. kleben). Ein altes Diktiergerät mit mysteriösen Hinweisen kann in einer Box gefunden werden, oder ein Video kann auf einem USB Stick gespeichert sein, der im Spiel unter dem Tisch entdeckt wird.

Oft sind Rätsel ‚gestapelt'. Wer das erste Rätsel löst, kann das Schloss der großen Kiste öffnen. In dieser befinden sich eine oder zwei weitere, kleinere Kisten, die jeweils mit einer Haspe (Abbildung 12.1) mit mehreren Schlössern verschlossen sind, sowie verschiedene Rätsel und Hinweise zu den einzelnen Schlössern.

Ein Beispiel für ein fertiges Breakout Game für den Englischunterricht findet sich z. B. bei Bündgens-Kosten (2020) (Thema: Berufe; Fokus auf Wortschatz, Lesekompetenz, Kooperation & Kollaboration; Zielgruppe: Klasse 9).

„In 90 Minuten beginnt deine Lieblings-Sci-Fi-Serie im Fernsehen. Die darfst du auf keinen Fall verpassen! Du musst dich also beeilen!"

---

2   „Anybook Reader" ist der Markenname für einen bespielbaren Lesestift. Anders als bei z. B. tiptoi oder TING können hier also eigene Aufnahmen mit dem Text verknüpft und bei Berühren eines speziellen Aufklebers abgespielt werden. Die Lesestifte *bookii* und *tiptoi CREATE* haben ähnliche Funktionalitäten.

Rätseltyp	Relevanz für den Englisch-unterricht	Relevante Ressourcen
Kreuzworträtsel	Wortschatz wiederholen (z. B. landeskundliches) Wissen abfragen	www.learningapps.org
Logicals und Lesespuren	Leseverstehen *(close reading)* Wortschatz wiederholen (i. d. R. zu einem konkreten Themengebiet, z. B. „Räume im Haus")	Gherri 2018 Gherri 2016 Sarrach 2018
Multiple Choice Fragen	Verständnisfragen zu einer Lektüre/einem Video/etc. stellen	www.learningapps.org
Odd one out (werden die falschen Begriffe in einem Raster ausgestrichen, ergibt das Muster der richtigen Begriffe z. B. eine Zahl)	Wortschatz wiederholen Landeskundliches Wissen abfragen	
Geheimcodes	Kollaboration (Hypothesen austauschen, Vorschläge machen, etc.)	
Buchsuchaufgaben	Methodenkompetenz (Benutzung von Wörterbüchern und Nachschlagewerken)	
Interaktive Geschichten	Leseverstehen	www.twinery.org (vgl. auch Leonhardt/Turpin/May in diesem Band)
Puzzles (Ein Bild muss zusammengesetzt werden. Entweder ergibt sich dann durch Betrachtung des Bildes eine Lösung, oder auf der Rückseite des Puzzles steht nun ein Zahlencode in der richtigen Reihenfolge.)	Visuelle Informationen einführen oder festigen (etwa landeskundliche Informationen, z. B. ein Bild von Windsor Castle zusammenbauen) Schaubilder lesen (Niederschlagsmengen in Connecticut, Zugfahrplan)	kommerziell erwerbbaren Puzzlevorlagen Stäbchenpuzzle: Eisstäbchen (1000er Pack für einige Euro) in eine Reihe legen, Foto aufkleben, mit einem Cutter das Bild in einzelne ‚Eisstäbchen mit Bild'-Streifen verwandeln.
Weitere Rätselideen	Vatter (2015) Schütz (2019) http://mal-den-code.de	

Tabelle 12.1: Rätselarten und Ressourcen

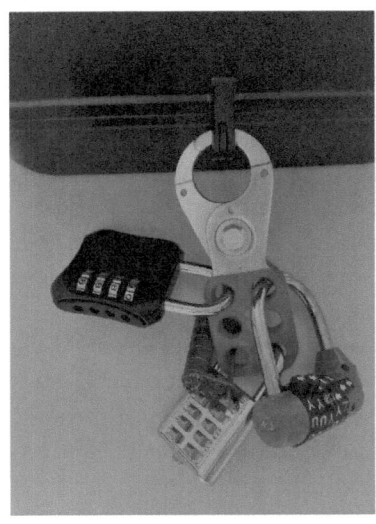

Abbildung 12.1: Eine Haspe mit vier
Schlössern

Breakout Games sind keine ruhigen, gemächlichen Spiele, sondern i.d.R.
Spiele gegen die Zeit. Die Spieler*innen haben 45/60/90 Minuten Zeit, um
alle Rätsel zu lösen und zu ‚entkommen'.

Zusätzlich können Breakout Games auch gegeneinander gespielt werden.
Wenn z.b. die Klasse in vier Gruppen aufgeteilt wird, könnte es einen zusätzlichen Wettbewerbsfaktor geben: „Welche Gruppe entkommt als erstes?"
Dies ist aber im Schulkontext nicht immer unproblematisch, und kann z.B.
dazu führen, dass sich Gruppen gegenseitig boykottieren. Im Zweifelsfall ist
der Kampf gegen die Uhr schon motivierend genug.

12.3 Ziele von Breakout Games im Englischunterricht

„Langsam machst du dir echte Sorgen. Warum sollte man dich hier einsperren? Was
*bezweckt der*die Täter*in hiermit?"*

Es gibt verschiedene gute Gründe für Breakout Games in Englischunterricht –
ganz abgesehen davon, dass sie Spaß machen!

Die gestellten Rätsel selbst können auf den Bedarf des Englischunterrichts
zugeschnitten werden (Tabelle 12.1), und dann Wortschatz wiederholen, in
ein neues Thema einführen, oder Kernkompetenzen wie Hör- oder Leseverstehen üben.

Wenn es um Vermittlung von Faktenwissen geht, sind Breakout Games
ein relevanter Baustein, aber nie das alleinige Mittel. Durch das Rätselformat
gibt es eine hohe Menge an extrinsischer kognitiver Belastung, d.h. kogniti-

ver Belastung, die bei einer anderen Gestaltung der Lerninhalte vermeidbar wäre. Dadurch sind weniger kognitive Ressourcen vorhanden, um sich Begriffe und Konzepte neu einzuprägen – vor allem dann, wenn es aus der Spiellogik heraus nicht notwendig erscheint, sie sich einzuprägen (Sweller/Ayres/Kalyuga 2011). Das heißt nicht, dass Breakout Games nicht sinnvoll sein können, z.B. um Wortschatz noch einmal umzuwälzen, oder bereits bekannte Fakten spielerisch zu wiederholen. Aber erwarten Sie nicht, dass neue Worte/Konzepte, die den Schüler*innen zum ersten Mal im Breakout Game begegnen, anschließend fest beherrscht werden.

Lese- und Hörverstehensschulung werden durch das Rätselformat dagegen sogar noch unterstützt. Hier muss nicht nur sehr genau zugehört/gelesen werden, sondern auch oft mehrfach, um alle Bedeutungsnuancen zu erfassen oder einfach um auf die Inspiration zur Rätsellösung zu kommen. Dies erinnert an *Repeated reading*, eine etablierte Methode zur Förderung der Leseflüssigkeit (Taguchi/Takayasu-Maass/Gorsuch 2004).

„Alleine wirst du niemals entkommen! Du musst im Team arbeiten!"

Aber noch wichtiger für den Erwerb von Diskurskompetenz sind wahrscheinlich Kooperation und Kollaboration in und über die Fremdsprache, die durch Breakout Games angeregt werden. Unter Kooperation verstehen wir hier Formen der Zusammenarbeit, bei der Teilaufgaben aufgeteilt werden und jede Person die Verantwortung für ihre jeweilige Teilaufgabe trägt. Unter Kollaboration verstehen wir Formen der Zusammenarbeit, bei denen mehrere Personen an einer (Teil-)Aufgabe zusammenarbeiten, und jede(r) Verantwortung für alle Teilaufgaben trägt (Kozar 2010). Wenn zwei oder drei verschiedene Rätsel gleichzeitig zu lösen sind (z.B. ein Kreuzworträtsel und ein Logical), kann sich eine Breakout-Game-Gruppe in Teams aufteilen, oder sogar ein einzelner Schüler/eine einzelne Schülerin ein konkretes Rätsel übernehmen. Hierzu sind Absprachen notwendig, um zu vermeiden, dass Arbeit doppelt gemacht wird, und die Schüler*innen müssen Endergebnisse an die Gruppe zurückmelden. Wenn ein besonders kniffliges Rätsel zu lösen ist, bedarf es vieler heller Köpfe und kreativer Ideen, die das Rätsel von verschiedenen Seiten betrachten. Hier müssen Schüler*innen kollaborieren, und z.B. ihre Ideen untereinander diskutieren, um effektiv zum Ziel zu kommen. Kooperation und Kollaboration sind Kernelemente von Breakout Games. Paulsen (2017, S. 46) konnte in ihrer Masterarbeit zeigen, dass alle Schüler*innen einer norwegischen Sek II Gruppe, die ein Breakout Game im Englischunterricht gespielt hatte, der Meinung waren, dass solche Spiele zum Englischlernen beitragen können – vor allem, was die Fähigkeit zur Kommunikation auf Englisch angeht.

Außerschulisch werden Breakout Games oft als Mittel des Teambuildings eingesetzt, und auch in der Schule können sie den Zusammenhalt stärken und Anlass geben, über Stärken und Schwächen im eigenen Teamwork zu reflektieren. Das kann man fördern, indem man Reflexion immer als letzte Phase eines Breakout Games einplant, und z. B. einen Fächer mit Reflexionsfragen in die finale Box legt. Nachdem eine Gruppe ihren Erfolg angemessen gefeiert hat, gibt sie den Fächer mit Fragen von Person zu Person. Jede*r wählt eine Frage aus, liest sie vor, beantwortet sie, und gibt den Fächer weiter. Vom Hersteller Breakout EDU gibt es auch fertige Reflexions-Kartenspiele, die man ähnlich verwenden kann – in die innerste Box legen, und jede*r zieht eine zufällige Karte, die er*sie in der Gruppe beantwortet.

„Wer auch immer der Täter oder die Täterin ist – medienkompetent sind sie! Der QR-Code hier führte zu einem wichtigen Hinweis. Auf dem USB-Stick war eine Animation. Die Interactive Fiction habe ich dreimal durchspielen müssen, bis ich auf die richtige Lösung gekommen bin. Und das LearningApps Kreuzworträtsel war ganz schön pfiffig!"

Breakout Games können physische Objekte (Arbeitsblatt, Puzzle, Münzen, etc.) und digitale Rätsel bunt kombinieren. QR-Codes einscannen, souverän mit Virtual Reality umgehen (vgl. auch Ludwig in diesem Band), auf Google Maps nachschlagen, wie viele Kilometer zwischen zwei Orten liegen – Lehrkräfte können viele Anlässe für die Anwendung und Vertiefung von digitalisierungsbezogenen Kompetenzen in Breakout Games einbauen.

Ganz besonders relevant wird dies im weiter unten geschilderten Fall, d. h. wenn die Schüler*innen nicht nur Rätsel lösen, sondern auch erschaffen.

12.4 Differenzierung in Breakout Games

„Du glaubst, DU kannst nicht entkommen? Papperlappap! Nur keine Müdigkeit vorschützen!"

Ein gutes Breakout Game enthält Rätsel, die ganz unterschiedliche Talente erfordern. Geduldig puzzeln? Scharf kombinieren? Kreativ um die Ecke denken? Eine Karte lesen, und dadurch den nächsten Hinweis entdecken? Im Idealfall können alle Schüler*innen ihre individuellen Stärken einbringen.

Darüber hinaus gibt es viele Methoden, in Breakout Games durch gezielte Hilfen zu differenzieren. Üblich sind z. B. eine bestimmte Anzahl von Hilfekarten, die Schüler*innen gegen Tipps der Lehrkraft eintauschen können. Natürlich kann man auch, je nach Gruppe, einfachere und schwierigere Rätsel anbieten (besonders hilfreich sind hierbei Bücher, die Englisch-Knobel-aufgaben auf verschiedenen Differenzierungsstufen anbieten, z. B. Vatter 2015; Gherri 2016; Gherri 2018; Sarrach 2018). Oder man kann Hinweise in Geheimtinte auf den Rätseln vermerken, und nur den Gruppen, die diese zusätzliche Hilfe benötigen, UV-Lampen zur Verfügung stellen.

Wenn es darum geht, dass alle Schüler*innen ein gutes Spielerlebnis haben sollen, ist es darüber hinaus hilfreich, grundlegende Prinzipien barriere-armen Designs mitzudenken (z. B. keine Rätsel, die rot-grün Farbdifferenzen nutzen, angemessene Schriftgrößen, vgl. auch Meyer/Rose/Gordon 2014 sowie Böhm/Schildhauer/Zehne in diesem Band).

12.5 Schüler*innen als Breakout Games-Gestaltende

„Die Tür geht auf – und der Täter steht vor dir. Oder, genauer gesagt, die Täterinnen und Täter. Es war die 9a, die dich hier in die Falle gelockt hatte!"

Genau zuhören oder lesen; Rätsel lösen, die Leseverstehen, Hörverstehen, Wortschatz oder Grammatikwissen voraussetzen; in der Fremdsprache kooperieren und kollaborieren – all das ist schön und gut. Die ‚Meisterklasse' beginnt aber dort, wo Schüler*innen nicht nur Spiele spielen, sondern selber auch Spiele erschaffen.

Breakout Games sollten dabei als Form des *(Digital) Storytellings* betrachtet werden, als interaktive, multimodale Geschichten. Wer ein Breakout Game erschafft, entwickelt eine Rahmenhandlung, spricht vielleicht einen Text auf, gibt Hinweise in Briefen versteckt, etc. Gleichzeitig nutzen Schüler*innen aber auch nicht-sprachliche *Modes of Meaning,* und üben dabei *Multiliteracies*-bezogene Kompetenzen (New London Group 1996) ein. Ein Breakout Game besteht schließlich nicht nur aus Rahmenhandlung und Rätseln, sondern schafft auch durch Design und visuelle Elemente eine gewisse Atmosphäre. Schüler*innen kombinieren Bild und Text, setzen Typografie strategisch ein, oder modifizieren einfache Audioaufnahmen mit Hintergrundgeräuschen und Stimmverzerrungsapps.

Breakout Games können von Schüler*innen auch gezielt als Stoffwiederholung gestaltet werden. Schüler*innen müssen sich dann nicht nur darüber absprechen, welche Rätsel sie gestalten, und sie mit den zu wiederholenden Inhalten füllen – sie müssen auch entscheiden, welche Inhalte überhaupt relevant und aus ihrer Sicht wiederholungswürdig sind, ein Prozess, der metakognitive Fähigkeiten fördern kann (vgl. Murphey 1995).

12.6 Fazit

„Ach so, das war ein Breakout Game! Klasse! Sowas würdest du auch gerne mal im Unterricht versuchen. Aber ist das nicht viel zu viel Arbeit? Und billig ist das bestimmt auch nicht!"

Breakout Games benötigen eine gewisse Vorbereitungszeit, das lässt sich nicht leugnen. Rätsel müssen ausgewählt oder selbst entwickelt werden, die Rahmenhandlung schreibt sich nicht von alleine, und am Ende muss das Ganze auch noch zu den aktuellen Lernzielen passen. Selbst wenn man bereits fertige Breakout Games kauft oder kostenlos nutzen kann (z. B. https://platform.breakoutedu.com/; Buendgens-Kosten 2020) ist oft noch einiges auszudrucken, in Briefumschläge zu legen, unter den Tischen zu verstecken, etc. Eine Stunde mit Breakout Games wird jedoch auch immer eine besondere Stunde sein, optimal geeignet, um Lust auf ein neues Thema zu machen, oder um ein fertiges Thema abzuschließen und dabei wichtige Konzepte noch einmal zu wiederholen.

Ein Faktor, der relativ aufwändig sein kann, ist die Beschaffung von Boxen und Schlössern. Vieles kann man in jedem Baumarkt finden (Zahlenschlösser, Boxen, Haspen, etc.), anderes gut im Internet kaufen (z. B. exotische Schlösser mit Farbkombination, Cryptex, Geheimtinte, UV-Lampe), und auch Flohmärkte liefern so einiges, was sich verwenden lässt. Durch digitale Schlösser und online-Rätsel lässt sich im Zweifelsfall viel an Material einsparen.

Wer die Kosten nicht scheut, kann auch professionelles Breakout Material für Schulen bei Breakout EDU bestellen. Hier erhält man nicht nur ein Komplettset mit allem, was man braucht (große und kleine Box, Haspe, verschiedene, auch ungewöhnliche, Schlösser, rote Folie, Stift mit unsichtbarer Tinte, UV-Lampe, Hilfekarten, USB-Stick), sondern auch Zugang zur Breakout EDU Platform, mit der man selbst oder die eigenen Schüler*innen besonders komfortable Breakout Games erstellen kann. Infomaterial für Schüler*innen zu Breakout Games und fertige, direkt spielbare Breakout Games sind natürlich inbegriffen. Der Preis, den man für diesen Komfort zahlen muss, ist aber beachtlich, und schreckt eher ab, wenn man erst einmal nur mit Breakouts experimentieren möchte.

Die Investition in Breakout-Materialien ist in jedem Fall nachhaltig, denn die Materialen – egal ob aus dem Baumarkt oder von Breakout EDU – lassen sich über viele Jahre immer wieder verwenden.

PLE-Kasten

Ein Padlet mit vielen hilfreichen Links und Fotos, kuratiert durch Elke Noah:
https://twitter.com/klassenkrempel):
https://padlet.com/klassenkrempel/i5u1xe1mnju6

Materialien für Schüler*innen, die selber Breakout Games erstellen wollen, vom Anbieter Breakout EDU: https://platform.breakoutedu.com/game-courses

Facebook Gruppe „Breakout Edu Germany", moderiert durch Stefan Schwarz:
https://www.facebook.com/groups/180302905886837/

Viele praktische Ideen für die Erstellung von Breakout Games, inklusive von Schüler*innen erstellte Breakouts, von Juliane Eisinger & Stefan Schwarz:
https://drive.google.com/file/d/0B_njk6N652BFUXJzRUtmOEJ4SGc/view

Französischsprachige Seite mit vielen Ideen und Vorlagen für Breakout Games:
https://sites.google.com/view/eg1go/

Eine weitere französischsprachige Seite voller Inspirationen:
https://scape.enepe.fr/scapade.html

Breakout-Materialien aus dem 3D-Drucker:
https://www.thingiverse.com/judithbk/collections/breakout-games

Der Hashtag auf Twitter: #EduBreakout

Literatur

Bündgens-Kosten, Judith (2020): Welcome to Escaperia! Ein breakout game zum Thema „Beruf" lösen. In: Der Fremdsprachliche Unterricht Englisch 165, Mai, S. 23–32.

Gherri, Jessica (2016): Logicals für den Englischunterricht: Rätsel für die 7./8. Klasse in zwei Differenzierungsstufen. 1. Auflage. Hamburg: Persen.

Gherri, Jessica (2018): Logicals für den Englischunterricht: Rätsel für die 5./6. Klasse in zwei Differenzierungsstufen. 4. Auflage. Hamburg: Persen.

Kozar, Olga (2010): Towards better group work: Seeing the difference between cooperation and collaboration. In: English teaching forum 48, H. 2, S. 1–11.

Meyer, Anne/Rose, David H./Gordon, David (2014): Universal Design for Learning: Theory and Practice. Wakefield, MA: CAST.

Murphey, Tim (1995): Tests: Learning through negotiated interaction. In: TESOL Journal 4, S. 12–16.

New London Group (1996): A pedagogy of mulliliteracies: Designing social futures. In: Harvard educational review, Spring, S. 60–93.

Paulsen, Eili Korntorp (2017): „Addressing 21st century skills: Breakout Games in the EFL classroom. Master's thesis". www.brage.inn.no/inn-xmlui/bitstream/handle/11250/2468528/Paulsen.pdf?sequence=1&isAllowed=y (Abfrage: 15.09.2020).

Sarrach, Denise (2018): Differenzierte Lesespurgeschichten Englisch 5/6: Lesefreude wecken – Lesekompetenz fördern. 1. Auflage. Augsburg: Auer.

Schütz, Wolfgang (2019): 45 Rätselspiele für den Englischunterricht: Abwechslungsreiche Rätsel zum Wortschatz- und Grammatiktraining (5. bis 10. Klasse). 1. Auflage. Hamburg: Persen.

Sweller, John/Ayres, Paul/Kalyuga, Slava (2011): Cognitive load theory. New York, NY: Springer.

Taguchi, Etsuo/Takayasu-Maass, Miyoko/Gorsuch, Greta J. (2004): Developing reading fluency in EFL: How assisted repeated reading and extensive reading affect fluency development. In: Reading in a foreign language 16, H. 2, S. 70–96.

Vatter, Jochen (2015): Suchsel für den Englischunterricht: Wortschatztraining mit Selbstkontrolle in drei Differenzierungsstufen. 5.–8. Klasse. Hamburg: Persen.

13 *‚The future is now'* –
Virtual Reality im Englischunterricht

Christian Ludwig

13.1 Einleitung

Der seit einigen Jahren anhaltende Trend des Pokémon Go führt immer noch zu größeren Menschenaufläufen, bei denen Spieler*innen, wie ZEIT Online 2016 titelte, „[j]agen, sammeln, kämpfen" (Reinartz 2016), um eines der beliebten Pokémon zu fangen. Pokémon Go ist jedoch nur eines von vielen Beispielen dafür, dass erweiterte Realitäten langsam in unserem Alltag ankommen. Augmented Reality-Apps bieten in immer mehr Lebensbereichen die Möglichkeit, Objekte in die reale Welt zu projizieren, die z.B. mithilfe von Brillen sichtbar gemacht werden können. Neben Augmented Reality-Systemen finden auch Virtual Reality-Tools, von denen uns einige erlauben, vollkommen in eine virtuelle Welt abzutauchen, immer größere Anwendung. Trotz der zunehmenden Verbreitung im Alltag sowie im Bildungsbereich (vgl. u.a. Johnson-Glenberg et al. 2014, S. 86–104) sind die beiden Technologien von einer breiteren Nutzung im Englischunterricht noch weit entfernt.

Der rasanten technischen Entwicklung im Virtual Reality-Bereich ungeachtet stellen die teilweise immer noch sehr begrenzten Einsatzmöglichkeiten bestehender Systeme, die hohen Anschaffungskosten und die teilweise fehlende technische Ausstattung der Schulen sowie die mangelnden (technologischen) Kompetenzen der Lehrer*innen Hürden dar. Dennoch lassen die Forderungen nach einem möglichst selbstständigen und aktiven Erlernen der Fremdsprache in authentischen und situierten Kontexten die Vermutung zu, dass ein Einsatz dieser Systeme in den nächsten Jahren zunehmen wird. Ziel dieses Beitrages ist es, einen kritischen Einblick in das Potenzial von Virtual Reality-Systemen für den Fremdsprachenunterricht Englisch zu geben und mögliche Einsatzmöglichkeiten aufzuzeigen. Der erste Teil des Beitrages gibt einen kurzen Überblick über die Unterschiede und Gemeinsamkeiten von Augmented Reality (AR) und Virtual Reality (VR), wobei beide Systeme auch in Mischformen als Mixed Reality (MR) oder Extended Reality (ER) zu finden sind (vgl. Bonner/Reinders 2018, S. 34). Der darauf folgende Teil zeigt das Potenzial von Virtual Reality für einen differenzierten und kompetenzorientierten Fremdsprachenunterricht Englisch auf. Der Beitrag schließt mit ausgewählten praktischen Beispielen zum Einsatz virtueller Realitäten im Englischunterricht für fortgeschrittene Lerner*innen.

13.2 Augmented vs. Virtual Reality

Das Potenzial digitaler Medien für den Englischunterricht rückt zunehmend in den Fokus von Forschung und Praxis (vgl. u. a. De Florio-Hansen 2018). So soll nicht nur versucht werden, das Medienverhalten von Jugendlichen abzubilden, sondern auch das Potenzial digitaler Tools für das Erlernen der Fremdsprache nutzbar zu machen. Jedoch, so stellen Hellriegel und Čubela (2018, S. 59) in ihrem Beitrag zu den Einsatzmöglichkeiten von Virtual Reality im schulischen Unterricht richtig fest, sind „Medien, die heute im schulischen Unterricht zum Einsatz kommen, […] zum Zeitpunkt des beruflichen Einstiegs der Schülerinnen und Schüler zumeist veraltet. Ziel muss es sein, auch solche Medien zu thematisieren, die nicht nur eine Gegenwartsbedeutung für Lerner*innen haben, sondern insbesondere auch eine Zukunftsbedeutung", um nach Krommer (2015, o. S.) nicht nur traditionelle Lernziele anders zu erreichen, sondern auch „*neue* Zieldimensionen erstmals zu eröffnen […]". Eine Erforschung des Potenzials von VR-Angeboten für den Englischunterricht sollte also idealiter bereits jetzt stattfinden.

Die Unterschiede zwischen erweiterter und virtueller Realität sind zahlreich und können an dieser Stelle nur angerissen werden. Der Begriff *Augmented Reality* beschreibt Anwendungen, in denen die reale Welt als Teil des Geschehens erhalten bleibt und Objekte bzw. Informationen auf einer zusätzlichen Ebene eingeblendet werden (vgl. Carmigniani et al. 2011, S. 341–377). Ein aktuelles Beispiel hierfür ist die IKEA Place App, die es Kund*innen ermöglicht, Möbelstücke mithilfe der Smartphone-Kamera maßstabgetreu ins virtuelle eigene Wohnzimmer zu transferieren. Zum Erkennen der Einblendungen wird ein Smartphone, Tablet oder eine Augmented Reality-Brille benötigt.

Im Gegensatz zur *erweiterten* Realität nimmt der/die Nutzer*in die reale Umwelt in der *virtuellen* Realität nicht mehr wahr, er/sie taucht also vollkommen in das Erlebnis der computergenerierten virtuellen 3D Realität ein und kann diese auf unterschiedlichen Sinnesebenen erfahren und mit ihr interagieren. Die reale Welt wird also nicht nur, wie im Fall von *Pokémon Go*, ergänzt, sondern mithilfe verschiedener Hardware ersetzt. Basierend auf Martín-Gutiérrez et al. (2017, S. 476) unterteilen Hellriegel und Čubela (2018, S. 63) die Hardware für virtuelle Systeme in zwei unterschiedliche Kategorien: a) *Cardboard-* bzw. Headset-Systeme, meist einfache Kartonhalterungen, in die ein Smartphone eingesetzt wird und b) technische Systeme mit eingebauten Displays in Form einer Virtual Reality-Brille bzw. eines Headsets, die in der Anschaffung bedeutend teurer sind. Nach Kaufmann und Papp (2006, S. 160) lässt sich der Unterschied zwischen erweiterter und virtueller Realität wie folgt zusammenfassen:

> „AR is a variation of VR. VR technology completely immerses a user inside a synthetic environment. While immersed, the user cannot see the surrounding real world. In contrast, AR allows the user to see the real world, with virtual objects superimposed upon or composed with the real world. Therefore, AR supplements reality, rather than completely replacing it."

Prima facie scheint der Einsatz von Virtual Reality-Systemen daher in erster Linie auf den Entertainmentbereich beschränkt. Das explorative (Lern-)Potenzial von Virtual Reality-Systemen und deren vielseitige Möglichkeiten, neue Lernumgebungen zu schaffen, in denen Schüler*innen in der Fremdsprache kommunizieren und kollaborieren können, sowie erste Erfahrungswerte aus dem Bereich Berufsschulbildung machen virtuelle Realitäten jedoch auch für den Englischunterricht interessant. Im Folgenden liegt der Fokus auf Virtual Reality-Systemen, da davon auszugehen ist, dass Augmented Reality-Systeme im Unterricht nur bedingt zum Einsatz kommen werden.

13.3 Virtual Reality im Englischunterricht

Im Gegensatz zum Einsatz digitaler Medien ist die Verwendung von Virtual Reality Tools im Englischunterricht zwar noch längst nicht zum allgegenwärtigen Thema geworden (vgl. Freina/Ott 2015, S. 133–141), jedoch ist seit der Markteinführung von *Second Life* im Jahre 2003 ein stetig steigendes Interesse zu beobachten. Bei *Second Life* handelt es sich um eine *Multi User Virtual Environment* (MUVE) Anwendung, die es Nutzer*Innen ermöglicht, zwar nicht selbst, aber durch Avatare, in (englischsprachigen) virtuellen Umgebungen zu interagieren (vgl. u. a. Raith 2008, S. 9–14; Heim/Ritter 2012, S. 156–161). Obwohl Updates die Nutzung von *Second Life* auch mit neueren VR-Headsets wie Oculus Rift möglich machen, erlaubt die 3D-Infrastruktur seinen User*innen nur ein begrenztes Eintauchen in die virtuelle Welt. So konstatieren Heim/Ritter (2012, S. 159):

> „Even though there is a lot that SL [Second Life] has to offer for language learning, interaction within SL cannot be as natural as in real life, i. e. we do not have all the means for interaction, such as mime and gesture, available with such ease, we cannot see the lips of people we interact with [...]."

Im Gegensatz zu *Second Life* bieten Virtual Reality Systeme der neuen Generation einen viel höheren Grad des Eintauchens in die virtuelle Welt *(immersion)* (vgl. Freina/Ott 2015, S. 131).

Hellriegel und Čubela (2018, S. 63) schlagen eine Klassifizierung bestehender VR-Systeme nach ihrer Art bzw. ihrem Grad der lernbezogenen Interaktivität in Explorationswelten, Trainingswelten sowie Konstruktionswelten vor (vgl. Schwan/Buder 2006, S. 7). Explorationswelten ermöglichen das (weitestgehend eigenständige) Erkunden von Orten. Trainingswelten bieten einen stärkeren Handlungsbezug, in dem Lerner*innen z. b. den Umgang mit bestimmten Geräten erlernen, während Konstruktionswelten Nutzer*innen erlauben, „Objekte selbst zu bearbeiten oder zu kreieren" (Hellriegel/Čubela 2018, S. 63) bzw. die virtuelle Welt selbst zu gestalten (vgl. Abschnitt 13.4).

Im Folgenden sollen einige der Einsatzmöglichkeiten von Virtual Reality-Systemen im Englischunterricht näher betrachtet werden. Hierbei liegt der Fokus auf VR-Tools, mit denen sogenannte *highly immersive virtual reality environments* erschaffen werden. Diese erlauben ihren Nutzer*innen, die virtuelle Realität nicht nur zu betrachten, sondern mithilfe eines *Head-Mounted Displays* (HMD) diese auch zu manipulieren, mit anderen Nutzer*innen zu interagieren und Teile der virtuellen Umgebung selbst zu erschaffen (vgl. Southgate 2018, S. 2). Das Beobachten fremdsprachlicher Inhalte wird also durch die eigene Interaktion in der Fremdsprache ergänzt bzw. ersetzt. Anwendungen im Bereich Virtual Reality erfordern folglich „grundsätzlich mehr Interaktions- bzw. Konstruktionsleistungen als konventionelle Medien" (Hellriegel/Čubela 2018, S. 61). Für den Englischunterricht bedeutet das, dass Lerner*innen ihre fremdsprachlichen Fähigkeiten in realistischen Situationen anwenden und erweitern können.

Darüber hinaus eröffnet Virtual Reality zahlreiche Möglichkeiten für die Schaffung differenzsensibler Lernumgebungen, z. B. durch das Ansprechen unterschiedlicher Lernkanäle, und bietet so Antworten auf die Frage nach einem professionellen Umgang mit zunehmend heterogenen und inklusiven Lerngruppen (vgl. Bongartz/Rohde 2015; Eisenmann 2019). So werden zum Beispiel in der Anwendung *Words in Motion* Objekte mit konzeptualisierten Wörtern in der Zielsprache verbunden (Abbildung 13.1). Das heißt, Nutzer*innen bewegen den Salzstreuer in einer virtuellen Küchenumgebung, woraufhin das englische Verb *to sprinkle* einfliegt.

Des Weiteren bekommen Lerner*innen mithilfe von Avataren die Möglichkeit, mit unterschiedlichen Identitäten zu experimentieren und ein und dieselbe Situation aus verschiedenen Perspektiven wahrzunehmen. „Dieser Avatar [...] wird durch seine Handlungen beurteilt und nicht durch sein Aussehen, Geschlecht oder seine Klassen- und Rassenzugehörigkeit" (Google Zukunftswerkstatt/Stiftung Lesen).

Abbildung 13.1: Words in Motion (00:31 mins.). Der Demo-Clip ist online abrufbar: https://vimeo.com/268467504

Erste empirische Ergebnisse deuten nicht nur darauf hin, dass virtuelle Realitäten eine motivierende Wirkung auf Lerner*innen haben können (Freina/Ott 2015, S. 7; vgl. Hellriegel/Čubela 2018, S. 67), sondern auch darauf, dass die Verwendung von Virtual Reality Systemen zumindest kurzfristig einen positiven Effekt auf das Fremdsprachenlernen hat (vgl. Legault et al. 2019, S. 5 f. für eine Übersicht)[1].

Forscher*innen mahnen jedoch auch zur Vorsicht beim Einsatz virtueller Realitäten in Bildungskontexten, da die neurologischen und psychologischen Langzeitwirkungen, wie zum Beispiel das Suchtpotenzial eines (regelmäßigen) VR-Einsatzes vor allem bei jüngeren Lerner*innen bisher nur im Ansatz erforscht sind. So zeigen die Ergebnisse einer Studie von Baumgartner (2008), dass die Fähigkeit von Kindern, sich selbst als Teil der virtuellen Welt wahrzunehmen, begrenzt ist. Neben entwicklungspsychologischen Einwänden sind auch philosophische und ethische Bedenken nicht unbegründet. Vor allem bei Lerner*innen, die aufgrund ihres Entwicklungsstandes noch nicht in der Lage sind, virtuelle Umgebungen als solche zu erkennen, lassen sich durch die Nutzung von VR-Systemen (unabsichtlich) bestehende Gedächtnisinhalte verfälschen bzw. hinzufügen (vgl. Southgate 2018, S. 10). Außerdem können durch das Eintauchen in eine computergenerierte Lernumgebung Symptome der Virtuelle-Realitäts-Krankheit[2] *(Virtual Reality sickness)*

---

1   Positive Effekte zeigten sich u. a. in der Lernbereitschaft der Schüler*innen, der schriftlichen und mündlichen Handlungskompetenz sowie dem Hör- und Leseverstehen.
2   Die Symptome der VR-Krankheit gleichen denen der Bewegungskrankheit *(motion sickness)*. Im Gegensatz zur Bewegungskrankheit wird die VR-Krankheit bereits durch die scheinbare Bewegung innerhalb virtueller Realitäten ausgelöst.

auftreten, die für eine stufenweise Heranführung an bzw. zeitlich begrenzte Aufenthalte in VR-Umgebungen sprechen. Lerner*innen sollten daher vor dem Betreten der virtuellen Realität über mögliche Symptome, z. B. Übelkeit, Kopfschmerzen, Müdigkeit, Schwindelgefühl oder Stimmungsschwankungen, aufgeklärt werden. Idealerweise sollten virtuelle Erfahrungen mit dem Lösen von Aufgaben außerhalb der Virtual Reality alternieren. Nicht zuletzt dürfen auch Fragen der Datensicherheit nicht außer Acht gelassen werden, z. B. was die Speicherung biometrischer Nutzerdaten angeht.

Für eine zusammenfassende Bewertung des Lernpotenzials von Virtual Reality-Systemen bietet sich eine Unterteilung in das übergeordnete Ziel der Förderung der Medienbildung sowie spezifisch auf den Englischunterricht ausgerichtete Lernziele an. Der Umgang mit virtuellen Realitäten bietet Lerner*innen die Chance, den Umgang mit einem Medium zu erproben, das ihren zukünftigen (Berufs-)Alltag gestalten wird.[3] Jedoch sammeln sie nicht nur Erfahrungen mit dem Medium Virtual Reality selbst, sondern entwickeln auch ein Bewusstsein dafür, wie virtuelle Räume entstehen und wie sie manipuliert werden können.

Aus methodischer Perspektive knüpfen Virtual Reality-Systeme an zahlreiche Paradigmen eines modernen Fremdsprachenunterrichts Englisch an, bieten sie doch zahlreiche Möglichkeiten, die Fremdsprache in authentischen und situativen Kontexten zu erfahren. Die Nutzung von Virtual Reality-Tools ist auch außerhalb des Klassenzimmers im Sinne eines mobilen Lernens (vgl. Falk 2019) möglich, sodass Lerner*innen sich auch selbstständig mit vorher festgelegten Inhalten auseinandersetzen können. Schlussendlich lassen sich durch den Einsatz erweiterter Realitäten auch eine Reihe von konkreten Lernzielen, wie die Entwicklung der zielsprachlichen Kommunikationsfähigkeit, realisieren. Um ein Beispiel zu nennen: Die App *VirtualSpeech* erlaubt es User*innen, verschiedene Gesprächssituationen wie Bewerbungsgespräche oder Referate in unterschiedlichen Umgebungen, auch vor einem virtuellen Publikum, einzuüben. Darüber hinaus bietet die Anwendung zahlreiche zusätzliche Features, die auch für den Englischunterricht relevant sind. So können eigene Präsentationen hochgeladen und *recordings* zur Verbesserung der Sprachkenntnisse erstellt werden.

Ein Lernerfolg lediglich durch den Besuch einer virtuellen Welt ist jedoch nicht zu erwarten. Vielmehr bedarf es der konkreten Setzung von Lernzielen, die entweder durch die Lehrkraft oder die Lerner*innen selbst vorgegeben

---

3   VR-Tools lassen sich u. a. als Trainingswerkzeug zur Schulung und Weiterbildung von Mitarbeitern, z. B. im Bereich der Interkulturellen Kommunikation oder der Bedienung von Maschinen und Werkzeugen, in der medizinischen Therapie, z. B. in der Behandlung von Angststörungen, sowie im Designbereich einsetzen.

werden oder solchen, die der Auswahl bzw. Gestaltung der virtuellen Lern-umgebung inhärent sind. Nicht zuletzt ist eine enge Einbettung in den *offline*-Unterrichtskontext erforderlich, die es Lerner*innen erlaubt, die Lerninhalte sowie den Umgang mit der virtuellen Realität kritisch zu reflektieren, und die es Lehrer*innen erlaubt, den Einsatz zu evaluieren und Lernerfolge zu messen.

13.4 Unterrichtsbeispiele

Im Folgenden soll nun das Potenzial von Virtual Reality Apps und Diensten anhand von zwei konkreten Unterrichtsszenarien illustriert werden. Die Website des Landesmedienzentrums (LMZ) Baden-Württemberg bietet eine ausführliche Übersicht über für den Unterricht geeignete Virtual und Augmented Reality Apps und Dienste, von denen viele auch im Unterricht einsetzbar sind (vgl. LMZ o.J.). Der konkrete Vorteil vieler dieser Apps und Dienste liegt darin, dass sie Lerngruppen und/oder individuellen Lerner*innen persönliche Lernumgebungen (PLU) zur Verfügung stellen (Explorationswelten) bzw. ihnen erlauben, diese selbst zu gestalten (Konstruktionswelten). Während sowohl *Cardboard*- und Headset-Systeme als auch Systeme mit eingebautem Headset für den Unterricht denkbar sind, stellen *Cardboard*-Systeme die einfachere und kostengünstigere Alternative dar.

13.4.1 *Field trips* mit der Google Expeditions-App

Die seit 2016 angebotene *Google Expeditions-App* erlaubt es Lerner*innen, virtuelle Ausflüge zu unternehmen und englischsprachige Länder, Städte und Sehenswürdigkeiten kennenzulernen. Dadurch kann nicht nur landeskundliches Wissen vermittelt, sondern auch die interkulturelle Kompetenz der Lerner*innen gesteigert werden. In einigen Aufgabenstellungen werden Lerner*innen zum Beispiel dazu angeregt, durch ihre Besuche in Explorationswelten den Alltag und die Kulturen anderer Länder hautnah mitzuerleben (vgl. Unterrichtsszenario in Tabelle 13.1).

Neben der Nutzung bestehender Touren haben Lehrkräfte auch die Möglichkeit, eigene Touren zu erstellen. Für die Nutzung der App werden ein Smartphone/Tablet sowie ein WLAN-Hotspot (bei Vorinstallation der App ohne Internetverbindung) benötigt. Nach Start der App wählen alle Teilnehmenden ihre Rollen *(Guide/Explorers)* aus. Während die Lehrkraft in der Regel die Rolle des *Guides* übernimmt, kann diese, z.B. im Rahmen von Projekten oder Präsentationen, auch von Lerner*innen übernommen werden. Verfügen nicht alle Teilnehmer*innen über ein VR-fähiges Smartphone, empfiehlt sich die Einrichtung von kleineren Gruppen, die sich jeweils ein Smartphone teilen. Expeditionsleiter*innen stehen unterschiedliche Tools zur Verfügung, um die Aufmerksamkeit der Teilnehmenden auf Details zu richten. Des Weiteren bietet die App erläuternde Texte zu einzelnen Orten *(Points of interest, POIs)* bzw. Fragen *(Quizzes)* für die Teilnehmenden. So können auch deren *listening* und *viewing skills* geschult werden, wie das folgende Beispiel zeigt.

Im Unterricht haben sich die Lerner*Innen bereits mit einem der bekanntesten Wahrzeichen Londons, der *Tower Bridge*, beschäftigt. Ziel des Besuches der Explorationswelt ist es, den Lerner*innen einen realistischen Blick auf und in die *Tower Bridge* zu ermöglichen (Abbildung 13.2) und besprochene Unterrichtsinhalte zu wiederholen bzw. neue Gesprächs- und Diskussionsimpulse zu setzen.

Steps	Tasks
Preparation (teacher)	Open *Google Expeditions* Download the *Behind the Scenes of Tower Bridge* trip Make sure that you are in guide mode Ensure that all devices (teacher tablet and student headsets) are on the same network
Pre-task phase	Tell learners that they are going to explore Tower Bridge, one of London's most famous landmarks Revise some important facts about Tower Bridge Introduce key vocabulary used in the scripts Ask learners to put on their headsets (headsets connect automatically but check number of all connected headsets to make sure that all of your students are connected) Tell them to raise their hand if they feel dizzy
While-task phase	Begin guided tour (compass indicates place of focus) Use scripts for additional information Ask learners to complete a see *(What do you see?)*, think/feel *(What do you think/feel?)*, wonder *(Which questions do you have?)* chart using Padlet
Post-task phase	Place learners in groups and ask them to write a short text about the history and functionalities of the bridge based on the 'see' and 'think/feel' columns in their charts Discuss questions from the 'wonder' column Reflect on VR experience

Tabelle 13.1: Unterrichtsvorschlag zur Nutzung von Google Expeditions

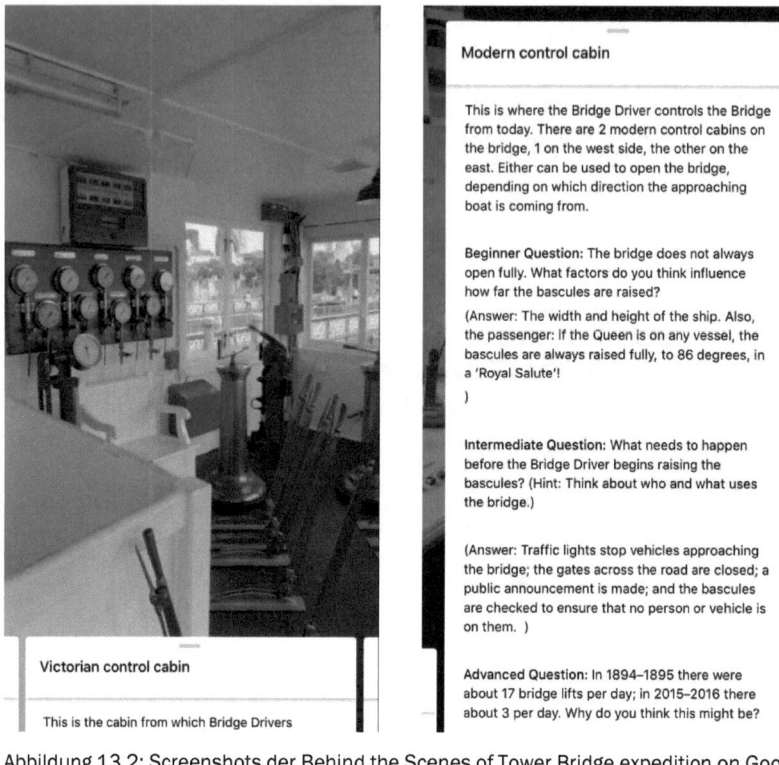

Abbildung 13.2: Screenshots der Behind the Scenes of Tower Bridge expedition on Google Expeditions (links und rechts)

Abgesehen von einer Nutzung im Unterricht ist auch eine unabhängige Verwendung außerhalb des Klassenzimmers möglich. Im Rahmen eines *Flipped Classroom* Ansatzes (vgl. u. a. Mehring/Leis 2017; Kuty in diesem Band) können Lerner*innen ihre eigene Expedition außerhalb des Unterrichts vorbereiten und die Lerngruppe als *Guide* durch eine Expedition führen und so z. B. ihre Präsentationsfähigkeiten in der Fremdsprache trainieren. Ähnliche Tools, wie die Virtual Reality-Plattform der New York Times, ermöglichen ebenfalls das Erleben von realen Schauplätzen wie, in diesem Fall, mithilfe von Reportage-Videos. Weitere Apps, wie z. B. EON VR, die es Nutzer*innen erlaubt, Objekte in ihre Einzelteile zu zerlegen, sind zwar nicht unbedingt für den Englischunterricht außerhalb der beruflichen Bildung geeignet, bieten aber Möglichkeiten zum fächerübergreifenden Lernen.

13.4.2 *Literature meets virtual reality*

Die Arbeit mit literarischen Adaptionen im Fremdsprachenunterricht ist keineswegs neu, wie der Einsatz von Filmen oder grafischen Romanen zeigt. Auch die Verwendung digitaler Werkzeuge, wie interaktive Karten, die es Lerner*innen ermöglichen, sich medienübergreifend und interaktiv mit literarischen Texten auseinanderzusetzen, hat mittlerweile ihren festen Platz in der Literaturdidaktik (vgl. u. a. Webb 2011). So ist auch der Einsatz virtueller Welten im Literaturunterricht, z. B. in Form von Videospielen, in Ansätzen durchaus etabliert. Aus Sicht der Literaturdidaktik erscheint die Einbeziehung transmedialer Verarbeitungen von Literatur mehr als sinnvoll, steht doch nicht mehr (nur) das *close reading* des literarischen Textes im Mittelpunkt des Unterrichtsgeschehens. Vielmehr liegt der Fokus auf der Entstehung von Bedeutungen in der Interaktion zwischen Text, Medium und Leser*innen.

Virtual Reality-Welten bieten zahlreiche Möglichkeiten, den literarischen Text nicht nur zu lesen bzw. zu sehen, sondern unmittelbar zu erfahren. Dabei geht es nicht nur um ein tieferes Verständnis des *settings,* der Handlung oder des historischen und kulturellen Kontextes sowie um die Analyse sprachlicher und literarischer Mittel, sondern vor allem darum, Grunderfahrungen der literarischen Figur selbst zu erleben und dadurch die Empathie der Lerner*innen zu stärken. Nutzer*innen können das Geschehen jedoch nicht nur aus den unterschiedlichen Perspektiven der Protagonist*innen wahrnehmen, sondern dieses als *co-authors* sogar selbst beeinflussen, indem sie (Wert-)Urteile fällen und Konsequenzen des eigenen Handelns erfahren und reflektieren.

Zusammenfassend bieten virtuelle Realitäten nicht nur eine Brücke zum besseren Verständnis eines literarischen Textes, sondern zahlreiche Möglichkeiten zum Erwerb literarischer Kompetenzen.

Nicht zuletzt können literarische Vorlagen im Sinne eines handlungs- und projektbasierten Lernens auch als Anregung zur Gestaltung eigener virtueller Umgebungen dienen, zum Beispiel, indem Lerner*innen einzelne Kapitel basierend auf ihren individuellen Leseerfahrungen gestalten bzw. illustrieren. Dadurch werden die Lerner*innen zu Prosument*innen, die Inhalte nicht nur wahrnehmen, sondern aktiv von einem Medium in ein anderes übertragen. So ermöglicht die App CoSpaces (Edu), eigene virtuelle Welten mithilfe eines Drag-and-drop Menüs zu erschaffen, in die auch eigene Bild- und Sound-Dateien eingebaut werden können (vgl. LMZ Baden-Württemberg o. J.).

13.5 Zusammenfassung und Ausblick

Die technischen Entwicklungen im Bereich der virtuellen Realität gehen rasant voran. Ein Beispiel hierfür sind *stand-alone* Headsets wie Oculus Go, welche ohne Computer bzw. Smartphone nutzbar sind. Der Einsatz von Virtual und Augmented Reality Systemen im Englischunterricht ist bisher jedoch weitestgehend unerforscht und potenzielle Langzeiteffekte können nicht mit Sicherheit festgestellt werden. Die in diesem Beitrag vorgestellten Unterrichtsbeispiele bieten einen ersten Einblick in die zahlreichen Anwendungsmöglichkeiten von Virtual Reality-Systemen, die im Fremdsprachenunterricht vielseitig genutzt werden können.

PLE-Kasten

Auf YouTube sind unter dem Suchbegriff *virtual reality in the ELT classroom* bereits zahlreiche spannende Videos verfügbar.

Paul Driver postet auf seinem Blog u. Beiträge zu VR:

www.cambridge.org/elt/blog/2018/01/22/virtual-reality/

Auf dem TESOL Blog erscheinen auch Einträge zum Thema:

http://blog.tesol.org/tag/augmented-reality/

IATEFL Learning Technologies Special Interest Group (https://ltsig.iatefl.org/), z.B.

https://ltsig.iatefl.org/iatefl-presentation-virtual-reality-in-the-efl-class/

Literatur

Baumgartner, Thomas/Speck, Dominique/Wettstein, Denise/Masnari, Ornella/Beeli, Gian/Jäncke, Lutz (2008): Feeling present in arousing virtual reality worlds: Prefrontal brain regions differentially orchestrate presence experience in adults and children. Frontiers in human neuroscience, 2, H. 8, S. 1–12.

Bongartz, Christiane M./Rohde, Martin (Hrsg.) (2015): Inklusion im Englischunterricht. Frankfurt am Main: Peter Lang.

Bonner, Euan/Reinders, Hayo (2018): Augmented and virtual reality in the language classroom: Practical ideas. In: Teaching English with technology, 18, H. 3, S. 33–53.

Carmigniani, Julie/Furht, Borko/Anisetti, Marco/Ceravolo, Paolo/Damiani, Ernesto/Ivkovic, Misa (2011): Augmented reality technologies, systems and applications. In: Multimedia tools and applications, 51, H. 1, S. 341–377.

Eisenmann, Maria (2019): Teaching English: Differentiation and individualisation. Stuttgart: UTB.

Falk, Simon (2019): Mobile-Assisted Language Learning: Eine empirische Untersuchung zum Einsatz digitaler mobiler Endgeräte im Kontext des Fremdsprachenunterrichts. Tübingen: Narr Francke Attempto.

Florio-Hansen, Inez De (2018): Teaching and learning English in the digital age. Stuttgart: UTB.

Freina, Laura/Ott, Michela (2015): A literature review on immersive virtual reality in education: State of the art and perspectives. In: eLearning & software for education 1, S. 133–141.

Google Zukunftswerkstatt/Stiftung Lesen (o. J.): „Virtual Reality: Vom Hype zur zukunftsweisenden Technologie". www.stiftunglesen.de/download.php type=documentpdf&id =2090 (Abfrage: 10. 11. 2019).

Heim, Katja/Ritter, Markus (2012): Teaching English: Computer-assisted language learning. Stuttgart: UTB.

Hellriegel, Jan/Čubela, Dino (2018): Das Potential von Virtual Reality für den schulischen Unterricht: Eine konstruktivistische Sicht. In: Zeitschrift für Theorie und Praxis der Medienbildung. Dezember, S. 58–80.

Johnson-Glenberg, Mina C./Birchfield, David A./Tolentino, Lisa/Koziupa, Tatyana (2014): Collaborative embodied learning in mixed reality motion-capture environments: Two science studies. In: Journal of educational psychology, 106, H. 1, S. 86–104.

Kaufmann, Hannes/Papp, Marion (2006): Learning objects for education with augmented reality. In: Szűcs, András/Bø, Ingeborg (Hrsg.): E-competences for life, employment and innovation: Proceedings of the European Distance and E-Learning Network. Budapest: European Distance and E-Learning Network, S. 160–165.

Krommer, Axel (2015): „Welchen Mehrwert haben digitale Medien für das schulische Lernen?" www.axelkrommer.com/2015/08/04/welchen-mehrwert-haben-digitale-medien-fuer-das-schulische-lernen/ (Abfrage: 10. 11. 2019).

Landesmedienzentrum Baden-Württemberg (o. J.): „Augmented reality: Apps und Dienste: Welche Augmented Reality Apps und Dienste gibt es im Bildungsbereich? Ein Überblick". www.lmz-bw.de/medien-und-bildung/medienwissen/virtual-und-augmented-reality/augmented-reality-apps-und-dienste/ (Abfrage: 10. 11. 2019).

Legault, Jennifer/Zhao, Jiayan/Chi, Ying-An/Chen, Weitao/Klippel, Alexander/Ping, Li (2019): Immersive virtual reality as an effective tool for second language vocabulary learning. In: Languages 4, H. 1, S. 1–33.

Martín-Gutiérrez, Jorge/Mora, Carlos Efrén/Añorbe-Díaz, Beatriz/González-Marre, Antonio (2017): Virtual technologies trends in education. In: EURASIA journal of mathematics science and technology education 13, H. 2, S. 469–486.

Mehring, Jeffrey/Leis, Adrian (Hrsg.) (2017): Innovations in flipping the language classroom: Theories and practices. Singapore: Springer.

Raith, Thomas (2008): Second Life: Chancen und Grenzen einer virtuellen Welt. In: Praxis Fremdsprachenunterricht 2008, H. 1, S. 9–14.

Reinartz, Philipp (2016): „Pokémon Go: Jagen, sammeln, kämpfen". www.zeit.de/digital/games/2016-07/pokemon-go-app-game-hype-gesellschaft-beduerfnisse (Abfrage: 10. 11. 2019).

Schwan, Stephan/Buder, Jürgen (2006). „Virtuelle Realität und E-Learning" www.e-teaching.org/didaktik/gestaltung/vr/vr.pdf (Abfrage: 10. 11. 2019).

Segovia, Kathryn J./Bailenson, Jeremy N. (2009): Virtually true: Children's acquisition of false memories in virtual reality. In: Media psychology, 12, H. 4, S. 371–393.

Southgate, Erica (2018): „Immersive virtual reality, children and school education: A literature review for teachers". www.ericasouthgateonline.files.wordpress.com/2018/06/southgate_2018_immersive_vr_literature_review_for_teachers.pdf (Abfrage: 10. 11. 2019).

Webb, Allan (2011): Teaching literature in virtual worlds: Immersive learning in English studies. Abingdon: Routledge.

Apps

Google Expeditions
Virtual Reality-Plattform der New York Times
EON VR
App CoSpaces
Second Life
Words in Motion
IKEA Place App
YouTube 360-degree Videokanal
VirtualSpeech

Schwerpunkt: Social und Media

14 Social Media im Englischunterricht: Chancen, Potenziale, Risiken

Bob Blume

14.1 Auf der Höhe einer neuen Kultur

Felix Stalder, Professor für digitale Kultur an der Zürcher Hochschule der Künste, fasst die Implikationen, die die digitalen Medien heutzutage haben, in eine prägnante Formel. So leben wir in einer „Kultur der Digitalität" (Stalder 2016). Diese Diagnose bezieht sich nicht etwa auf einzelne gesellschaftliche Aspekte, sondern umfasst die gesamte Gesellschaft. Dabei basiert diese Kultur der Digitalität auf drei Säulen: Referentialität, Gemeinschaftlichkeit und Algorithmizität.

Kurz zusammengefasst bedeutet das, dass der/die einzelne durch aktive Partizipation die Möglichkeit hat, Geschaffenes weiterzuentwickeln (Referentialität), die dafür nötigen Aushandlungsprozesse gemeinsam mit anderen zu gestalten (Gemeinschaftlichkeit) und die dafür nötigen Informationen aus der unüberschaubaren Vielfalt des Netzes zu filtern (Algorithmizität). Stalder macht deutlich, dass die Entwicklungen, die zu den neuartigen Ausprägungen der Kultur geführt haben, nicht neu sind. Die digitalen Medien schaffen aber gleichsam den Boden für eine Dynamik, die neu entstehende Prozesse katalysiert.

Soziale Medien spielen dabei eine besondere Rolle, die nicht einfach zu fassen ist. Denn die Zentralisierung, ja Monopolisierung von Gemeinschaftlichkeit sorgt für einen immer größeren Einfluss der globalen Unternehmen, die mit den Daten der Nutzer*innen immer präzisere Werbestrategien anbieten, verkaufen und selbst umsetzen können.

Insofern bilden die großen, weltweit agierenden Plattformen wie Google mitsamt YouTube, Facebook, Instagram, Snapchat oder WeChat in Asien einen fundamentalen Gegensatz zu einer Kultur der Gemeinschaftlichkeit, die die Nutzer aktiv einbezieht. Die Creative-Commons-Bewegung engagiert sich zwar aktiv für freie Lizenzen und Netzwerke, ein Großteil der aktiven Nutzer*innen ist aber auf kommerziellen Netzwerken[1] unterwegs.

---

1   Der Gründer von Facebook, Mark Zuckerberg, spricht zwar davon, dass Facebook für den Endnutzer*innen kostenlos sei. Dadurch, dass das Geld jedoch mit lukrativen

Andererseits bietet die von tausenden Nutzer*innen zurückgemeldete Qualität der Netzwerke neuartige Möglichkeiten sich auszutauschen, miteinander ins Gespräch zu kommen und zu arbeiten. Zwar kann man sich über die nachhaltigen Erfolge des „Arabischen Frühlings" streiten; die Anfänge der Demonstrationen gegen die Diktaturen in arabischen Ländern sind aber ohne die sozialen Netzwerke kaum denkbar.

Die Nutzung der sozialen Netzwerke in der Schule ist also – auch ohne die rigiden Datenschutzbestimmungen der Länder – ein zweischneidiges Schwert. Auf der einen Seite fördern die sozialen Medien Verhalten, das alles andere als sozial ist. Auf der anderen Seite ist es Aufgabe der Schule, Verhalten einzuüben. Wo, wenn nicht hier, gibt es die Möglichkeiten auf spielerische Weise und im besten Fall begleitet von einem Experten/einer Expertin Techniken, Auswirkungen und Macharten von digitalen Medien kennenzulernen? „Im Bereich der Sprache sind es [...] digitale Kommunikations- und Kooperationsmedien wie Chat, Instant Messenger, Twitter oder andere soziale Netzwerke, die eine signifikante Erweiterung der Gegenstände und Handlungsmöglichkeiten im Sprachunterricht bedingen." (Frederking/Krommer/ Möbius 2014)

Dem Englischunterricht kommt bei dieser „signifikanten Erweiterung" also eine besondere Bedeutung zu, da er viele jener Kompetenzen schulen soll, die gerade durch die Nutzung von sozialen Medien eingeübt werden können. Bevor näher auf jene Kompetenzen eingegangen werden kann, sollten Lehrkräfte zunächst mit Spielarten sozialer Medien vertraut gemacht werden.

14.2 Lurken und partizipieren

Der englische Begriff „lurk" bedeutet, dass jemand in sozialen Medien passiver Zuschauer/passive Zuschauerin ist. Er/sie schaut gewissermaßen über die Schultern derjenigen, die schon aktiv mitmischen. Nun ist es durchaus diskussionswürdig, ob gleich „alle Lehrer auf Social-Media" (Blume 2017) partizipieren sollten. Dennoch ist es essentiell, für eine didaktisch sinnvolle Integration in den Unterricht Plattformen kennenzulernen. Das passive Zuschauen ersetzt zwar ein eigenes Arbeiten bzw. den Austausch mit Gleichgesinnten nicht; dennoch bietet ein erstes Kennenlernen mit einem pseudonymisierten Account die Möglichkeit, die Dynamik der Netzwerke kennenzulernen. Mit welchem Netzwerk begonnen wird, ist dabei jedem einzelnen überlassen. Ein

---

Werbedeals erzielt wird, bezahlt der/die Nutzer*in mit der Weitergabe seiner Daten, die für Werbezwecke genutzt werden.

gleichsam gewinnbringender wie informativer Einstieg ist über Twitter zu erreichen. Das Netzwerk wird zwar von Jugendlichen eher wenig genutzt (Facebook wird sogar so gut wie gar nicht mehr aktiv genutzt, vgl. MPFS 2018); die Prinzipien der Plattform sind jedoch in gewissem Maße auch auf andere Netzwerke übertragbar. Nicht zuletzt bietet Twitter zahlreiche Möglichkeiten der Vernetzung (Blume 2019) auch und gerade in den englischsprachigen Raum.

14.3 Twitter als Einstieg in Social Media

Twitter bietet sich aus zahlreichen Gründen als Einstieg in Social Media an. Allgemein betrachtet, bildet es einige Funktionen ab, die auch in anderen Netzwerken so oder ähnlich funktionieren. Damit das Kennenlernen aber nicht in einem luftleeren Raum passiert, bietet Twitter auch ein sehr aktives Netzwerk, in dem sich (unter anderem) Englischlehrer*innen über Bildungspläne, Materialien und Visionen für neuartige Zugangsmöglichkeiten für Sprachenunterricht austauschen. Die Funktionen des Netzwerks, auf dem man sich sehr schnell anmelden kann, seien hier kurz erläutert. Teile der kurzen Erklärungen stammen aus einem Online-Artikel des Autors (Blume 2014).

Tweet: Ein Tweet ist eine Mittteilung, die aus bis zu 280 Zeichen besteht. Sie wird zunächst nur von jenen gesehen, die einem Account folgen.

Follower: Einer Person zu folgen, bedeutet, ihre Beiträge zu abonnieren. Man sieht nicht immer alle Beiträge; das wäre aufgrund der schieren Anzahl auch nicht möglich. Aber indem man ein Profil besucht, kann man sich durch die Beiträge scrollen.

Reply: Wie bei der Kommentarfunktion auf Facebook kann man bei Twitter antworten. Twitternde Lehrer*innen tun dies auch gerne und oft und so können ganze Diskussionen entstehen. Andere Twitternutzer*innen sind der Reply-Funktion eher feindlich gegenübergestellt. Das muss man einfach ausprobieren.

Favorisieren (Fav): Favorisiert man einen Tweet (dies tut man mithilfe des Herzens, auf das man klickt), ist dies zunächst einmal nur ein Zeichen dafür, dass man das, was der andere zu sagen hatte, zur Kenntnis genommen hat. Es kann aber vieles andere ‚bedeuten' und sollte nicht mit dem ‚Like-Button' verwechselt werden.

Retweet (RT): Der Retweet ist wohl eine der wichtigsten Funktionen auf Twitter. Retweetet man einen Tweet von jemandem, dem man folgt, erscheint der Tweet auf der eigenen TL und wird so von allen gesehen, die einem folgen. Tun sie dies demjenigen nach, kann eine Nachricht blitzschnell um die Welt gehen. Das wird natürlich zunächst nicht passieren. Wichtiger ist, dass Lehrpersonen so Nachrichten über neue Blogeinträge und Diskussionen blitzschnell weiterleiten können – damit alle etwas davon haben.

Raute/Hashtag (#): Der Hashtag wird bei Twitter genutzt, wenn über ein bestimmtes Thema gesprochen wird. Wird ein bestimmter Hashtag verwendet, sind alle Tweets zu dem Thema dort zu finden.

Mitteilungen: Im oberen Fenster kann man neben der Startseite, auf der die eigene TL zu sehen ist, die durch eine Klingel symbolisierten Mitteilungen sehen. Hier kann man sehen, ob Menschen auf die eigenen Tweets reagiert haben, also zum Beispiel geantwortet, favorisiert oder geretweetet haben. So schafft man es, die Übersicht zu behalten.

Die tatsächliche „Wirkung" dieser Funktionen zeigt sich naturgemäß erst dann vollständig, wenn man selbst Teil des Geschehens ist. Nehmen wir ein fiktionales Szenario, das sich zunächst auf Sie als Englischlehrer*in bezieht. Sie möchten herausfinden, welche Pop-Sänger*innen sich gerade für den Englischunterricht anbieten. Dementsprechend formulieren Sie eine Frage an Ihre Follower: „Suche modernen Pop für den Einstieg in die Literaturarbeit. Kann jemand helfen? #followerpower #twlz #twitterlehrerzimmer." Mit den Hashtags geben Sie zu verstehen, dass Sie Ihre Follower um Hilfe fragen, die anderen beiden Hashtags erscheinen unter eben jenem Hashtag, unter dem zahllose Diskussionen zu Unterricht stattfinden. Wenn also jemand dieselbe Frage hat und unter dem Hashtag sucht, fällt es ihm oder ihr nicht schwer, eine Antwort zu finden. Die Hashtags strukturieren die Themen nach Relevanz innerhalb eines bestimmten Gebiets.

Zunächst passiert nichts. Aber viele Favs zeigen Ihnen, dass Sie nicht der oder die Einzige sind, den/die diese Frage interessiert. Dann folgt ein Retweet einer Englischlehrerin, der dafür sorgt, das zahlreiche weitere Kolleg*innen ihn sehen. Und dann folgen die Kommentare. Jemand schlägt Billie Eilish vor, ein nächster meint, dass er nicht weiß, was sich anbietet, aber jemanden kennt, der es wissen könnte. Und so verbreitet sich die Frage, so dass am Ende ein Tweet steht, dessen Kommentare eine Sammlung an Liedern für jeden Anlass im Englischunterricht darstellt. Das Beispiel ist, wie angemerkt, fiktional. Aber mit einem funktionierenden Netzwerk funktioniert eine solche Zusammenarbeit genauso. Natürlich auch über Ländergrenzen hinweg.

Richtig spannend wird es, wenn Schüler*innen Social Media aktiv nutzen. Und das tun sie meistens schon, ohne dass die Lehrperson davon weiß. Freilich muss die Nutzung nicht eine solche sein, wie sie in formeller Bildung gewünscht ist. Aber die Erstellung, Pflege und der Nutzen eines Netzwerks sind eben auch in einem erweiterten Kontext für die persönliche (informelle) Bildung extrem hilfreich. Bestehende Formen des Lernens in den schulischen Kontext zu implementieren ist insofern eine Aufgabe, von der alle profitieren können (siehe auch Uhl-Martin in diesem Band).

14.4 Social Media und die Kompetenzen des modernen Englischunterrichts

Social Media fördert einen modernen Fremdsprachenerwerb. Dieser lässt sich an einigen Leitlinien exemplifizieren, die Frank Haß (2009) in seiner „Fachdidaktik Englisch" formuliert hat.

14.4.1 Didaktische Leitlinien

Die didaktischen Leitlinien, die einem modernen Englischunterricht zugrunde liegen, würden den Rahmen sprengen. Deshalb soll an dieser Stelle nur holzschnittartig erklärt werden, an welche didaktische Leitlinien sich die Social-Media-Nutzung koppeln lässt.

14.4.2 Handlungsorientierung

Social Media ermöglicht durch eigenes Arbeiten eine kreative Auseinandersetzung mit Inhalten. Diese findet auch und gerade innerhalb der Zielsprache auch schon außerhalb des Unterrichts statt. Einige Schüler*innen sind Expert*innen innerhalb von bestimmten Apps, gerade weil sie durch eigenes Interesse selbst zu Handelnden geworden sind. Diese Expertise einzubauen, kann den Englischunterricht erheblich erweitern. Die kreative Umsetzung eigener Ideen sowie die Reflexion bieten so Möglichkeiten, innerhalb der Sprache Medienbildung zu erfahren.

14.4.3 Interkulturelles Handeln

Interkulturelles Handeln ist mithilfe von Social Media plötzlich niedrigschwellig. Es geht nicht mehr um einen bloßen Austausch innerhalb der Klasse, sondern im besten Fall kann mit Jugendlichen aus der ganzen (englischsprachigen) Welt kommuniziert werden. Dies kann sowohl spontan geschehen als auch als ein zuvor festgelegter Austausch. So oder so bietet eine solche Kommunikation ‚echten‘, authentischen Austausch zwischen Gleichaltrigen, der äußerst motivierend für das Erlernen der Sprache ist.

14.4.4 *Learner-centredness*

Ein zentrales Element ist die *learner-centredness,* also die Orientierung der Lerninhalte an den Interessen der Schülerinnen und Schüler. Dies muss nicht bedeuten, dass nun jeder einzelne Unterrichtsinhalt durch Schüler*innen vorgeschlagen wird. Aber schon die unterschiedliche Perspektivierung eines Unterrichtsgegenstands, beispielsweise mit einer Fotoplattform, kann viele neue Aspekte in den Unterricht bringen (siehe Abschnitt 14.7.2).

14.4.5 Aufgabenorientierung

Aufgabenorientierung meint, dass Aufgaben eine aktive Handlung des Lerners/der Lernerin aktivieren, um in der Zielsprache zu kommunizieren. Dies kann mittels offener Aufgabenformate geschehen, die die Expertise der Schüler*innen einbeziehen und im besten Fall Offenheit für das Unbekannte zeigen. Die Aktivität wird so zu einer eigenen, da die Schüler*innen keine Aufgabe in einem Sinn erfüllen, dass diese zuvor klar ist, sondern sich mittels Social Media frei im digitalen Raum bewegen können (siehe beispielsweise Abschnitt 14.7.1).

14.4.6 Bedeutsame Inhalte

Social Media sind ein Vergrößerungsspiegel der Gesellschaft und sind per se Erzeuger und Träger von Inhalten, die sich mit der Lebenswelt der Schüler*innen verknüpfen lassen.

14.4.7 Selbstbestimmtes und kooperatives Lernen

Kooperation ist digital über Ländergrenzen möglich. Das bedeutet, dass Raum und Zeit aufgehoben sein können und Schüler*innen auch über den Unterricht hinaus weiter lernen können. Das mag sich idealistisch anhören, aber tatsächlicher, authentischer Austausch mit offenem Ergebnis birgt ungemeines Potenzial – gerade auch in puncto Motivation.

14.5 Englischunterricht in der Oberstufe

Social Media kann man nicht ausschließlich in der Oberstufe einsetzen. Dennoch bieten die Plattformen hier besondere Möglichkeiten, da Themen auch innerhalb der Zielsprache in (relativer) Komplexität besprochen werden können. Das ‚Material' ist sofort zugegen. Ob man über die neuesten Tweets von Greta Thunberg oder Donald Trump sprechen, ein neues Video von Eminem als Impuls oder gar ein ganz eigenes Thema beginnen will – ist eine Anmeldung erfolgt, erweitert sich für die Schüler*innen der Kommunikationsraum.

14.6 Netzwerke und Plattformen im Unterricht

Wie schnell sich der Gebrauch von Social Media ändert, kann man sehr gut an Fortbildungsangeboten erkennen, die den Gebrauch von „Facebook und Co." bei Jugendlichen erklären wollen. Nur noch 8 Prozent der Jugendlichen haben im Jahre 2018 Facebook täglich genutzt. Auf Platz 1, auch in Bezug auf Nachrichten, ist YouTube. Es folgt Snapchat. TikTok erfreut sich zunehmender Beliebtheit. Weitere Plattformen wie Twitter sind abgeschlagen dahinter. Beim didaktischen Einsatz geht es aber vor allem um das Potenzial, das auch innerhalb des Unterrichts ausgeschöpft werden kann.

14.6.1 Datenschutzrechtliche Voraussetzungen

Die Datenschutzbestimmungen der Länder unterscheiden sich im Hinblick auf die Nutzung von Social Media erheblich. Diese zu skizzieren würde den Rahmen sprengen. Das Beispiel Baden-Württemberg verdeutlicht das Problem: Social Media *darf* dann genutzt werden, wenn Schüler*innen schon so auf der Plattform sind. Es *soll* genutzt werden, um Medienreflexion zu ermöglichen. Aber es *darf nicht* vorgeschrieben werden, eine Plattform herunterzuladen oder zu installieren. Das nachvollziehbare Problem ist, dass der

Datenschutz nicht gewährleistet werden kann, weil die Daten auf amerikanischen Servern liegen. Insofern ist die Nutzung im Unterricht immer mit Absprachen verbunden – mit der Schulleitung, den Eltern und den Schüler*innen.

Des Weiteren ist abzuklären, ob innerhalb der Schule überhaupt auf die Plattformen zugegriffen werden kann. Denn ansonsten ist die Nutzung nur über mobile Geräte der Schüler*innen möglich.

14.6.2 Technische Voraussetzungen

Für alle hier besprochenen Plattformen ist es möglich, eine mobile App zu installieren oder direkt mit der Webversion zu arbeiten. Gerade bei den Schwierigkeiten, die der Datenschutz beinhaltet, ist das Schreiben unter Pseudonym zu empfehlen. Das gewährleistet zwar keine Anonymität, aber bietet zumindest einen oberflächlichen Schutz.

14.7 Social-Media-Einsatz

Vor dem Hintergrund der zuvor skizzierten didaktischen Leitlinien bietet sich der Gebrauch von Social Media im Sprachenunterricht vor allem dadurch an, dass bedeutsame Inhalte miteinander geteilt und besprochen werden können. Dies funktioniert besonders gut mit folgenden Netzwerken, deren Nutzung im und für den Unterricht hier skizziert wird.

14.7.1 Twitter

Twitter bietet sich dadurch an, dass es sehr offen eingesetzt werden kann. Dabei müssen die Inhalte gar nicht neu erfunden werden: Der einfachste Weg, Twitter schon gewinnbringend zu nutzen, ist über die Themen des Schulbuchs (vgl. Blume 2019, S. 116). So können die Themen, die hier behandelt werden, über die Suchfunktion betrachtet werden. Geht es beispielsweise um eine bestimmte Region, kann diese gesucht werden. So können Schüler*innen:

- Lesen, was Menschen aus der besprochenen Region sagen,
- Weitere Bilder finden und diese ggf. beschreiben,
- Eventuell sogar nachfragen, inwiefern Inhalte aus dem Buch zutreffen, oder Diskussionen beginnen.

Dies wäre die eher passive Form der Nutzung. Möglich und wünschenswert ist auch eine aktive Nutzung, bei der beispielsweise:

- Unter selbst erstellten Hashtags kleine Diskussionen gestartet werden,
- Die Schüler*innen einander gegenseitig kommentieren,
- Thesen gepostet werden.

Zunächst einmal wird durch dieses aktive Probieren nicht anderes gemacht, als dass der kommunikative Raum geöffnet wird. Das bietet gerade für den Englischunterricht viele Möglichkeiten:

- Die Schultüre in die Welt, über die man spricht, wird geöffnet.
- Echte Bilder und Aussagen von echten Menschen können gelesen werden.
- Jedem kann die Chance gegeben werden zu zeigen, was er oder sie sprachlich aber auch mittels Recherche leisten kann.
- Alles kann durch einen zuvor erstellten Hashtag gesammelt werden, so dass eine zusätzliche Sicherung nicht nötig ist und alles unabhängig der Zeit im Schuljahr wieder aufgerufen werden könnte.

Durch die Offenheit des Netzwerks entsteht auch die Möglichkeit, inklusiv zu arbeiten, indem verschiedene Aufgabenstellungen gegeben werden. Man kann mobil arbeiten, indem man das Klassenzimmer verlässt, und vor allen Dingen kann vernetzt gelernt werden, indem sich im besten Fall Menschen von außen in Diskussionen einklinken.

Ein besonderes Merkmal von Twitter ist im Übrigen das schon vorher erwähnte Zeichenlimit. Es hält dazu an, Themen und Aussagen auf den Punkt zu bringen und regt so zu Präzision in der Zielsprache an.

Alles in allem ist Twitter so ein Netzwerk, das die Kommunikation fördern kann, neue Impulse bietet und Gespräche transparent macht.

14.7.2 Instagram

Instagram wird von Schüler*innen auf sehr unterschiedliche Weise genutzt. Viele haben mehrere Kanäle, einen offiziellen und auch jene, mit denen ‚privatere' Dinge mit Freund*innen besprochen werden.

Der Fokus von Instagram auf Bilder ist die Stärke für den Englischunterricht. Denn Bilder zu beschreiben, die man tatsächlich gerne anschaut, hat einen besonderen Reiz. Auch hier ist es möglich, die Themen aus dem Buch (oder eben jene, die geplant sind) mit dem Netzwerk zu verbinden. Stars und Sternchen können so sehr nah erfahren, aber auch kritisch betrachtet werden.

Einen Schritt weiter kann man gehen, wenn man handlungs- und produktionsorientierte Verfahren anwendet (Haas 1997). So kann beispielsweise ein Figurencasting zu einer Figur aus einer Geschichte über Instagram laufen. Welchen Star, welches Bild würden die Schüler*innen für den Charakter der Figuren nehmen? Bezogen auf den Text ergeben sich so motivierende und gleichzeitig analytische Gespräche über englischsprachige Literatur.

Aktiv kann ein Account erstellt werden, mit dem Themen nachgezeichnet werden. So wird Instagram zu einem interaktiven Portfolio. (Symbolische) Fotos können von Plattformen wie Pexels oder Pixabay genommen werden, so dass keine Probleme mit dem Urheberrecht auftreten.

14.7.3 YouTube

YouTube bietet für den Unterricht einen riesigen Fundus an Videos für alle nur möglichen Themenbereiche. Dabei muss es gar nicht sein, dass die Lehrperson YouTube-Videos vorbereitet und schauen, analysieren oder kommentieren lässt.

Ganz im Sinne einer zeitgemäßen Bildung können die Schüler*innen auch Kanäle vorstellen oder eigene Recherchen durchführen. Der Rahmen kann von der Lehrperson gesetzt werden, aber ein offenes Setting sorgt für Ergebnisse, die vielleicht nicht eingeplant sind.

Das ist vor allem in Verbindung mit anderen Social Media interessant. Wenn es beispielsweise darum geht, nach guten Lernvideos für ein grammatikalisches Phänomen zu suchen, können die Funde auf Twitter geteilt werden. So entsteht eine Lernsammlung, die ‚im Fluss‘ ist.

Natürlich ist es auch hier möglich, eigene Videos zu erstellen, wobei die Produktion Zeit in Anspruch nimmt.

Nicht zuletzt bleibt YouTube deshalb ein soziales Medium, weil auch hier die Möglichkeit besteht, zu kommentieren und zu diskutieren. Wenn nachgesehen worden ist, inwiefern ein Thema so aktuell ist, dass viele Leute etwas dazu sagen, dann kann auch eine solche Interaktion in den Unterricht eingebaut werden.

14.7.4 Weitere Netzwerke

Obwohl Facebook noch nicht komplett abgeschrieben ist, bietet sich nach momentanem Ermessen die Nutzung nicht an. Auch für weitere Netzwerke ist die unterrichtliche Nutzung nur bedingt gewinnbringend.

Die Musikplattform TikTok, die sich bei Jugendlichen starker Beliebtheit erfreut, kann und sollte zwar besprochen und reflektiert werden; der direkte Nutzen der kurzen Clips, bei denen eine Person sich (meist) zu Musikclips bewegt, hält sich jedoch in Grenzen. Dabei ist natürlich nicht ausgeschlossen, dass Schüler*innen einen Nutzen vorschlagen, der bisher noch ‚unentdeckt' ist. Dasselbe gilt für Snapchat. Zwar gibt es einige Experimente mit dem Netzwerk. Seine Geschlossenheit und eher private Nutzung eignen sich jedoch auch nur bedingt für den (Fremdsprachen-)Unterricht.

14.8 Unterrichtsskizze

Wenngleich es den Rahmen dieses Artikels sprengen würde, vollumfängliche Unterrichtsplanungen zu beschreiben, kann eine grobe Skizze andeuten, wie im Unterricht gearbeitet werden kann. Stellen wir uns dazu ein Setting in der Oberstufe vor, in dem es um den amerikanischen Präsidenten und Twitter-Nutzung geht. Vor der Stunde sollten die Schüler*innen einen Account erstellt haben. Auch wenn nicht alle Schüler*innen einen solchen Account haben, kann man arbeiten (so z. B. zu zweit oder zu dritt am PC). Nach einem Impuls, der über ein Bild von Trump hergeleitet wird, können verschiedene Aufgaben gestellt werden, die sich nach Kompetenzen und Inhalten ausrichten. Ein Beispiel wäre das Thema „impeachment". Ein Auftrag könnte lauten:

Search for the hashtag #impeachment and find out what some general issues are that are being talked about.

Auf diese Weise können Meinungen ‚echter' Menschen eingefangen werden. Nachdem über die Verfahrensweise gesprochen worden ist, könnte eine weitere Aufgabe lauten, dass sich die Schüler*innen aktiv in die Diskussion begeben:

Find some new tweets on the possible impeachment. Ask those who have twittered about it questions to find out about their beliefs and motives.

Diese und ähnliche Aufgaben können für helle Aufregung sorgen, da jemand, der zurückschreibt, eine andere Wirkung hat, als eine bloße Textrezeption. Als weiteres Vorgehen wäre es beispielsweise möglich, dass die Lehrperson (über ihren Twitter-Kanal) Frage und Antwort sucht und über den Beamer an die Wand wirft. So kann jeder die Aussagen sehen und darüber diskutieren. Es bleibt also nicht ausschließlich innerhalb von Twitter, sondern kann wieder zurück in die Klasse gegeben werden.

Je nach Zeit und Lust kann diese Art der Interaktion noch weitergeführt werden. Z. B. können Schüler*innen:

- Tiefer in die Diskussion einsteigen und auch über Recherche von Quellen versuchen, ihr Gegenüber zu überzeugen.
- Eigene Tweets zu dem Thema schreiben, in denen sie versuchen, ihre Meinung pointiert auf den Punkt zu bringen.
- Memes oder Sprüche zu dem Thema teilen, die auf weitere Reaktionen zielen.

Insgesamt bedeutet diese Form der zeitgemäßen Auseinandersetzung eine sehr intensive Beschäftigung mit dem Thema, da man es mit echten Menschen zu tun hat.

14.9 Fazit und Ausblick

Der Umgang mit Social Media ist heutzutage unentbehrlich. Es ist also ein Diskussions- und Vernetzungsinstrument, als Werkzeug der Partizipation, als Möglichkeit, Feedback und Rückmeldungen einzuholen und über Ländergrenzen hinweg mit Menschen in Kontakt zu kommen.

Die schiere Größe der einzelnen Netzwerke, die Dynamik und die Schnelligkeit und die Tendenz zum schnellen Urteil machen den Umgang mit Social Media nicht leicht. Das spricht aber nicht gegen, sondern für einen reflektierten Umgang, der gerade im Fremdsprachenunterricht eingeübt werden kann. Sind die datenschutzrechtlichen Bedenken besprochen und ausgeräumt, bieten verschiedene Netzwerke wie Twitter oder Instagram die Möglichkeit eines globalen Austauschs, authentischer, internationaler Kommunikation und motivierenden Erweiterungen der Themenfelder des Englischunterrichts. Mit ein wenig Experimentierfreude und Spaß an der Entdeckung von Neuem kann das Potenzial dieser digitalen Plattformen ausgeschöpft und für den Unterricht fruchtbar gemacht werden.

Literatur

Blume, Bob (2014): „DIGITAL: Warum und wie als Lehrer twittern?". www.bobblume.de/2014/10/04/warum-und-wie-als-lehrer-twittern/ (Abfrage: 27. 07. 2017).
Blume, Bob (2017): „DIGITAL: Alle Lehrer auf Social Media?". www.bobblume.de/2017/09/14/alle-lehrer-auf-social-media/ (Abfrage: 23. 08. 2019).

Blume, Bob (2019): Twitter im Englischunterricht: Vernetztes Schreiben. In: Elke Höfler/ Jürgen Wagner (Hrsg.): Sprachunterricht 2.0: Neue Praxisbeispiele aus Schule und Hochschule. Glückstadt: vwh Verlag, S. 112–123.

Frederking, Volker, Krommer, Axel, Möbius, Thomas (Hrsg.) (2014): Digitale Medien im Deutschunterricht. Baltmannsweiler: Schneider.

Haß, Frank (Hrsg.) (2009): Fachdidaktik Englisch. Tradition, Innovation, Praxis. Stuttgart.

Haas, Gerhard (1997): Handlungs- und Produktionsorientierter Literaturunterricht: Theorie und Praxis eines „anderen" Literaturunterrichts für die Primar- und Sekundarstufe. Seelze: Kallmeyer.

MPFS = Medienpädagogischer Forschungsverbund Südwest (2018): JIM-Studie 2018. www.mpfs.de/fileadmin/files/Studien/JIM/2018/Studie/JIM2018_Gesamt.pdf (Abfrage: 28.09.2020).

Stalder, Felix (2016): Kultur der Digitalität. Berlin: Suhrkamp.

15 *Let's play, let's learn:* Wie Schüler*innen informell mit Smartphones, Tablets und Co. Englisch lernen

Johanna Uhl-Martin

15.1 *Mobile Language Learning:* Mobile Technologien als Ressourcen für Fremdspracherwerb (FSE) und Fremdsprachenlernen (FSL)

Englisch als Fremdsprache, die häufig gar nicht mehr so fremd ist, zu lernen ist spätestens, seitdem unsere Schüler*innen die kleinen multimedialen Alleskönner namens Smartphones in ihren Hosentaschen mit sich führen – und dies tun sie so gut wie alle[1] – kein Monopol schulischer Bildung mehr. In ihrer Medienkonvergenz mit dem *World Wide Web* bieten diese besonders für informelles Lernen vielfältige Potenziale, sei es nun, wenn sie sie intentional dafür einsetzen, ihre Kompetenzen in der Fremdsprache zu schulen, oder wenn sie bei der freizeitorientierten Mediennutzung, z. B. beim *Gaming*, beim *Streaming* von Serien oder dem Lesen von Instagram-Stories, ganz nebenbei und völlig ohne Intention inzidentell[2] oder implizit[3] lernen.

---

1 Zur Mediennutzung von Kindern und Jugendlichen in all ihren Facetten gibt die jährlich durchgeführte JIM-Studie umfangreich Auskunft.

2 Inzidentelles Lernen charakterisiert sich als „meist unbewusst[es] und unbeabsichtigt[es]" (Dohmen 2001, S. 19), „beiläufige[s] Gelegenheitslernen" (ebd.), das ohne vordergründige Intention zu einem Wissenszuwachs „als Nebenergebnis anderer Aktivitäten" (ebd.) führt. Dieser kann sowohl unbewusst und unreflektiert, also implizit, bleiben, als auch im Nachhinein reflektiert und so zu explizitem Wissen werden (vgl. ebd., S. 19 ff.).

3 Auch implizites Lernen findet situativ, unbewusst und nicht (oder nicht bewusst) intendiert im Zuge anderer Tätigkeiten statt (vgl. Dohmen 2001, S. 34 ff.), „ohne dass Regeln und Gesetzmäßigkeiten erkannt oder gar zur Basis von strukturierten Lernprozess gemacht würden" (Overwien 2005, S. 341). Vielmehr meint es „[...] eine [...] gefühlsmäßig-ganzheitliche Reizaufnahme, Situationserfassung, Gestaltwahrnehmung, [die] [...] mehr im Bereich von Intuition und Gespür, Einfühlung und Improvisation bleibt." (Dohmen 2001, S. 34)

15.1.1 Authentische Sprachlernerfahrungen
in virtuellen Räumen

Durch ihre multimedialen, interaktiven und vernetzten Eigenschaften eröffnen mobile Technologien ihren Nutzer*innen virtuelle, die ‚Realität' erweiternde Räume für individuelle, selbstgesteuerte und soziale Sprachlernerfahrungen, die aus spracherwerbstheoretischer Perspektive in vielerlei Hinsicht als ideale Umgebungen – sowohl für Spracherwerb, als auch zum Lernen (vgl. hierzu Krashen 1982) – betrachtet werden können: Dort treffen diese zum einen auf eine ungeheuer dichte Auswahl an authentischem Sprachinput aus gleichermaßen authentischen Medien, wobei ihnen zugleich unterschiedliche Tools zur Interaktion mit diesem zur Verfügung stehen. Zum anderen schaffen die vernetzten Strukturen der Technologien einen globalen sozialen Kontext, in dem User*innen interagieren, kommunizieren, kooperieren und kollaborieren.

Derart beschaffene Lernumgebungen bieten optimale Voraussetzungen für FSE, für welchen besonders der Sprach-Input entscheidend ist (vgl. Bahrani/Sim/Nekoueizadeh 2014, S. 1714), den Lerner*innen in informellen Settings vorwiegend aus dem Konsum authentischer Medien sowie der Interaktion mit anderen in der Zielsprache beziehen. Bereits aufgrund der jeweils zugrundeliegenden, interessen- oder bedürfnisgesteuerten Intention der unterschiedlichen Aktivitäten der freizeitorientierten Mediennutzung ist authentischer Input, wie Kinder und Jugendliche ihm v. a. in den Bereichen *Unterhaltung*, *Kommunikation* und *Information* begegnen, optimaler Input: Sie browsen das Web oder Social Media und lesen, was sie interessiert, spielen – oft mit oder gegen Peers bzw. in einer globalen Community – Games und streamen Serien, die sie fesseln und deren nächste Folge sie kaum erwarten können.

Neben solchen eher rezeptiven Mediennutzungsaktivitäten der Schüler*innen, bei denen Fremdspracherwerb im Zusammenhang mit dem Konsum authentischen Inputs stattfindet, finden sich – allerdings (noch) deutlich weniger häufig – auch solche, bei denen diese ihre rein konsumierende Haltung zugunsten einer neuen, erst durch mobile vernetzte Medien entstandenen Rolle verlassen: Deren mediale und soziale Strukturen sowie die zahlreichen, durch sie gegebenen Möglichkeiten, weiter mit Inhalten und anderen Nutzer*innen zu interagieren, lassen User*innen zu sogenannten „Produsern" (Seipold 2012, S. 190) oder auch „Prosumer*innen" werden. Interaktion mit und über vernetzte Medien, bspw. in Sozialen Netzwerken, zeichnet sich aus durch Offenheit, was u. a. Wege der Auswahl, Partizipation und Selbststeuerung betrifft. Teilt man z. B. einen *Social-Media-Post*, den man zwar nicht selbst verfasst, aber mit einem Kommentar oder Link versehen hat, mit dem eigenen Netzwerk oder führt ihn mit weiteren Inhalten zusammen, z. B. in einem Blog, entsteht nicht nur „neuer", sogenannter *User-generated Content:* Die „nutzergenerierte[...] Produktion von Inhalten" (ebd., S. 188) erschafft zugleich erweiterte oder gar neue, individuell und subjektiv hergestellte Kontexte, *User-generated Contexts* (vgl. ebd., S. 188 ff.). Vor dem Hintergrund eines Verständnisses von Lernen als Aneignung[4] lassen diese sich als *Learnergenerated Contexts* begreifen, die Lerner*innen in ihrem individuellen Prozess des *Meaning Making* erschaffen, wenn sie situiert selbst Bedeutung herstellen (vgl. ebd., S. 179).

Zudem haben mobile Technologien wie Smartphones ihre Nutzer*innen auch dazu ‚emanzipiert', selbst zu Produzent*innen von Medien und darüber transportierte Sprache zu werden. Zahllose, oft kostenlose Apps, liefern nun Möglichkeiten, wie sie sonst nur professionelle Mediengestalter*innen mit entsprechender Hard- und Software sowie Nutzungskompetenz zur Verfügung hatten. Wenn Schüler*innen bspw. Tik-Tok, Snapchat- und Instagram-Videos in der englischen Sprache produzieren, ob nun imitierend oder selbst kreierend, sind dabei oft implizite Lernprozesse involviert.

Im Folgenden wird skizziert, wie sowohl Input- als auch Output-orientierte Aktivitäten unter Verwendung mobiler Technologien aus fremdspracherwerbstheoretischer Sicht verortet werden können. Aufgrund der deutlich höheren Relevanz eher rezeptiver Aktivitäten für Schüler*innen, die in der unter Abschnitt 15.2 vorgestellten Forschung sichtbar wurde, liegt der Fokus entsprechend auf dem FSE durch authentischen Input.

15.1.2 Mobile Technologien als Träger bzw. Medium authentischen Inputs: das i + 1

Dass solch authentischer Sprachinput, wie er oben beschrieben wurde, für Fremdsprachenlerner*innen in seiner Bewältigung herausfordernd ist, steht außer Frage, doch auch oder eben gerade dieser Umstand macht ihn so wertvoll für den Erwerb fremdsprachlicher Kompetenzen, wie es beispielsweise Krashen (1982/2009) beschreibt (vgl. Krashen 2009, S. 9), auch wenn er dies nicht vor dem Hintergrund genuinen Inputs tut: Seiner Input-Hypothese zu-

---

4 Aneignung gilt „als Prozess der produzierenden und rezeptiven Auseinandersetzung der Lerner bei der Nutzung von mobilen Technologien mittels ihrer Handlungskompetenzen und kulturellen Praktiken" (Seipold 2012, S. 157), wobei der Lerner als „kompetente[r] Gestalter" (ebd., S. 101) verstanden wird, dessen „Lernerfolg im Alltag angesiedelten Handlungskompetenzen und kulturellen Praktiken" (ebd.) beruht (vgl. Uhl 2020, S. 83 f.).

folge findet Spracherwerb besonders dann statt, wenn Lernende sprachlichen Input verstehen, der etwas über ihrem eigentlichen Kompetenzniveau liegt. Diesen um das Unbekannte erweiterten Input fasst Krashen in der Formel *i + 1,* wobei Lerner*innen die noch unbekannten Strukturen aufgrund deren kontextuellen Erscheinens, mithilfe ihres Weltwissens und durch Deutung paralinguistischer Informationen entschlüsseln können (vgl. ebd., S. 21 f.). Authentischer Input aus authentischen Medien[5] enthält in seiner natürlichen Form eine Vielfalt von Strukturen und bietet daher jedem Lerner/jeder Lernerin (ob individuell oder in einer Gruppe) das für ihn individuell notwendige *i + 1,* vorausgesetzt, der „[u]nsequenced but natural input" (ebd., S. 68) ist ausreichend *comprehensible,* (vgl. ebd.) was für eine erfolgreiche Entschlüsselung zentral ist: Krashen betrachtet das Vorhandensein von ausreichend *Comprehensible Input* sogar als „[…] the true cause of second language acquisition" (ebd., S. 34), was gleichermaßen rezeptive als auch sprachproduktive Fähigkeiten betrifft (vgl. ebd., S. 22).

Dass der Input, mit dem jugendliche Fremdsprachenlerner*innen bei der Rezeption authentischer Medien konfrontiert werden, über deren Kompetenzniveau liegt, dürfte in den meisten Fällen zu erwarten sein. Ist er *comprehensible enough,* so können besonders Unterhaltungsmedien wie Games und Videos sowie Kommunikationsmedien implizite Spracherwerbsprozesse begünstigen, die z. T. geradezu immersiven Charakters sein dürften. Bedarf es dagegen Maßnahmen durch die Rezipient*innen, um den Sprachinput zu bewältigen, so stellen mobile Technologien Hilfsmittel bereit, mit denen sie diesem zu so viel *Comprehensibility* verhelfen können, wie es ihren individuellen Bedürfnissen entspricht. Auf diese besonders wertvollen Features wird im nächsten Abschnitt noch eingegangen, worauf die Erkenntnisse zu den vielfältigen informellen Sprachlernbegegnungen[5] dem Englischen, die Schüler*innen bei ihrer Mediennutzung machen, folgen.

---

5 Als authentische Medien bzw. authentischer Sprach-Input gelten sämtliche Materialien, die nicht explizit zum FSL entwickelt worden sind (vgl. Taylor 1994, zitiert nach Bahrani 2014, S. 1719), sowie Sprache, die der Übermittlung einer *Message* dient, die von einem realen Sprecher oder Schreiber an einen realen Empfänger gerichtet ist (vgl. Gilmore 2007, zitiert nach Bahrani 2014, S. 1719). Ferner sind es geschriebene oder gesprochene Sprachmaterialien, die in authentischer Kommunikation entstehen (vgl. Nunan 1999, zitiert nach Bahrani 2014, S. 1719).

15.1.3 Mobile Technologien als Differenzierungstools zur individuellen Bewältigung authentischen Inputs

In Zeiten, in denen schulische Lerngruppen nicht zuletzt aufgrund ihrer unterschiedlichen informellen Lerngewohnheiten bei oder durch ihre Mediennutzung immer heterogener werden, kann der Einsatz mobiler Technologien dazu beitragen, individuellen Lerner*innenbedürfnissen gerecht zu werden, nicht nur, aber auch im Sinne eben vorgestellter Theorie: Sie ermöglichen zugleich die Bereitstellung von authentischem Input sowie von *Scaffolding Tools* zu dessen anspruchsvoller Bewältigung. Der Zugriff auf digitale Wörterbücher, Grammatiken oder Enzyklopädien sowie Suchmaschinen im Internet unterstützt Mediennutzer*innen sowohl bei rezeptiven als auch produktiven Aktivitäten. iBooks sind bspw. mit ein- oder zweisprachigen Wörterbüchern im Hintergrund verknüpft, sodass die Bedeutung einer unbekannten Vokabel durch Doppelklick geklärt werden kann, um sie daraufhin in einem individualisierten Vokabelheft zu speichern. Auch die Möglichkeiten des Stoppens, Zurückspulens oder der Geschwindigkeitsregulierung bei auditiven oder audiovisuellen Medien, bei denen Untertitel das Verständnis zusätzlich unterstützen können, ermöglichen eine individuelle, bedürfnisorientierte Rezeption sowie die fokussierte Auseinandersetzung mit Inhalten und Sprache – mit jedem Smartphone lassen sich sowohl kürzere YouTube-Videos als auch längere Serien-Episoden oder Filme in jedweder Hinsicht auf die jeweiligen *Needs* der Konsument*innen personalisieren.

Inwiefern Kindern und Jugendlichen die im Vorangegangenen erläuterten Potenziale mobiler Technologien bei ihrer Mediennutzung nun tatsächlich zugutekommen, zeigen die im Folgenden dargestellten Ergebnisse, die zunächst in einer Online-Befragung mit bayerischen Gymnasiast*innen erhoben und dann in alters- und geschlechtsdifferenzierten Gruppendiskussionen vertieft wurden (vgl. Uhl 2020, S. 136–151).

15.2 Informelle Sprachlernbegegnungen mit dem Englischen von Kindern und Jugendlichen bei der Nutzung mobiler Technologien

In Uhl (2020) habe ich Schüler*innen sowohl danach gefragt, wie sie mobile Technologien intentional einsetzen, um für die Schule oder unabhängig davon informell Englisch zu lernen, als auch nach Aktivitäten ihrer freizeitbezogenen Mediennutzung, bei denen sie auf die englische Sprache treffen und dabei inzidentell oder implizit lernen. Zudem erfolgte jeweils eine Einschätzung der Befragten zu Lerneffekten der einzelnen Aktivitäten.

15.2.1 *Let's learn:* Nutzung zum intentionalen informellen Englischlernen

Während der zeitgemäße Einsatz mobiler Technologien im schulischen Englischunterricht noch immer eher ein Nischenphänomen ist, nutzen Schüler*innen diese außerhalb des formalen Kontexts auf unterschiedliche Weise
hoch frequent. Unabhängig von Alter und Geschlecht und häufig, ohne dass
ihre Englischlehrer*innen dies überhaupt wissen, nehmen sie sowohl zur Ergänzung und Begleitung des Unterrichts, als auch unabhängig davon, ihre
Smartphones zur Hand, um ihre Kompetenzen in der Fremdsprache zu schulen. 84 % der Befragten (n = 463) tauschen sich mit ihren Smartphones informell über den Englischunterricht aus, v. a. schriftlich in Klassen- und Einzel-
chats des Messengers WhatsApp, wobei Mädchen und ältere Schüler*innen
aktiver sind. Sie klären über diese Kanäle nicht nur organisatorische Fragen,
sondern besprechen auch Hausaufgaben und Unterrichtsinhalte, tauschen
Materialien und Links aus und lernen zusammen, gelegentlich auch über
Video-Call (vgl. Uhl 2020, S. 168–171). Der besondere Wert solcher Handlungspraktiken liegt v. a. darin, dass Lerner*innen durch die Schaffung solcher
„persönliche[r] und kontextualisierte[r] Informationskanäle [...]" (Specht/
Ebner/Löcker 2013, o. S.) sowie Kommunikationskanäle einen von der formalen Organisation unabhängigen zusätzlichen Lernraum einrichten, der das individuelle, außerschulische Lernen um eine soziale Komponente erweitert.

Besonders bedeutend ist allerdings, wie häufig Schüler*innen ihre mobilen Geräte gezielt einsetzen, um unterschiedliche Kompetenzen in der
Fremdsprache zu erweitern oder zu festigen (Abbildung 15.1).

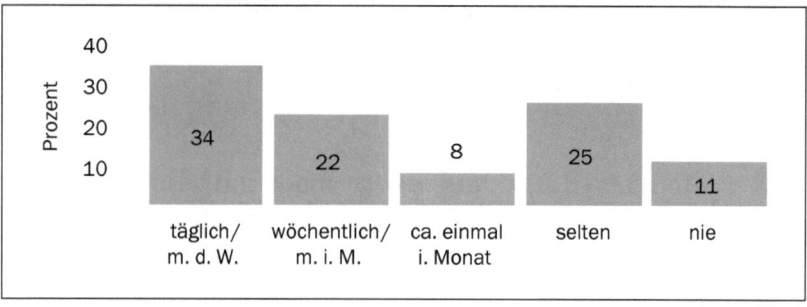

Abbildung 15.1: Nutzung zum intentionalen Lernen

Vor allem die Schulung rezeptiver *Skills* sowie der Gebrauch von Hilfsmitteln wie digitalen Wörterbüchern,[6] Online-Übersetzern und dem Internet als Recherche-Instrument haben sich hierbei als relevante informelle Handlungspraktiken erwiesen. Dabei zeigen sich die Schüler*innen durchaus vielseitig, was die Anwendung von Lern- und Arbeitstechniken angeht (vgl. Uhl 2020, S. 172 ff.).

Die bedeutendste Aktivität intentionalen Lernens ist das Üben des Hörverstehens, die fast zwei Drittel der befragten Kinder und Jugendlichen hoch frequent – knapp die Hälfte sogar täglich bis mehrmals die Woche – ausüben. Ganz im Sinne der oben ausgeführten Anforderungen an einen optimalen Input lassen sich die Angaben der Schüler*innen zu den dabei verwendeten Medien lesen: Bei älteren sind es v. a. für diese inhaltlich interessante und relevante authentische auditive und audiovisuelle Medien wie Songs und Videos von Plattformen wie YouTube oder Streaming-Diensten. Zur Bewältigung des authentischen Inputs, so zeigen die Angaben der Schüler*innen, setzen sie dabei mehrheitlich die wertvollen Möglichkeiten des *Scaffolding* durch Zurückspulen oder Anhalten als Verstehensstrategien ein (vgl. ebd., S. 180–186). Zudem unterstützt das Üben mit Videos, dass der auditive Sprach-Input noch durch paralinguistische Elemente bereichert wird, was im Sinne eines *Comprehensible Inputs* insbesondere förderlich für *Listening* und *Comprehension Skills* ist (vgl. Pemberton/Fallahkhair/Masthoff 2004, S. 30 f.). Während ältere (Mittel- und Oberstufen-) Schüler*innen deutlich häufiger authentische Medien nutzen, verwenden nur die der Unterstufe digitale Lern- und Übungsangebote auf Plattformen, wie Sofatutor oder Scoyo, und Software, die eigens für diesen Zweck gestaltet wurden, bspw. begleitend zum Lehrwerk – angesichts des Kompetenzniveaus, auf dem diese sich noch befinden, ist auch dieser Umstand ganz im Sinne eines für sie optimalen Inputs. Ihre Angaben zu den Effekten, die ihre Bemühungen hier erzielen, bestätigen deren theoretische Potenziale, besonders in den Bereichen Hörverstehen (80 %), Aussprache (76 %), Wortschatz (61 %) und Sprechen (59 %) (vgl. Uhl 2020, S. 181–184).

Auch das Üben des Lesens bzw. Leseverstehens ist eine für fast die Hälfte der Befragten relevante und als effektiv angesehene Praktik intentionalen informellen Lernens, die jede*r Vierte sogar täglich bis mehrmals die Woche, knapp jede*r Fünfte mehrmals im Monat ausführt. Hierzu werden ebenfalls häufiger authentische Textressourcen wie Internetseiten und E-Books herangezogen, v. a. von älteren, wobei hier auch Schüler*innen der Mittelstufe auf Lernsoftware zurückgreifen, was die jüngsten wieder am häufigsten tun. Aktivitäten dieser Art schreiben die Lerner*innen besonders Effekte in den Be-

---

6   Zu Online-Wörterbüchern genauer Freudenau in diesem Band.

reichen Wortschatz (76 %), Leseverstehen (58 %) und flüssiges Lesen (50 %) zu, auch Rechtschreibung (45 %) und Grammatik (32 %) werden genannt (vgl. ebd., S. 174–179).

Zudem beschaffen sich die Schüler*innen über ihre Smartphones Informationen unterschiedlicher Art: Die sehr große Mehrheit (90 %) macht zu Recherchezwecken im Zusammenhang mit dem Englischlernen v. a. von Suchmaschinen und darüber gefundenen Internetseiten und Videos Gebrauch, mehrheitlich sogar sehr regelmäßig: über ein Drittel mehrmals im Monat, ein Fünftel sogar täglich bis mehrmals die Woche. Zur nachhaltigen Sicherung der recherchierten Informationen dienen den Lerner*innen gelegentlich Screenshots und handschriftliche Notizen sowie Lesezeichen und gespeicherte Links (vgl. ebd., S. 186–191).

Um unbekanntes Vokabular nachzuschlagen, konsultiert eine Zweidrittelmehrheit der Schüler*innen, darunter kaum welche aus der Unterstufe, hochfrequent meist zweisprachige digitale Wörterbücher-Apps oder -Webseiten. Einsprachige *Dictionaries* oder solche mit Ton verwenden gelegentlich nur Oberstufenschüler*innen, Mädchen noch häufiger als Jungen. Dass die Möglichkeit, die von *Native Speaker* gesprochene lautliche Repräsentation eines Wortes anzuhören, insgesamt eher ungenutzt bleibt, ist bedauerlich, denn hier geht ein klarer *Benefit* dieser Medien verloren. Der Google-Übersetzer dagegen ist mehrheitlich bei Schüler*innen der Mittel- und besonders der Unterstufe beliebt. Beim Nachschlagen unbekannter Wörter ist es für insgesamt 44 % gängige Praxis, dies dann auch nachhaltig zu sichern, besonders durch handschriftliches Notieren (vgl. ebd., S. 191–198).

Ob mit oder ohne anschließender Sicherung: Der Umgang mit Wörterbüchern kann in vielerlei Hinsicht positive Effekte für FSE bzw. FSL bewirken: Er fördert individualisierte *Vocabulary Acquisition*, hilft Fremdsprachenlerner*innen beim Verstehen von sprachlich über deren Niveau liegendem Input und ermöglicht ihnen die selbstständige, an ihren individuellen Bedürfnissen ausgerichtete rezeptive und produktive Auseinandersetzung mit der Fremdsprache.

Hilfsmittel, deren mehrheitliche und z. T. häufig stattfindende Verwendung vielen Lehrer*innen erfahrungsgemäß nicht zu sehr gefallen dürfte, sind Übersetzungsdienste, denn hier drängt sich – verständlicherweise – die Frage auf, ob diese wirklich ‚nur‘ als Hilfsmittel eingesetzt werden oder gar eigene Denkprozesse ersetzen: Dienen sie dem *Scaffolding*, bspw. zum Überprüfen selbst verfasster Texte, dem Feedback zu selbst geleisteten Übersetzungen oder einer eher reflektierenden, analysierenden Sprachbetrachtung eines Textes, der durch *Copy and Paste* und *Translate* entstanden ist, kann deren Nutzung durchaus gewinnbringend sein (vgl. ebd., S. 206 f.). Letztgenanntes ist ein durchaus denkbares, interessantes und natürlich noch weiterzudenkendes

Szenario für den Einsatz dieser mittlerweile sehr guten Technologien im Englischunterricht.

Eine Aktivität, bei der Übersetzungsdienste sinnvoll eingesetzt werden können, ist die mehrheitlich ausgeübte, für ein knappes Drittel sogar häufiger gängige informelle Produktion vorwiegend schriftlicher Lern- bzw. Übungsmaterialien. Am häufigsten handelt es sich dabei um schriftliche und informierende Texte sowie Mind Maps oder Lernplakate. Auch hier werden multimediale Möglichkeiten der Produktion von Materialien, die mehrere Sinne ansprechen, weniger genutzt, es bleibt weitgehend bei Visualisierungen durch Text und Bilder. Schüler*innen aus Mittel- und Unterstufe widmen sich dabei besonders Inhalten aus den Bereichen Wortschatz und Grammatik; während Wortschatz unabhängig vom Alter wichtiger Inhalt bleibt und Materialien dazu auch von den ältesten Befragten noch mehrheitlich angefertigt werden, verliert Grammatik mit steigendem Alter an Relevanz zugunsten literarischer und landeskundlicher Inhalte. Dies lässt sich recht schlüssig durch die Inhalte des Lehrplans bzw. die Progression des Englischunterrichts erklären, wie auch die Tatsache, dass geschriebene Texte mit steigendem Alter häufiger werden – 90 % der Oberstufenschüler*innen fertigen diese an – insgesamt sind diese aber für alle Stufen die mehrheitlich relevantesten. Ihre Bedeutung unterstreichen die Angaben der Befragten zu den Lerneffekten, die sie v. a. in den Bereichen schriftliche Ausdrucksfähigkeit, Wortschatz, Rechtschreibung und Grammatik wahrnehmen, was auch damit zusammenhängen mag, dass sie hier vornehmlich Hilfsmittel nutzen, die dem *Scaffolding* in entsprechenden Lernbereichen dienen: Neben digitalen Wörterbüchern zur Verfeinerung des Ausdrucks sind es v. a. Textverarbeitungsprogramme, die auch die Schulung der *Writing Skills* begünstigen können: Sie ermöglichen dem/der Schreiber*in nicht nur die Rechtschreibfehlererkennung, sondern können auch als gewinnbringend im Sinne eines prozessorientierten, konzeptionellen Schreibens betrachtet werden, bei dem geschrieben, geändert, gelöscht und umgestellt wird. Bei ca. einem Viertel aller Altersklassen, mehr noch bei den ältesten, kommt nicht zu unterschätzendes soziales *Scaffolding* durch Kollaboration oder Kooperation hinzu, denn diese nutzen die Fähigkeiten der Technologien zum vernetzten Lernen bzw. Arbeiten und gestalten die Materialien auch gemeinsam; geteilt werden diese v. a. von Oberstufenschüler*innen (vgl. ebd., S. 216–229).

Was das Lernen und Wiederholen von Vokabeln (vgl. ebd., S. 199–203) sowie das Üben von Grammatik (vgl. ebd., S. 211–215) oder das Training der Aussprache (vgl. ebd., S. 204 ff.) mit mobilen Technologien betrifft, so sind dies keine mehrheitlich gängigen Praktiken: Jeweils ca. ein Viertel bis ein Drittel der Schüler*innen, vorwiegend aus Unter- und Mittelstufe, lernen häufiger so, Erstgenannte eher mit Lernsoftware bzw. Apps, die Aussprache wieder am häufigsten mit Videos. Gerade was die vielfältigen Möglichkeiten der Visualisierung von Wortschatz beim Vokabellernen betrifft, werden von den Befragten auch hier die Potenziale (noch) nicht erkannt – womöglich, weil sie noch nicht darauf hingewiesen wurden bzw. auch ihre Lehrkräfte sie (noch) nicht kennen.

Dass Schüler*innen die sowieso fest in ihren Alltag integrierten Medien wie Smartphones und das Internet auch zum informellen Lernen nutzen, ist so naheliegend wie natürlich, nicht nur vor dem Hintergrund der Tatsache, dass dieses generell als eng verbunden mit alltäglicher Mediennutzung gilt (vgl. Pachler/Cook/Bachmair 2010, S. 2); und dass diese, wenn sie rein freizeitbezogen ist und kein Lernen intendiert, immer häufiger sowieso auf Englisch stattfindet, ist auch kein Nischenphänomen der ‚Zockerszene' mehr, sondern z. T., wie in den Gruppendiskussionen deutlich wurde, *ganz normal*, da die jungen Mediennutzer*innen die Fremdsprache ihrer Muttersprache aus unterschiedlichen Gründen bewusst oder unbewusst vorziehen. So kommt es im medialen Alltag von Schüler*innen sehr häufig auch zu ganz natürlichen Sprachlernbegegnungen mit dem Englischen, bei denen sie inzidentell und/ oder implizit bzw. immersiv – und ihrer Ansicht nach z. T. sogar besser bzw. mehr – lernen. Bei welchen Aktivitäten dies nun der Fall ist, wird im nächsten Abschnitt erläutert.

15.2.2 *Let's play:* Inzidentelle und implizite Sprachlernbegegnungen bei der freizeitbezogenen Mediennutzung

Die Begegnungen mit der englischen Fremdsprache, bei denen besonders Schüler*innen ab der Mittelstufe mal mehr und mal weniger bewusst, oft auch gänzlich unbewusst und damit implizit lernen (vgl. Uhl 2020, S. 296 ff.), sind vielfältig und finden z. T. häufig statt. Interessant ist dabei, dass bei vielen Aktivitäten, die zunächst eigentlich gar kein Lernen intendieren, sehr häufig eine solche Intention entstehen kann: Bei diesen Momenten informellen Lernens handelt es sich um inzidentelle Sprachlernbegegnungen, bei denen die Aufmerksamkeit der jungen Mediennutzer*innen nicht mehr nur der Aktivität selbst gilt, sondern diese auf sprachliche Aspekte gesteuert wird. Dies geschieht am häufigsten aus der Intention heraus, etwas besser (oder überhaupt) und aus dem gegebenen Kontext verstehen zu wollen, z. B. wenn sie ein Video oder einen Hörtext ein Stück zurückspulen, um Gesagtes noch einmal anhören zu können. Ein solches Verhalten stellt eine – wie oben beschrieben – zentrale Verstehensstrategie dar, die eine selbstgesteuerte Rezeption des für den FSE so zentralen *comprehensible input* ermöglicht. Die Schüler*innen bestätigen diesbezüglich, dass bei solchen Aktivitäten vor allem ihre rezeptiven Fähigkeiten geschult, aber auch ihre Wortschatzkenntnisse erweitert würden. Letzteres profitiere v. a. von einer stärker dem expliziten Lernen entsprechenden Strategie, dem Nachschlagen von Wortschatz, das häufig aus einem echten Lerninteresse resultiert, wenn Schüler*innen wissen möchten, was ein bestimmtes Wort heißt, das sich nicht aus dem Kontext erschließen lässt (vgl. Uhl 2020, S. 283 ff.; S. 304–307).

Was die insgesamt etwas weniger häufig auftretenden, gänzlich impliziten Sprachlernbegegnungen bei der Mediennutzung betrifft, die sowohl in ihrem Prozess, als auch in ihrem Lernresultat unbewusst bleiben,[7] so stellte sich heraus, dass sich deren Lerneffekte überwiegend in impliziten sprachproduktiven Fähigkeiten manifestieren, die auch Wortschatz und Grammatik miteinschließen (vgl. ebd., S. 302 f.; S. 316 f.). Die bedeutendsten Aktivitäten der freizeitbezogenen Nutzung, bei denen ein solches Lernen geschieht, werden nun vorgestellt.

Zunächst ist die – bei mehr als der Hälfte der Befragten sogar täglich bis mehrmals wöchentlich stattfindende – Nutzung von Online-Diensten, Software, Apps o. Ä., die von Haus aus nur die englische Sprache nutzen, mehrheitlich fest im Alltag der Schüler*innen verankert. Die Schüler*innen schätzen ihren alltäglichen Umgang mit diesen Anwendungen – z. B. Musik- und Video-Streaming-Plattformen oder Online-Games – als sehr effektiv ein; dass dieser auch tatsächlich Lernerfolge nach sich ziehen dürfte, mag nicht zuletzt in ihrer intrinsischen Motivation begründet liegen, den jeweiligen Input zu verstehen – allein schon, um die Medien nutzen zu können (vgl. ebd., S. 230 ff.).

Am häufigsten und facettenreichsten kommt es allerdings bei der Rezeption englischsprachiger Medien, durch die User*innen den für FSE so bedeutenden authentischen Input erhalten, zu Sprachlernbegegnungen. Das untenstehende Diagramm (Abbildung 15.2) zeigt, noch ohne zwischen einzelnen Medien zu differenzieren, dass fast drei Viertel der Befragten täglich bis mehrmals wöchentlich Medien in der Fremdsprache rezipieren (vgl. ebd., S. 233 ff.).

---

7   Einsichten in solche kaum messbaren, inzidentellen und impliziten Sprachlernbegegnungen zu erhalten, ist durchaus schwierig. Hier gilt es zunächst einmal, sich die Beschaffenheit mehr oder weniger unbewusster Lernprozesse bewusst zu machen. Dies geschah in fünf Gruppendiskussionen, in denen ca. 30 Schüler*innen ihre individuellen dahingehenden Erfahrungen im Kreise ihrer *Peers* reflektierten, wobei auch die Frage nach dem Grad der Bewusstheit des *Outcomes* sowie der jeweils damit verbundenen Art des Kompetenzzuwachses im Fokus standen.

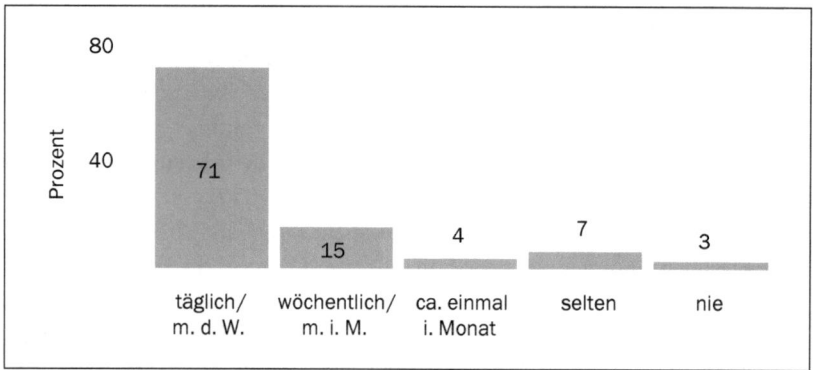

Abbildung 15.2: Häufigkeit der freizeitorientierten Rezeption englischsprachiger Medien

Dass die Schüler*innen diese auch mehrheitlich teilen, dürfte wiederum dazu beitragen, dass auch deren soziales Umfeld noch häufiger solche Sprachlernbegegnungen erfährt (vgl. ebd.). Zudem kann das Teilen der Medien zu der unter 1.1 beschriebenen veränderten Rolle des *Produsers* oder *Prosumers* und damit zur Kreation *User*- bzw. *Learner-generated* Content und *Contexts* führen, was allerdings nicht Gegenstand der Untersuchung war.

Von allen Medien am höchsten im Kurs stehen Videos, deren Rezeption sehr häufig erfolgt (bei 55 % täglich bis mehrmals die Woche und 22 % wöchentlich bis mehrmals im Monat) und die als äußerst effektiv eingeschätzt wird (Abbildung 15.3).

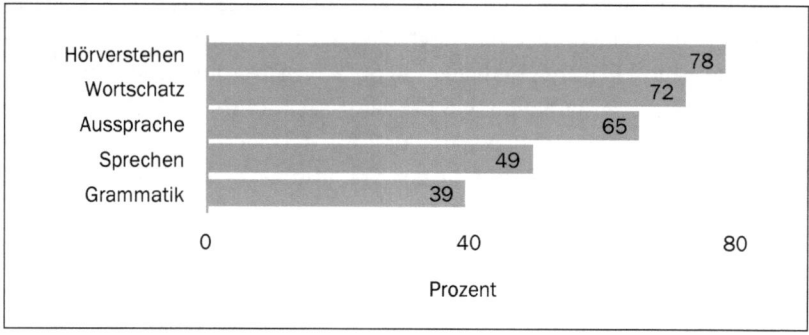

Abbildung 15.3: Einschätzung des Lernerfolgs bei der Rezeption von Videos

In den Bereichen Hörverstehen und Aussprache schreiben die Schüler*innen dem freizeitorientierten Ansehen von Videos annähernd starke Effekte zu wie dem intendierten Üben des Hörverstehens, beim Wortschatz sogar stärkere. Die besonders starke intrinsische Motivation der Rezipient*innen, dem Inhalt eines Videos, z. B. einer spannenden Handlung, zu folgen, kann zu einem regelrechten Eintauchen in dieselbe führen, und somit auch in die Sprache, über die diese vermittelt wird – die Gespräche mit den Teilnehmer*innen der Gruppendiskussionen suggerieren solche immersiven Lernprozesse. Die Präsenz zahlreicher paralinguistischer Faktoren wie Handlung, Intonation und Körpersprache, die den Prozess des Dekodierens sprachlicher Äußerungen unterstützen (vgl. Böttger 2016, S. 135) und so den Input *(more) comprehensible* machen, dürfte ein solches Eintauchen enorm begünstigen. Häufig trägt aber auch der Einsatz von Verstehensstrategien wie dem Anhalten oder Zurückspulen sowie dem Aktivieren des englischen Untertitels dazu bei, den oft flüchtigen Sprachinput *more comprehensible* zu machen; im Zusammenhang mit diesen Handlungspraktiken bei der Rezeption wirken implizite mit inzidentellen Sprachlernprozessen zusammen (vgl. Uhl 2020, S. 240–244). Ähnliche Strategien nutzen Schüler*innen auch beim Hören von Songs, der zweithäufigsten Aktivität, bei der es zu inzidentellen und impliziten Sprachlernbegegnungen kommt; und dieses wird ebenfalls als annähernd bzw. zum Teil sogar noch effektiver betrachtet als das intentionale Üben dieses *Skills* (vgl. ebd., S. 245–250).

Während bereits die beiden im Vorangegangen beschriebenen Aktivitäten in Sachen Lernerfolg dem intentionalen Lernen Konkurrenz machen, so schafft es das Lesen englischer Texte – meist Songtexte, Social-Network- und unterschiedliche, überwiegend unterhaltende Webseiten – das gezielte Üben des Lesens und Leseverstehens diesbezüglich vollends in den Schatten zu stellen: In vier Bereichen (Wortschatz, Leseverstehen, flüssiges Lesen und Rechtschreibung) schreiben die Schüler*innen dem freizeitbezogenen Lesen eine deutlich höhere Effektivität zu (vgl. ebd., S. 235–239).

Je älter die Jugendlichen sind, umso häufiger öffnet das Spielen von Videospielen Räume für informelle Sprachlernbegegnungen, in denen Sprachgebrauch situativ, sinnstiftend und unmittelbar an das aktive Handeln der Spieler*innen angebunden ist. Diese Faktoren begünstigen implizites und immersives Lernen in ähnlicher Weise, wie es oben bei der Videorezeption beschrieben wurde. Dafür, dass derartige Lernprozesse beim Spielen noch sehr viel häufiger stattfinden, spricht u.a., dass die Befragten angaben, kaum auf Techniken oder Hilfsmittel zur Bewältigung des sprachlichen Inputs zurückzugreifen. Diesem begegnen sie dabei meist in Form von geschriebener Sprache, wobei die Menü- bzw. Spielsprache Haupt-Input-Quelle ist. Zwei Drittel der Jungen werden auch mit gesprochener Sprache konfrontiert, was doppelt so häufig ist wie bei Mädchen und sehr wahrscheinlich damit zusammenhängt, dass Jungen deutlich häufiger auch mündliche Unterhaltungen mit Mitspieler*innen führen, bspw. im Multiplayer-Modus. Wenn Unter- und Mittelstufenschüler*innen beim Fortnite Spielen gemeinsam Türme bauen oder Verteidigungstaktiken planen, müssen sie ebenso wie ältere, z.B. bei

Global Games wie World of Warcraft oder Counterstrike, kooperativ Aufgaben erledigen, Probleme lösen oder Strategien diskutieren; dabei entsteht ein Austausch, der nicht nur notwendig ist, um im Spiel voranzuschreiten, sondern auch intrinsisch motiviert. Womöglich auch aufgrund ihrer variantenreicheren Sprachlernbegegnungen nehmen Jungen in sämtlichen Kategorien sehr viel häufiger Lernerfolge wahr; besonders auffällig ist dies in den Bereichen Hörverstehen, Aussprache und Sprechen, was sich sehr wahrscheinlich auf die bei ihnen deutlich häufiger stattfindenden mündlichen Konversationen zurückführen lässt (vgl. ebd., S. 250–256).

Englische Konversationen mit *native speakers* und *non-native speakers,* so stellte sich heraus, werden generell v. a. schriftlich geführt, über Messenger, Social-Media-Apps und vermehrt bei Jungen auch in Chatrooms oder anderen Online-Communities, von ca. einem Drittel der Befragten auch häufiger (vgl. ebd., S. 258–263). Kommunikativer Sprachgebrauch in einem solch authentischen, persönlich-bedeutsamen sozialen Kontext gilt nicht nur unter den Schüler*innen als eine der effektivsten Aktivitäten informellen Lernens (vgl. ebd., S. 265–268): „Sprachenlernen ist […] Beziehungslernen" (Böttger 2016, S. 155), wobei ihren Angaben nach – vor allem in impliziten Lernprozessen – sowohl rezeptive als auch produktive *Skills* stark gefördert werden.

Letztgenannte benötigt eine Mehrheit der Befragten, wenn diese – wenn auch seltener – selbst produktiv werden und Medien unter Verwendung der englischen Sprache kreieren. Bei diesen handelt es sich hauptsächlich um schriftliche informative und unterhaltende Texte (z. B. Fan-Fiction) sowie Text-Bild-Kombinationen (z. B. Memes), Comics, Lieder und Gedichte; ältere Schüler*innen schreiben auch gelegentlich Beiträge in eigenen Blogs oder Internetseiten, während jüngere häufiger multimodale Formate wie Videos produzieren. Bei der sprachlichen Gestaltung dieser Medien, die sie auch mit anderen erstellen oder teilen, geben besonders digitale Wörterbücher sowie Autokorrektur-Funktionen *Scaffolding.* Dass diese Hilfsmittel genutzt werden, dürfte auch damit im Zusammenhang stehen, dass die Befragten Aktivitäten dieser Art als insgesamt am effektivsten für eine Schulung von *Skills* in den Bereichen Schreiben, Rechtschreibung und Grammatik einschätzen (vgl. Uhl 2020, S. 268–279).

Vor dem Hintergrund der im Vorangegangenen dargestellten informellen Handlungspraktiken drängt sich – nicht nur Fremdsprachendidaktiker*innen, sondern auch Schüler*innen – die Frage auf: *So what about school?*

15.3 So what about school?

Die Erkenntnisse zu den zahl- und facettenreichen informellen Sprachlernbegegnungen von Schüler*innen mit dem Englischen bestätigen nicht nur,
dass viele Potenziale, die mobile Technologien für FSE bzw. FSL bergen, bereits in deren Lernwelt *Alltag* wirken, sondern deuten auch auf wertvolles
Outcome hin: Bei ihren Einschätzungen bzgl. der so erworbenen Kompetenzen machten die Befragten auch deutlich, „[…] dass [sie] daraus teilweise sogar besser lernen als im Unterricht" (ebd., S. 373) und sie das Gelernte häufig
als nützlicher, anwendbarer und auch nachhaltiger werten als jenes aus dem
schulischen Englischunterricht (vgl. ebd., S. 372). Ihren sehr reflektierten
Auseinandersetzungen im Zuge der Gruppendiskussionen ließen sich auch
Gründe für solche Einschätzungen entnehmen: Neben der häufig zu starken
Fokussierung auf formales Regelwissen im Unterricht sowie dessen Einübung
durch *Pattern Drill* statt der Anwendung im situativen Sprachgebrauch (vgl.
ebd.) sehen die Schüler*innen vor allem einen Zusammenhang damit, dass
sowohl Inhalte und Ziele, als auch die verwendeten Medien und Methoden
an Authentizität und somit Lebensweltbezug vermissen lassen.

Vor dem Hintergrund einer zunehmenden Kluft zwischen der Lernwelt
Alltag von Kindern und Jugendlichen und dem vermehrt entfremdeten Lernort *Schule* scheint es an der Zeit, deren informelle Handlungspraktiken und
so auch die dabei zentralen Medien im formalen Kontext zu berücksichtigen.
Diese können als Schnittstelle fungieren, die dazu beiträgt, den *Gap* zu ver-
ringern und Englischunterricht auf einen zeitgemäßen Stand zu bringen –
ganz abgesehen davon, dass es schlichtweg ein Versäumnis wäre, die vielen,
oben bereits exemplarisch angeführten Potenziale der Technologien für die
Fremdsprachendidaktik ungenutzt zu lassen.

Die Erkenntnisse zu den informellen Handlungspraktiken der Schüler*innen bieten nun v. a. folgende, noch allgemein gehaltene, in keiner Weise Voll-
ständigkeit beanspruchende und noch weiterzudenkende methodisch-didaktische Ansatzpunkte für die Konzeption von Ansätzen bzw. Aufgabenformaten, die zu einer Aktualisierung schulischen Englischlernens beitragen
können. Besonders der Einsatz authentischer Medien – ob als Ergänzung
oder gar Ersatz des Lehrwerks – sowie authentischen Sprachinputs scheint
hierbei zentral. Die Potenziale authentischen Inputs hinsichtlich eines vermehrt selbstgesteuerten und das Klassenzimmer öffnenden Lernens wurden oben bereits beschrieben, wie auch die für echte Individualisierung und
Differenzierung: Im Umgang mit authentischen, möglichst noch vernetzten
und nicht linearen Medien kann Lernen und Arbeiten sowohl auf inhaltliche Interessen und kompetenzbezogene Bedürfnisse abgestimmt werden, als
auch unterschiedliche Lernstile und die jeweils damit verbundenen -stra-

tegien immer heterogener zusammengesetzter Lerngruppen berücksichtigt werden.

Die Funktionen, Tools und Hilfsmittel des Medienverbunds zum selbstgesteuerten Umgang mit authentischen *Content* und Sprache erschöpfen sich lange nicht in Lern- und Arbeitstechniken bei der individuellen Rezeption oder sprachlichem *Scaffolding* in produktiven und kreativen Szenarien. Exploratives, selbstgesteuertes, Interessen geleitetes und bedürfnisorientiertes Lernen wird durch sie erst einmal möglich; alleine die Anbindung an das *World Wide Web* ermächtigt Lerner*innen und auch Lehrer*innen zu sehr viel mehr Handlungsfähigkeit, wenn sie bereits selbst eine Auswahl aus dem weitreichenden globalen Angebot authentischen Inputs treffen können.

Ein weiterer methodisch-didaktischer Ankerpunkt ist ein vermehrt produktiver bzw. produktionsorientierter Umgang mit Medien und Sprache: Gestaltungswerkzeuge, die als Apps sowie Browser-Anwendungen bereitstehen, ermöglichen trotz einfacher, meist intuitiver Bedienung die Produktion unterschiedlicher, in ihrer Gestaltung sehr professionell anmutender Medien wie Videos, Hörtexte, Comic-Strips oder Cartoon-Videos. Solch produktive Aktivitäten, bei denen die Schulung mündlicher und schriftlicher sprachproduktiver Fähigkeiten mit der von kreativ-ästhetischen Gestaltungskompetenzen einhergeht, können in zahlreichen Szenarien des Fremdsprachenunterrichts eine Rolle spielen.

Und *last but not least* sind die vielfältigen Möglichkeiten, die mobile Technologien für kooperatives und kollaboratives sowie soziales Lernen bieten, sehr zentrale Ankerpunkte für methodisch-didaktische Überlegungen: Die Vernetzung von Lerner*innen und Inhalten ermöglicht authentische, inhaltsbezogene Konversationen und *meaningful interaction* über Lernräume und -zeiten hinaus, bspw. über Messenger oder Soziale Medien, auch mit *Natives,* wodurch inter- und crosskulturelle Kontakte entstehen können, wie sie die Schüler*innen bereits im informellen Kontext pflegen. Die Plattform eTwinning.org kann für die Anbahnung solcher Kontakte ein idealer Anlaufpunkt sein, denn hier vernetzen sich bereits Klassen bzw. Schüler*innen aus über 200 000 Schulen in Europa in einer Lerngemeinschaft, um sich auszutauschen, zu kooperieren oder sich in Projekten zu engagieren.

Diese ersten, wenig elaborierten Überlegungen sollen zu einem Transfer anregen, der einer Integration informeller Handlungspraktiken durch die Entwicklung konkreter Aufgabenformate entgegenkommt, was nicht nur dem weiteren Vorhaben der Autorin dieses Beitrags, sondern auch den Wünschen unserer Schüler*innen entspricht. Denn auch, wenn deren außerschulische Mediennutzung bereits einen zentralen Beitrag zu deren fremdsprachlichen Kompetenzen leistet, so möchten auch sie nicht auf Englischunterricht verzichten, wie die folgenden Worte eines Mittelstufenschülers zeigen: „[...]

Also die Mediennutzung verbessert das Ganze, aber [...] ohne Schule, ohne Englischlernen durch eine Lehrerin oder einen Lehrer, geht es nicht [...]." (Ebd., S. 376)

PLE-Kasten

Twitter

#Englischunterricht

#teamenglish

#languagelearning

twitter.com/lacknere (Elke Höfler)

twitter.com/MrsThurner (Julia Thurner)

twitter.com/aliciabankhofer

twitter.com/uhl_edu

twitter.com/TeachingEnglish und twitter.com/BritishCouncil von British Council Learn English

Magazin von The English Academy und der Westermann Gruppe: twitter.com/TEA_At_work

Websites und Blogs

Bildungspunks: https://bildungspunks.de

Halbtagsblog (J.-M. Klinge): http://halbtagsblog.de/

English Owls: https://englishowls.co.uk

Padlets

J. Uhl-Martin: Miss Uhl's Mobile Learning Base (Sammlung von Tools, Techniken und Methoden vieler Fächer, Schwerpunkt Sprachen): https://padlet.com/Frau_Uhl/fslg7n27cgaq

T. Müller: Digitale Medien im Englischunterricht (Sammlung von Tools, Techniken und Methoden): https://padlet.com/Mt_WNW/uksmgqa4squp

Literatur

Bahrani, Taher/Sim, Tam Shu/Nekoueizadeh, Marziyeh (2014): Second language acquisition in informal setting. In: Theory and practice in language studies, 4(8), S. 1714–1723.

Böttger, Heiner (2016): Neurodidaktik des frühen Sprachenlernens: Wo die Sprache zuhause ist. Stuttgart: UTB.

Dohmen, Günther (2001): Das informelle Lernen: Die internationale Erschließung einer bisher vernachlässigten Grundform menschlichen Lernens für das lebenslange Lernen aller. Bonn: BMFB.

Krashen, Stephen D. ([1982]2009): „Principles and practice in second language acquisition." www.sdkrashen.com/content/books/principles_and_practice.pdf (Abfrage: 25.03.2020).

Pachler, Norbert/Cook, John/Bachmair, Ben (2010): Appropriation of mobile cultural resources for learning. In: International journal of mobile and blended learning, 1(2), S. 1–21.

Overwien, Bernd (2005): Stichwort: Informelles Lernen. In: Zeitschrift für Erziehungswissenschaft, 8, H. 3, S. 337–353 (Abfrage: 25.03.2020).

Pemberton, Lyn/Fallahkhair, Sanaz/Masthoff, Judith (2004): Towards a theoretical framework for informal language learning. In: Kinshuk/Sampson, Demetrios G./Isaias, Pedro (Hrsg.): Proceedings of IADIS International conference of cognition and exploratory learning in a digital age, S. 27–34.

Seipold, J. (2012). Mobiles Lernen: Analyse des Wissenschaftsprozesses der britischen und deutschsprachigen medienpädagogischen und erziehungswissenschaftlichen Mobile-Learning-Diskussion (Dissertation). Kassel: Universitätsbibliothek Kassel.

Specht, Marcus/Ebner, Martin/Löcker, Clemens (2013): Mobiles und ubiquitäres Lernen. Technologien und didaktische Aspekte. In Ebner, Martin/Schön, Sandra (Hrsg.): L3T: Lehrbuch für Lernen und Lernen mit Technologien. 2. Auflage, S. 217–226, www.l3t. eu/homepage/das-buch/ebook-2013/kapitel/o/id/113/ (Abfrage: 13.03.2020).

Uhl, Johanna (2020): Informelle Sprachlernbegegnungen mit dem Englischen von Kindern und Jugendlichen bei der Nutzung mobiler Technologien (Dissertation). Katholische Universität Eichstätt-Ingolstadt, Sprach- und Literaturwissenschaftliche Fakultät. Eichstätt (auch online unter www.opus4.kobv.de/opus4-ku-eichstaett/frontdoor/index/index/docId/545).

Querschnittsthemen

16 Digitale Medien im individualisierenden Englischunterricht – Eine Analyse des Potenzials ausgewählter Tools vor dem Hintergrund des *Universal Design for Learning*

Katharina Böhm, Peter Schildhauer
und Carolin Zehne

16.1 Einleitung

Georg ist weniger als die Mitschüler*innen in seiner Klasse dazu in der Lage, Transferleistungen zu erbringen oder sich über längere Zeit zu konzentrieren. Zudem hat er eine Lese-Rechtschreib-Schwäche (LRS). Wenn er sieht, wie andere Lernende vorankommen, frustrieren ihn die eigenen Leistungen schnell. Dabei macht es ihm Spaß, mit der englischen Lautlichkeit zu spielen und er kann gut visualisierten Strukturen folgen. Schon kleine Erfolgserlebnisse können ihn motivieren.[1]

Es sind Lernende wie Georg, um die sich die Englischdidaktik in den letzten Jahren vermehrt Gedanken macht, wenn sie diskutiert, wie Englischunterricht auch in „maximal heterogenen Gruppen" (Krause/Kuhl 2018, S. 175) gelingen kann (vgl. Eßer/Gerlach/Roters 2018). In diesem Zusammenhang sensibilisieren verschiedene Ansätze dafür, Lernbarrieren für Schüler*innen mit sonderpädagogischem Unterstützungsbedarf abzubauen – mit Ergebnissen, die letztlich allen Schüler*innen einer Lerngruppe zugutekommen. Diese Idee wird auch vom Ansatz *Universal Design for Learning* (UDL) vertreten (vgl. CAST 2018). Ziel des UDL-Rahmenkonzepts ist eine individualisierende Unterrichtsgestaltung, die die natürliche Vielfalt aller Lernenden von Anfang an berücksichtigt und wertschätzt (vgl. Krause/Kuhl 2018; Timpe-Laughlin/ Laughlin 2018). Aus der Perspektive des UDL (vgl. z.B. Edyburn 2010; Ralabate 2016; Rose/Meyer 2002) als auch der Fachdidaktik Englisch (vgl. z.B. Kaliampos 2019; Schmidt 2019; Vogt 2019) wird v.a. digitalen Medien ein

---

[1] Diese exemplarische Kurzbeschreibung von Lernvoraussetzungen eines fiktiven Schülers wurde in Anlehnung an Gerlach (2019), Kormos (2019) und Vogt (2018) sowie eigene Erfahrungen der Autor*innen formuliert.

großes Potenzial zur Individualisierung unterrichtlicher Lernprozesse zuge-
sprochen. Doch welche Kriterien können Lehrkräften dabei helfen, digitale
Medien im Rahmen der eigenen Unterrichtsgestaltung zielführend einzuset-
zen? Welche Tools eignen sich zur effektiven individuellen Förderung im
Fach Englisch und bergen das Potenzial zum Abbau vorhandener anstatt zum
Aufbau neuer Barrieren in der Lernumgebung?

Um diese Fragen kritisch zu diskutieren, werden im Folgenden zunächst
die Grundlagen des UDL-Konzepts als Rahmenkonzept zur individualisierenden Unterrichtsgestaltung herausgestellt (vgl. Abschnitt 16.2). Anschließend werden exemplarisch drei digitale Tools (Immersive Reader, ThingLink
und SeeSaw) beschrieben und anhand von Anwendungsbeispielen im Hinblick auf Chancen und Grenzen ihres Einsatzes zur individuellen Förderung
vor dem Hintergrund des UDL diskutiert (vgl. Abschnitt 16.3), bevor ein
Fazit gezogen wird (vgl. Abschnitt 16.4).

16.2   *Universal Design for Learning* (UDL)

Das UDL-Konzept, das in den 1990er Jahren von David H. Rose und seinen
Kolleg*innen am *Center for Applied Special Technology* (CAST) in den USA
entwickelt worden ist, hat seinen Ursprung in der *Universal Design*-Bewe-
gung (UD) in der Architektur. Der Grundgedanke des UD ist, alltägliche Ge-
brauchsgegenstände oder öffentliche Gebäude von Anfang an so zu designen,
dass sie für ein möglichst breites Spektrum an Nutzenden zugänglich sind
und das Recht auf Teilhabe am gesellschaftlichen Leben systematisch realisiert wird. Ziel ist es, zeitaufwändige und kostspielige nachträgliche Adaptionen für Einzelpersonen nach Möglichkeit zu vermeiden.

Genau wie das UD ist das UDL ein proaktives Konzept. Anstatt Unterricht gemäß dem Motto *One-Size-Fits-All* für die Bedürfnisse eines „imaginä-
ren Durchschnittsschüler[s]" (Krause/Kuhl 2018, S. 190; z. B. das klassische
Gymnasialkind) zu gestalten und erst nachzubessern, sobald Schüler*innen
gescheitert sind, sollten von der Planung an Barrieren zur Zielerreichung in
der Lernumgebung minimiert werden. Alle Lernenden sollen im Unterricht
die Möglichkeit haben, vor dem Hintergrund von flexiblen Bildungs- bzw.
Kompetenzstandards möglichst hohe Lernziele zu erreichen. Dies soll ermöglicht werden, indem im Unterricht von Anfang an flexible Möglichkeiten zur
Förderung von Motivation und Engagement (UDL-Prinzip *Engagement*), zur
Darstellung von Informationen (UDL-Prinzip *Representation*) sowie zur Ver-
arbeitung von Informationen und zur Präsentation von Lernergebnissen
(UDL-Prinzip *Action & Expression*) eingeplant werden. Hintergrund ist, dass
alle Individuen – und nicht nur Menschen mit Behinderungen – in diesen

Bereichen eine natürliche, vorhersagbare intra- und interindividuelle Variabilität aufweisen (vgl. Lapinski/Gravel/Rose 2012; Krause/Kuhl 2018; Meyer/Rose/Gordon 2014; Ralabate 2016; Rose/Meyer 2002).

Als Orientierungshilfe bietet CAST (2018) eine Zusammenstellung von fächerübergreifenden, evidenzbasierten Strategien zur Prävention bzw. zum Abbau von Lernbarrieren an. Tabelle 16.1 zeigt eine Übersicht der bislang aktuellsten Version der *UDL Guidelines* (vgl. CAST 2018) im englischsprachigen Original. Um die Umsetzung der drei Prinzipien des UDL im Unterricht zu erleichtern, werden neun Richtlinien und 31 Checkpunkte (im Folgenden: CP) zur Operationalisierung aufgeführt.[2]

16.2.1 Kurzbeschreibung der *UDL Guidelines*

Der *Graphic Organizer* (vgl. Tabelle 16.1) kann nicht nur vertikal im Hinblick auf die Operationalisierung der drei UDL-Prinzipien, sondern auch horizontal vor dem Hintergrund der Dimensionen *Access, Build, Internalize* und *Goal* gelesen werden, die im Folgenden genauer erläutert werden (vgl. CAST 2020; Hüninghake et al. 2019).[3]

Goal
Das übergeordnete langfristige Ziel sollte darin bestehen, Lernende im Laufe ihrer Schulzeit zu Expert*innen für ihre eigenen (fremdsprachlichen) Lernprozesse auszubilden, die sich motiviert, zielorientiert, strategisch und auf Grundlage einer fachlichen Wissensbasis neuen fachbezogenen Herausforderungen stellen. Damit sich Individuen dieser Zielperspektive annähern können, bedarf es jedoch Zeit, Übung und je nach individuellen Lernvoraussetzungen verschiedener reduzierbarer Unterstützungshilfen im schulischen Kontext.

---

2 Hinweis: Die Nummerierung der Richtlinien in den *UDL Guidelines* (Version 2.2) beginnt oben links mit der Ziffer 7 statt mit der Ziffer 1, weil das UDL-Prinzip *Engagement* aufgrund seiner zentralen Bedeutung im Vergleich zur früheren Version 2.0 (vgl. CAST 2011) nicht mehr in der ganz rechten, sondern nun in der ganz linken Spalte des *Graphic Organizer* angeordnet worden ist. Die Nummerierung der älteren Version 2.0 wurde jedoch zur Wahrung der Kontinuität beibehalten. Die von CAST übernommene Nummerierung der Richtlinien und Checkpunkte soll im Rahmen dieses Artikels lediglich der eindeutigen Zuordnung und Bezugnahme auf einzelne Elemente dienen und keinesfalls eine Priorisierung oder Reihenfolge der Anwendung nahelegen.

3 Eine ausführliche Beschreibung der *UDL Guidelines* und ihrer Evidenzbasierung ist z. B. unter http://udlguidelines.cast.org zu finden. Diese Quelle wurde als Grundlage der im Folgenden aufgeführten Kurzbeschreibung der *UDL Guidelines* verwendet. Darüber hinaus wurden deutschsprachige Übersetzungen aus Krause/Kuhl (2018) sowie Schlüter/Melle/Wember (2016) herangezogen.

	Provide multiple means of Engagement	Provide multiple means of Representation	Provide multiple means of Action & Expression
Access	**7. Provide options for Recruiting Interest** 7.1 Optimize individual choice and autonomy 7.2 Optimize relevance, value, and authenticity 7.3 Minimize threats and distractions	**1. Provide options for Perception** 1.1 Offer ways of customizing the display of information 1.2 Offer alternatives for auditory information 1.3 Offer alternatives for visual information	**4. Provide options for Physical Action** 4.1 Vary the methods for response and navigation 4.2 Optimize access to tools and assistive technologies
Build	**8. Provide options for Sustaining Effort & Persistence** 8.1 Heighten salience of goals and objectives 8.2 Vary demands and resources to optimize challenge 8.3 Foster collaboration and community 8.4 Increase mastery-oriented feedback	**2. Provide options for Language & Symbols** 2.1 Clarify vocabulary and symbols 2.2 Clarify syntax and structure 2.3 Support decoding of text, mathematical notion, and symbols 2.4 Promote understanding across languages 2.5 Illustrate through multiple media	**5. Provide options for Expression & Communication** 5.1 Use multiple media for communication 5.2 Use multiple tools for construction and composition 5.3 Build fluencies with graduated levels of support for practice and performance
Internalize	**9. Provide options for Self Regulation** 9.1 Promote expectations and beliefs that optimize motivation 9.2 Facilitate personal coping skills and strategies 9.3 Develop self-assessment and reflection	**3. Provide options for Comprehension** 3.1 Activate or supply background knowledge 3.2 Highlight patterns, critical features, big ideas, and relationships 3.3 Guide information processing and visualization 3.4 Maximize transfer and generalization	**6. Provide options for Executive Functions** 6.1 Guide appropriate goal-setting 6.2 Support planning and strategy development 6.3 Facilitate managing information and resources 6.4 Enhance capacity for monitoring progress
Goal	**Expert learners** who are…		
	Purposeful & Motivated	Resourceful & Knowledgeable	Strategic & Goal-Directed

Tabelle 16.1: *Graphic Organizer* der *UDL Guidelines* in Version 2.2 (elementarisierte Form in wörtlicher Übernahme der Formulierung und Nummerierung der UDL-Prinzipien, -Dimensionen, -Richtlinien und -Checkpunkte von CAST 2018)

Access

Ein wichtiger Schritt auf dem Weg zu den in der letzten Zeile des *Graphic Organizer* (vgl. Tabelle 16.1) aufgeführten, übergeordneten Zielen besteht darin, sicherzustellen, dass lernzielrelevante Informationen für alle Lernenden zugänglich sind. Dies kann sich zum einen auf die Herstellung affektiver Zugänglichkeit beziehen, indem eine Lehrkraft durch die Berücksichtigung verschiedener Möglichkeiten zur Optimierung von Autonomie und Mitbestimmungsmöglichkeiten (vgl. CP 7.1), zur Optimierung von Relevanz, Bedeutung und Authentizität (vgl. CP 7.2) sowie zur Minimierung von Ablenkungen oder von als (sozial) bedrohlich empfundenen Situationen (vgl. CP 7.3) das Lerninteresse unterschiedlicher Schüler*innen fördert (vgl. Richtlinie 7).

Darüber hinaus ist es wichtig, dass alle Lernenden lernzielrelevante Informationen zunächst einmal gut wahrnehmen können (vgl. Richtlinie 1). Vor dem Hintergrund der natürlichen Variabilität der Lernenden sollten dabei (alternative) Zugänge über verschiedene Sinneskanäle ermöglicht werden. So können z. B. alternative Darstellungen für auditiv oder visuell vermittelte Informationen hilfreich sein (vgl. CP 1.2 und 1.3). Sehr effizient sind z. B. auch digitale Lösungen, die es Lernenden ermöglichen, Darstellungsart und -modus von Informationen auf individuelle temporäre oder dauerhafte Bedürfnisse anzupassen (vgl. CP 1.1; Abschnitt 16.3).

Zudem sollte sichergestellt werden, dass alle geplanten schüler*innenbezogenen Aktivitäten so konzipiert werden, dass sie auch von allen Lernenden physisch ausgeführt werden können (vgl. Richtlinie 4). Dazu kann es z. B. sinnvoll sein, verschiedene Optionen zur Steuerung bzw. Navigation durch die Lernumgebung und zur Erstellung von Antworten in Betracht zu ziehen (vgl. CP 4.1). Beispielsweise könnte dies durch den Zugang zu assistiven Technologien und (digitalen) Hilfsmitteln erleichtert werden (vgl. CP 4.2).

Build

Damit der systematische Aufbau von Kompetenzen gelingt, muss die Anstrengungsbereitschaft im Lernprozess aufrechterhalten und das Durchhaltevermögen von möglichst allen Lernenden auch bei auftretenden Schwierigkeiten gestärkt werden (vgl. Richtlinie 8). Dies kann z. B. realisiert werden, indem lang- und kurzfristige (Teil-)Ziele und ihre Bedeutung auf verschiedene Art und Weise immer wieder hervorgehoben bzw. transparent gemacht werden (vgl. CP 8.1) und durch prozessbegleitendes, zeitnahes, zielorientiertes, konstruktives und konkretes Feedback verdeutlicht wird, welche weiteren Schritte zum Erreichen des nächsthöheren Kompetenzlevels unternommen werden könnten (vgl. CP 8.4). Darüber hinaus kann die Förderung von Gemeinschaft und Kooperation einen wichtigen Faktor zur Aufrechterhaltung der Motivation im Lernprozess darstellen (vgl. CP 8.3). Zur Optimierung des individuellen Anspruchsniveaus sollten zudem die Anforderungen und zur Verfügung stehenden Ressourcen variiert werden (vgl. CP 8.2).

Im Hinblick auf die Informationsaufnahme ist es z. B. nicht nur wichtig, Buchstaben gut sehen oder die Stimme der Lehrkraft gut hören zu können (vgl. Richtlinie 1), sondern auch inhaltlich Sinn zu erschließen (vgl. Richtlinie 2). Im Fall der Informationsvermittlung mithilfe von Texten kann es sinnvoll sein, den Dekodierungsprozess auf vielfältige Art und Weise zu unterstützen, um allen Lernenden Verstehen zu ermöglichen (vgl. CP 2.3). Ungeachtet des Darstellungsformats können z. B. verschiedene Hilfen zur Klärung von Vokabeln und Symbolen (vgl. CP 2.1) sowie von Syntax und Strukturen (vgl. CP 2.2) hilfreich sein. Darüber hinaus tragen ggf. auch verschiedene nicht-sprachliche Illustrationen von Schlüsselbegriffen (vgl. CP 2.5) und die Nutzung von Kenntnissen in anderen Sprachen (z. B. verschiedene Erstsprachen, Gebärdensprache, Alltagssprache; vgl. CP 2.4) zur Förderung des Verständnisses bei. Auch im Hinblick auf Kommunikation über Informationen und die Erstellung bzw. Präsentation von Lernergebnissen sollten verschiedene Modi und Tools in Betracht gezogen werden (vgl. CP 5.1 und 5.2). Der sukzessive Aufbau von Kompetenzen kann dabei durch verschiedene gestufte und reduzierbare *Scaffolding*-Hilfen unterstützt werden (vgl. CP 5.3).

Internalize

Die Dimension *Internalize* thematisiert die Förderung von Fähigkeiten zur Selbstregulation (vgl. Richtlinie 9) und Informationsverarbeitung (vgl. Richtlinie 3) sowie von exekutiven Funktionen (vgl. Richtlinie 6) der Schüler*innen. Da nicht alle Lernenden zu allen Zeitpunkten diese Fähigkeiten bzw. Funktionen besitzen oder situationsspezifisch effektiv einzusetzen vermögen, sollten diesbezüglich verschiedene Hilfestellungen im Unterricht integriert werden.

Zur Steigerung der Selbstregulation (vgl. Richtlinie 9) kann es z. B. wichtig sein, durch positive Ergebniserwartungen und Kontrollüberzeugungen im Hinblick auf das Erreichen persönlicher Ziele die individuelle Motivation aller Lernenden zu optimieren (vgl. CP 9.1). Darüber hinaus sollten verschiedene Möglichkeiten zur Förderung von persönlichen Bewältigungsstrategien und -fähigkeiten (vgl. CP 9.2) sowie zur Selbstevaluation und Reflexion (vgl. CP 9.3) eingeplant werden.

Zur Förderung von Fähigkeiten und Strategien der Informationsverarbeitung, die zur längerfristigen Speicherung, Vernetzung und Abrufbarkeit von fachlichem Wissen beitragen, sollten verschiedene Möglichkeiten zur Aktivierung von Vorwissen oder Vermittlung von Hintergrundinformationen angeboten werden (vgl. CP 3.1). Darüber hinaus ist es wichtig, lernziel- und verständnisrelevante Informationen und Beziehungen auf verschiedene Art und Weise immer wieder hervorzuheben (vgl. CP 3.2) und den Informationsverarbeitungsprozess systematisch anzuleiten (vgl. CP 3.3). Auch verschiedene Optionen zur Festigung bzw. Internalisierung von Wissen durch Vernetzung oder Transfer auf neue Anwendungssituationen spielen dabei eine wichtige Rolle (vgl. CP 3.4).

Unter exekutiven Funktionen können (meta-)kognitive „Kontroll- und Regulationsprozesse [verstanden werden], die ein schnelles, zielorientiertes und situationsangepasstes Denken und Handeln ermöglichen und gleichzeitig unangebrachtes Verhalten hemmen" (Roebers et al. 2014, S. 7). Zur Förderung exekutiver Funktionen aller Lernenden (vgl. Richtlinie 6) könnten verschiedene Hilfestellungen zur Ableitung individueller (Teil-)Ziele (vgl. CP 6.1), zur Planung und Strategieentwicklung (vgl. CP 6.2), zur Organisation von Informationen und Ressourcen (vgl. CP 6.3) sowie zur Überwachung des eigenen Lernfortschritts (vgl. CP 6.4) beitragen.

16.2.2 Hinweise zum effektiven Einsatz der *UDL Guidelines*

Abbildung 16.1 zeigt eine Übersicht curricularer Komponenten, die zur erfolgreichen Implementation des UDL jeweils flexibel und zugänglich gestaltet sein sollen.

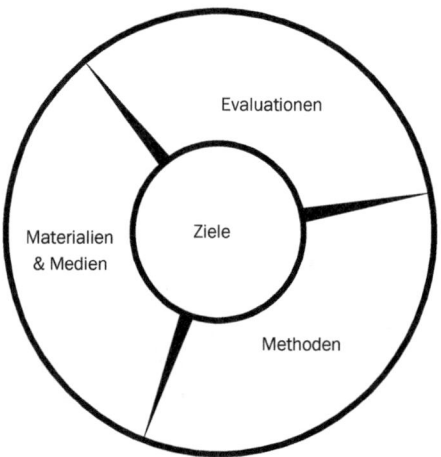

Abbildung 16.1: Curriculare Komponenten unter Berücksichtigung der zentralen Bedeutung von Lernzielen (Darstellung in Anlehnung an IRIS Center 2020)

Auch wenn im Rahmen dieses Artikels die curriculare Komponente *Medien* (speziell: digitale Medien) fokussiert wird, ist es von zentraler Bedeutung, zu berücksichtigen, dass sich eine effektive und zugängliche Unterrichtskomposition erst im Zusammenspiel bzw. durch die Passung aller curricularen Komponenten ergibt. Die Definition von Lernzielen spielt dabei eine besondere Rolle. Vor dem Hintergrund des gewählten Schwerpunktlernziels sollen geeignete Evaluationsformen *(Assessments)*, Methoden sowie Materialien und Medien unter Berücksichtigung der *UDL Guidelines* ausgewählt und so miteinander kombiniert werden, dass möglichst alle Lernenden angestrebte Ziele ggf. auch auf unterschiedlichen Levels erreichen können (vgl. IRIS Center

2020; Lapinski/Gravel/Rose 2012; Meyer/Rose/Gordon 2014; Ralabate 2016).
Häufig ergeben sich zwei Optionen zur Formulierung von Lernzielen:
„[Your] choice is to either 1) write a learning goal with a flexible verb or
2) write a learning goal with a constricted verb and include scaffolds within
the goal statement that will allow all learners the opportunity to achieve it"
(Ralabate 2016, S. 21). Dabei „müssen und sollen auch nicht immer alle
Richtlinien und Checkpunkte innerhalb einer Unterrichtsstunde erfüllt wer-
den" (Krause/Kuhl 2018, S. 186), wie die folgenden Beispiele verdeutlichen.

Beispiel für Option 1 *(Flexible Learning Goal)*
Wenn es in einer Unterrichtsstunde z. B. primär darum geht, zielsprachliches
inhaltliches Wissen über die Sehenswürdigkeiten in London vor dem Hintergrund einer Recherche zu präsentieren, sollte Flexibilität im Hinblick auf die
Art und Weise der Darstellung von Lernergebnissen (vgl. Richtlinie 5; Tabelle 16.1) ermöglicht werden (z. B. PowerPoint-Präsentation mit mündlichem
Vortrag oder eigenem *Voice Recording,* analoges oder digitales Poster mit
textlichen oder akustischen zielsprachlichen Erläuterungen der Lernenden
und Visualisierungen durch Bilder). Die Formulierung derartiger Ziele ist
häufig durch die Verwendung von flexiblen Verben wie z. B. *identify, analyse,*
employ, create oder *present* gekennzeichnet (vgl. Ralabate 2016, S. 17 ff.).

Beispiel für Option 2 *(Constricted Learning Goal)*
Anders verhält es sich, wenn die gezielte Förderung einer bestimmten kommunikativen Fertigkeit (z. B. *Writing*) im Vordergrund steht. Dies ist u. a. der
Fall, wenn das Endprodukt ein schriftlicher Essay sein soll, in dem Fakten und
Meinungen über eine bestimmte Sehenswürdigkeit in London diskutiert werden. Eine andere Form der Darstellung in Form eines Posters, Videos oder
mündlichen Vortrags im Sinne von Richtlinie 5 ist in diesem Fall nicht zielführend. Damit alle Lernenden das angestrebte Ziel erreichen können, könnte
es jedoch sinnvoll sein, Lernenden die Wahl zwischen einer handschriftlichen
und einer digitalen Texterstellung zu ermöglichen. Darüber hinaus sollten
verschiedene Unterstützungshilfen (z. B. im Hinblick auf Grammatik, Rechtschreibung oder Gliederungsmöglichkeiten) auf dem Weg zum Lernziel angeboten werden, so dass alle Lernenden ggf. auch auf unterschiedlichen, individuell herausfordernden Kompetenzlevels befähigt werden, einen schriftlichen Essay in der Zielsprache zu produzieren. Beispielsweise könnte zur
Wahl gestellt werden, über welche Sehenswürdigkeit der Text verfasst wird,
um die individuelle Motivation zu steigern (vgl. CP 7.1). Zudem könnte eine
grafische Vorlage zur Sammlung, Strukturierung und Organisation von Ideen
zur inhaltlichen Essaygestaltung und Gliederung bereitgestellt werden (vgl.
CP 6.3; Lapinski/Gravel/Rose 2012, S. 20 ff.; Ralabate 2016, S. 17 ff.).

16.3 Digitale Medien vor dem Hintergrund des UDL

Genau wie im Hinblick auf andere Materialien und Medien ist der Einsatz digitaler Programme und Hilfsmittel im Sinne des UDL erst effizient, wenn Lernenden dadurch die Teilhabe am Unterricht und zugleich das Erreichen individuell anspruchsvoller Lernziele ermöglicht wird: „Technology is not the goal of UDL; it is merely one of its means" (Rose/Gravel/Domings 2012, S. 134). Edyburn (2010) argumentiert jedoch, dass digitale Technologien auf Dauer essenziell zur Realisierung individueller Förderung im Unterricht sind, da bestimmte digitale Medien proaktive individuelle Anpassbarkeit und Flexibilität bieten können. Beispiele für integrierte, individualisierende Optionen sind *Text-to-Speech-* oder *Speech-to-Text*-Funktionen, Hyperlinks mit erläuternden oder visualisierenden Texten, Audios oder Videos sowie Funktionen zur Variation von Geschwindigkeit, Größe, Farbe oder Kontrast lernzielrelevanter Repräsentationen (vgl. Ralabate 2016; Rose/Meyer 2002).

Der Versuch der Realisierung von UDL durch die Kombination verschiedener starrer Formate, wie z. B. ausgedruckte Arbeitsblätter, kann hingegen langfristig in einem erhöhten Arbeitsaufwand für Lehrkräfte und nachträglichen Einzeladaptionen resultieren. Beispielsweise ist es effizienter bzw. zeit- und ressourcensparender, wenn ein Schulbuchtext für alle Lernenden im eBook-Format auch auf einem Tablet zur Verfügung steht, dessen Darstellung individuell anpassbar ist, als wenn die Lehrkraft eine Vielzahl verschiedener Kopien in unterschiedlichen Größen und Kontrasten für einzelne Lernende anfertigen muss. Im Fall der eBook-Variante könnte z. B. sogar spontan ein*e Schüler*in mit erheblichen Sehbeeinträchtigungen am Unterricht teilnehmen, wenn die integrierte Möglichkeit zur Vergrößerungseinstellung oder auditiven Sprachausgabe besteht (vgl. Abschnitt 16.3.1). Zugespitzt fasst Edyburn (2010) zusammen: „To suggest that the potential of UDL can be achieved without technology is simply another way to maintain the status quo" (S. 38).

Um zur lernförderlichen Verwendung digitaler Medien im individualisierenden Englischunterricht anzuregen, wird im Folgenden das fachbezogene Potenzial von drei digitalen Tools (Immersive Reader, ThingLink und SeeSaw) vor dem Hintergrund des UDL analysiert. Neben kurzen Informationen zur Verfügbarkeit, zum Verwendungszweck, zu basalen Anwendungsfunktionen und zur Benutzeroberfläche werden Chancen und Grenzen des Einsatzes dieser digitalen Medien zur Realisierung von *UDL Guidelines* anhand ausgewählter Beispiele diskutiert. Dabei soll u. a. Bezug auf das Fallbeispiel *Georg* (vgl. Abschnitt 16.1) und das Beispielszenario *A Trip to London* genommen werden, das sich z. B. für die Sekundarstufe I eignet (vgl. Eßer 2019; QUA-LiS NRW 2020). Allgemein sei darauf hingewiesen, dass selbstverständlich auch andere Anwendungskontexte möglich sind und der Einsatz der drei Tools nicht nur im Hinblick auf in diesem Artikel exemplarisch thematisierte Lernvoraussetzungen (z. B. Lese-Rechtschreib-Kompetenzen, Arbeitsgedächtniskapazität, selektive Aufmerksamkeit, Motivation, Mehrsprachigkeit oder Sehvermögen) hilfreich sein kann. Im Sinne des UDL können digitale Medien im Fall eines individuell anpassbaren Designs das Potenzial bergen, von Anfang an verschiedenen Lernvoraussetzungen gerecht zu werden. Wie die folgenden Beispiele verdeutlichen sollen, ist es vom jeweiligen situativen Kontext und der konkreten Einbindung in den Unterricht unter Berücksichtigung aller curricularen Komponenten (vgl. Abbildung 16.1) abhängig, welche *UDL Guidelines* realisiert werden bzw. inwiefern Lernbarrieren für einzelne Schüler*innen durch den Einsatz des jeweiligen Tools ab- oder sogar aufgebaut werden.

16.3.1 Immersive Reader

Verfügbarkeit: Kostenloser Download als Add-In von Microsoft für die Programme OneNote, Word, Office Lens, Teams und Edge

Verwendungszweck: Hilfe zur Textdekodierung (z. B. Texte lesen und verstehen)

Funktionen:
Textoptionen (vgl. Abbildung 16.2, Nr. 1)
- Schriftgröße
- Vergrößerung des Zeichen- bzw. Zeilenabstands
- Schriftart (Calibri, Sitka, Comic Sans)
- Farbkontraste von Schrift zum Hintergrund
- Quellformatierung (Formatierung des ursprünglichen Texts, z. B. fett oder unterstrichen) anzeigen

Leselayout (vgl. Abbildung 16.2, Nr. 2)
- Zeilenfokus (eine zu lesende Zeile kann hervorgehoben werden, indem die restliche Umgebung abgedunkelt wird; der Fokus kann wahlweise auf eine, drei oder fünf Zeilen gerichtet werden)
- Bildwörterbuch (Anzeigen eines bildlichen Äquivalents zu einzelnen Wörtern)
- Textübersetzung in andere Sprachen (z. B. Englisch, Deutsch, Arabisch, Türkisch, Rumänisch etc. für ein einzelnes Wort oder das gesamte Dokument)

Grammatikoptionen (vgl. Abbildung 16.2, Nr. 3)

- Silbentrennung durch Punkte
- Farbliche Hervorhebung der Wortarten *Nomen, Verben, Adjektive* und/oder *Adverbien*
- Zusätzlich zur farblichen Hervorhebung Wortartenbeschriftungen (z. B. N. = Nomen; Adj. = Adjektive) im Text anzeigen

Sprachoptionen (Vorlesefunktion) (vgl. Abbildung 16.2, Nr. 4)

- Sprechgeschwindigkeit
- Stimmfarbe (männlich vs. weiblich)

Abbildung 16.2: Zusammenstellung von Menüs zur (De-)Aktivierung von Funktionen des Immersive Reader (Nr. 1 = Textoptionen; Nr. 2 = Leselayout; Nr. 3 = Grammatikoptionen; Nr. 4 = Sprachoptionen; in Übernahme und Zusammenstellung bildlicher Darstellungen von Microsoft 2020a)*

* Die Verwendung erfolgt mit Erlaubnis von Microsoft. Hinweis: Die Autor*innen erklären, nicht von Microsoft gesponsort worden zu sein.

Bedienoberfläche: Jede der oben aufgeführten Funktionen kann wahlweise aktiviert oder deaktiviert werden. Viele der angebotenen Funktionen sind durch selbsterklärende Symbole gekennzeichnet, was die intuitive Nutzung erleichtert. So kann die Geschwindigkeit der Vorlesefunktion z. B. mit einem Regler (rechts = schneller) eingestellt werden. Die Endpunkte des Reglers sind mit einem Schildkröten-Symbol (langsam) und einem Hasen-Symbol (schnell) gekennzeichnet (vgl. Abbildung 16.2, Nr. 4). Die Schriftartenlabels werden in der jeweiligen Schriftart dargestellt (vgl. Abbildung 16.2, Nr. 1).

**Beispiele, Chancen und Grenzen des Einsatzes vor dem Hintergrund der *UDL Guidelines:* ** Der Immersive Reader kann z. b. zum Einsatz kommen, wenn Lernende Informationen über *Sights of London* zusammenstellen und präsentieren sollen (vgl. *Flexible Learning Goal;* Abschnitt 16.2.2). Wenn u. a. schriftsprachliche Texte als Informationsquelle angeboten werden, könnte der Immersive Reader für verschiedene Lernende – z. B. auch für Georg (vgl. Abschnitt 16.1) – eine Hilfe auf dem Weg zur erfolgreichen Bewältigung der Aufgabe darstellen. Eigentlich hasst Georg Lesen, erst recht in Fremdsprachen, aber durch die Übung mit dem Immersive Reader in den letzten Monaten traut er sich die erfolgreiche Informationsentnahme aus zielsprachlichen Texten immer mehr zu (vgl. CP 9.1). Georg hat im Laufe des Schuljahres verschiedene Strategien und Funktionen kennengelernt, wie er vorgehen kann, wenn er beim Lesen nicht weiterkommt und etwas nicht versteht (vgl. CP 9.2). Im Rahmen einer Unterrichtssequenz, in der die Förderung von Lesestrategien im Fokus stand (vgl. *Constricted Learning Goal;* Abschnitt 16.2.2), hat er z. B. gelernt, wie die Immersive Reader-Funktion zur farblichen Hervorhebung von Nomen, Verben und Adjektiven (vgl. CP 2.2, 3.2 und 3.3; vgl. Abbildung 16.2, Nr. 3) genutzt werden kann, um einen Text möglichst schnell nach Detailinformationen zu durchsuchen (vgl. Lesestrategie *Scanning*) oder ein globales Verständnis des gesamten Textes zu erlangen (vgl. Lesestrategie *Skimming*). So können *Reading Skills* mithilfe des Tools ggf. auch über die Zeit verbessert werden. Wichtig ist, dass die individuelle Nutzung von *Scaffolding*-Hilfen (vgl. CP 5.3) reflektiert und mit zunehmendem Kompetenzerwerb sukzessiv reduziert wird *(Fading),* um das individuelle Anspruchsniveau im Lernprozess zu optimieren. Für manche Lernenden können gewisse Hilfen aufgrund einer Sinnesbeeinträchtigung oder eines Nachteilsausgleichs jedoch auch längerfristig oder permanent notwendig sein (vgl. Ralabate 2016, S. 112 ff.). Während Georg z. B. in dieser Unterrichtsstunde auf bestimmte Funktionen des Immersive Reader bei der Informationsentnahme aus Texten angewiesen ist, benötigt eine andere Schülerin, die fremdsprachliche Texte bereits flüssig und sinnentnehmend lesen kann, überwiegend keine Hilfen mehr. Sie braucht als Brillenträgerin allerdings eine neue Sehstärke und nimmt das Angebot in Anspruch, den digitalen Text in einer für sie angenehmen Schriftgröße anzeigen zu lassen (vgl. Abbildung 16.2, Nr. 1).

Das Tool Immersive Reader kann somit für Lernende mit unterschiedlichen Lernvoraussetzungen eine Hilfe zur Dekodierung von Texten sein (vgl. CP 2.3). Es ermöglicht die Informationsdarstellung individuell anzupassen (vgl. CP 1.1), wobei sowohl auditive als auch visuelle Äquivalente (vgl. CP 1.2 und 1.3) integriert sind. Für Lernende mit LRS wie Georg könnten die serifenlosen Schriftarten Calibri oder Comic Sans sowie größere Schrift im Rahmen des Leseprozesses (vgl. Abbildung 16.2, Nr. 1) eine Hilfe sein (vgl. Gerlach 2019, S. 47).[4] Funktionen wie der Zeilenfokus, die Vergrößerung der Zeichenabstände (Sperrsatz) oder die Silbentrennung können zudem die Worterkennung, die Lesegeschwindigkeit, die Aufmerksamkeitsspanne und/oder das Verständnis fördern (vgl. Microsoft 2020b). So kann der Zeilenfokus für manche Lernenden (z. B. mit LRS oder ADHS) eine Hilfe dabei sein, irrelevante Informationen im Sichtfeld auszublenden (vgl. CP 7.3; Abbildung 16.3).

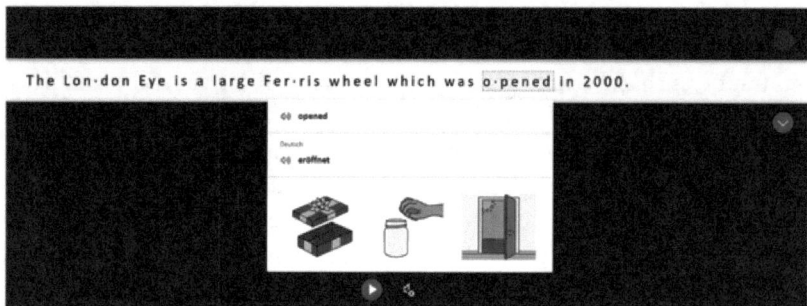

Abbildung 16.3: Beispiel für die Darstellung eines Textes mithilfe des Immersive Reader (exemplarisch gewählte Funktionen: serifenlose Schriftart Calibri, vergrößerter Zeichenabstand, Silbentrennung, Zeilenfokus und Wörterbuchfunktion)*

* Mithilfe des *Play-Button* unten in der Mitte des Bildschirms kann die Vorlesefunktion von einer beliebigen Stelle im Text aus gestartet und gestoppt werden.

Wenn Georg eine englischsprachige Vokabel im Text unbekannt ist, könnte er zur Klärung der Bedeutung die Wörterbuchfunktion nutzen, bei der sowohl ein bildliches Äquivalent als auch eine Wortübersetzung in einer anderen Sprache angezeigt werden kann (vgl. CP 2.1, 2.4 und 2.5; Abbildung 16.3). Auch Lernende mit Fluchterfahrungen bzw. anderen Erstsprachen als Deutsch könnten mithilfe des Immersive Reader bei zielsprachlichen Verständnisproblemen auf Wortübersetzungen in ihrer individuellen Erstsprache zurückgreifen. Zudem können sich die Lernenden bei Bedarf auch die Aussprache des englischen Wortes auditiv ausgeben lassen, wobei zwischen verschiedenen Varietäten (z. B. *British and American English*) gewählt werden kann. Die Vorlesefunktion (vgl. CP 1.3) kann darüber hinaus als Instrument

---

4   Die Annahme, dass verschiedene Farbfolien einen leseförderlichen Effekt haben, kann laut Gerlach (2019) bisher nicht bestätigt werden. Ggf. könnte jedoch mithilfe dieser Funktion individuellen Kontrastbedürfnissen (vgl. CP 1.1) entsprochen werden.

zur Unterstützung des Primats der Mündlichkeit im Fremdsprachenunterricht genutzt werden, von dem u. a. Schüler*innen mit schriftsprachlichen Problemen profitieren könnten (vgl. Lernendenprofile in Vogt 2018).[5]

Kritisch ist zu betrachten, dass das Tool nicht ermöglicht, die Aktivierung einzelner Funktionen zeitweise zu sperren. So kann für Lernende mit gering ausgeprägten selbstregulativen Fähigkeiten die Gefahr bestehen, dass sie sich beim Ausprobieren der verschieden farblichen Hintergründe oder in einer anderen der zahlreichen Funktionen des Immersive Reader verlieren. Um derartigen Lernbarrieren vorzubeugen, ist es von zentraler Bedeutung, dass der Immersive Reader im Hinblick auf zielrelevante Verwendungsfunktionen bereits vor dem unterrichtlichen Vorhaben eingeführt wird und klare Regeln zum Umgang mit dem digitalen Tool aufgestellt und eingeübt werden, so dass möglichst viel kognitive Kapazität der Lernenden für die Bewältigung der zentralen Lernaufgabe der Unterrichtsstunde zur Verfügung stehen (vgl. CP 7.3). Um dem Prinzip der funktionalen Einsprachigkeit gerecht zu werden, könnte je nach Lernziel z. B. eine wichtige Regel darin bestehen, dass nicht der gesamte Text in die Muttersprache eines Lernenden übersetzt werden darf. Zudem ist die Wörterbuchfunktion insgesamt ausbaufähig. Da z. B. lediglich die Übersetzung einzelner Wörter angezeigt wird (vgl. Abbildung 16.2, Nr. 2), werden Phrasen oder feststehende Ausdrücke (z. B. *London Eye* oder *Ferris wheel*) von der Software häufig nicht als zusammenhängend erkannt, was ggf. zu Missverständnissen führen könnte, wenn es um das Verstehen von Details geht.

16.3.2 ThingLink

Verfügbarkeit: Kostenfreier Download unter https://www.thinglink.com oder als App für Android und iOS, der allerdings zum Erstellen eigener ThingLink-Grafiken eine E-Mail-Adresse erfordert; kostenpflichtige Version für Lehrkräfte mit Funktionen zum Klassen- und Aufgabenmanagement

---

5 Košak-Babuder et al. (2018) konnten sogar zeigen, dass Schüler*innen mit LRS englische Texte vergleichbar gut verstehen konnten wie Lernende ohne LRS, wenn in Ergänzung zum Schriftbild eine Audiofassung angeboten wurde: „The findings of our research reveal that the special arrangement of read-aloud may increase the comprehension scores of young dyslexic L2 learners when reading difficult texts, allowing them to perform at the level of their non-dyslexic peers" (Košak-Babuder et al. 2018, S. 68). Dabei wurde das Textverständnis mit Fragen zum Detailverstehen überprüft, die kurze schriftliche Antworten erforderten.

Verwendungszweck und Funktionen: ThingLink ermöglicht, Bilder oder Videos (ggf. auch im 360°-Format) mit Hotspots bzw. Tags (Verlinkungen zu anderen Bildern, Texten, Websites, Videos, Audios etc.) zu versehen, die dann weiterführende Informationen liefern (vgl. Abbildung 16.4). Integrierter Bestandteil ist auch der Immersive Reader, so dass die in Abschnitt 16.3.1 beschriebenen Funktionen auch auf ThingLink zutreffen.

Abbildung 16.4: In ThingLink erstellte interaktive Karte Londons mit aufgeklapptem Informationsfeld zum *London Eye**

* Ein von den Autor*innen erstelltes interaktives *ThingLink*-Beispiel kann unter folgendem Link abgerufen werden: www.thinglink.com/scene/1327659628326027266

Bedienoberfläche: Das rezeptive Erkunden von bereits gestalteten ThingLink-Bildern kann nahezu intuitiv erfolgen. Im Fall der Verlinkung mit einer Audio-Datei könnte eine mögliche Barriere darin bestehen, dass der Hörtext nicht zwischenzeitlich pausiert und in seiner Geschwindigkeit variiert werden kann. Die Darstellung textlicher Informationen kann hingegen bei Bedarf mithilfe des Immersive Reader auf individuelle visuelle und auditive Bedürfnisse angepasst werden (vgl. Buch-Lautsprecher-Button rechts neben dem Informationsfeld in Abbildung 16.4). Die Bedienoberfläche ist im Rahmen der Erstellung von ThingLinks jedoch in relativ kleiner Schrift gehalten. Es gibt beim Editieren eine Auswahl an verschiedenfarbigen *Hotspot-Icons,* die den Funktionen (z. B. Einfügen eines Videos, Bildes, Textes) individuell zugeordnet werden können.

Beispiele, Chancen und Grenzen des Einsatzes vor dem Hintergrund der UDL Guidelines: Wie in Abschnitt 16.3.1 soll auch hier das exemplarische Lernziel betrachtet werden, Informationen über *Sights of London* zusammenzustellen und zu präsentieren (vgl. *Flexible Learning Goal;* Abschnitt 16.2.2). Bevor die Lernenden mit der Arbeit an der zentralen Lernaufgabe beginnen, sollten am Anfang oder im Rahmen einer vorherigen Unterrichtsstunde Anforderungs- bzw. Bewertungskriterien, individuelle (Teil-)Ziele bzw. Vorsätze vor dem Hintergrund persönlicher Kompetenzstände, Beispiele für potenzielle Bewältigungsstrategien und Zielprodukte sowie Planungen zum zeitlichen und inhaltlichen Ablauf besprochen und geklärt werden (vgl. z. B. CP 8.1, CP 3.3, Richtlinie 6 und 9). Zur Aufnahme von Informationen könnte z. B. eine von der Lehrkraft vorbereitete ThingLink-Übersichtskarte der Sehenswürdigkeiten Londons angeboten werden (vgl. Abbildung 16.4). Dort sind Informationen zu den entsprechenden Sehenswürdigkeiten in Form von Videos, Audios, Texten, Bildern und/oder weiterführenden Links zu Hintergrundinformationen (vgl. CP 3.1) zusammengestellt, die bei Bedarf abgerufen werden können. Da der Immersive Reader ein integrativer Bestandteil des Tools ThingLink ist, könnte Georg die ihm bereits vertrauten Funktionen des Immersive Reader (z. B. Vorlesefunktion) zur Dekodierung textlicher Informationen auf der ThingLink-Karte nutzen (vgl. Abschnitt 16.3.1). Somit können nicht nur Optionen zur Aufnahme von Informationen über unterschiedliche Sinneskanäle ermöglicht werden (vgl. Richtlinie 1), sondern auch verschiedene ausgewählte Hilfen zur Klärung von Sprache und Symbolen (vgl. Richtlinie 2) und Möglichkeiten zur Sicherung des Verständnisses (vgl. Richtline 3). Verschiedene lebensnahe Möglichkeiten zur Informationsaufnahme (z. B. YouTube-Video mit Untertiteln, vgl. CP 7.2) können zudem die Motivation und das Engagement der Schüler*innen im Rahmen des Lernprozesses fördern (vgl. Prinzip *Engagement*).

Auf der anderen Seite kann das Anbieten einer „unreflektierte[n] Vielzahl an Wahlmöglichkeiten" (Krause/Kuhl 2018, S. 182) zu Überforderung von Lernenden führen, die leicht ablenkbar sind und eine geringe Arbeitsgedächtniskapazität besitzen (vgl. CP 7.3). Auch überladene Wimmelbilder wie ein detaillierter Stadtplan Londons können z. B. Schüler*innen mit sonderpädagogischem Unterstützungsbedarf im Bereich *Lernen* und/oder *Emotionale und soziale Entwicklung* Probleme bereiten. Daher ist es wichtig, Angebote mit ThingLink möglichst ressourcenorientiert zu gestalten und auf zielirrelevante bzw. ablenkende Elemente zu verzichten (vgl. Hecht 2014).

ThingLink kann jedoch nicht nur zur Darstellung von Informationen durch die Lehrkraft (vgl. Prinzip *Representation*), sondern auch zur Erstellung von Antworten bzw. Präsentation von Lernergebnissen durch die Schüler*innen (vgl. Prinzip *Action & Expression*) verwendet werden. So könnten die Lernenden dazu aufgefordert werden, eine ThingLink-Karte selbst zu bearbeiten und ihre Ergebnisse in Form eines kurzen Textes, einer Audioaufnahme oder einer Videoaufnahme unter Berücksichtigung bestimmter Kriterien zu präsentieren (vgl. Richtlinie 4 und 5). Auch in diesem Fall sollte in vorherigen Unterrichtsstunden eine Thematisierung von Beispielen, Strategien, Tools und Kriterien der angebotenen Wahlmöglichkeiten zur Präsentation von Lernergebnissen erfolgt sein, um Überforderung und Ablenkungen vorzubeugen. Beispielsweise könnte zuvor im Rahmen bestimmter Unterrichtsstunden das fertigkeits- und mediumsbezogene Ziel angestrebt werden, eine mündliche Sprachaufnahme unter Berücksichtigung entsprechender Kriterien anzufertigen (vgl. *Constricted Learning Goal*; Abschnitt 16.2.2).

Weitere exemplarische Anwendungskontexte:
- Darbietung oder Erstellung von Informationsgrafiken (z.B. Diagramme, deren Kernaussagen als *Hotspots* angezeigt werden können)
- Anwendung in komplexen Szenarien wie *Breakout Games* (vgl. Bündgens-Kosten in diesem Band), bei denen Räume systematisch nach Hinweisen abgesucht werden müssen
- Aufbereitung des *Settings* eines fiktionalen Textes, um Lernende zu motivieren und es ihnen zu erleichtern, in die Erzählung einzutauchen (vgl. *Interactive Fiction*; Leonhardt/Turpin/May in diesem Band).

16.3.3 SeeSaw

Verfügbarkeit: Kostenloser Download unter https://web.seesaw.me/; es besteht die Möglichkeit, wesentlich umfangreichere Funktionen in allen Bereichen *(Aktivitäten, Feedback* und *Kommunikation)* in einer kostenpflichtigen Variante zu erwerben. Die Preisgestaltung richtet sich hierbei u.a. danach, wie viele Schüler*innen eine Lehrkraft mit der Plattform betreuen möchte.

Zugang für die Lernenden: Lehrkräfte richten auf der Plattform virtuelle Klassen ein, zu denen dann die Lernenden ‚eingeladen‘ werden. Der Beitritt kann durch das Scannen eines QR-Codes erfolgen. Neben der klassischen Nutzungsvariante, bei der alle Lernenden über ein Endgerät und einen individuellen Zugangscode verfügen, erlaubt die Plattform auch, dass sich mehrere Lernende ein Endgerät teilen. In diesem Fall wird für den Beitritt ein genereller Klassencode vergeben und die Lernenden müssen jeweils auswählen, unter welchem Namen sie ein Produkt speichern. Bei Bedarf können auch Gruppenportfolios erstellt werden.

Verwendungszweck: Das Tool SeeSaw dient der Erstellung digitaler Portfolios. Lehrkräfte können den Lernenden einzelne Aktivitäten bzw. Aufgaben zuweisen, an denen sie innerhalb von SeeSaw arbeiten (vgl. Abbildung 16.5). Die Arbeitsergebnisse speichern die Lernenden in ihrem individuellen Portfolio ab. Die Lehrkraft hat Einsicht in alle Produkte und kann diese mit Feedback versehen. Das Feedback kann sich dabei auf vorher definierte Kompetenzen beziehen, deren Erreichen jeweils mithilfe eines *Star Rating* eingeschätzt werden kann. Zusätzlich kann SeeSaw mit einer App für Eltern verknüpft werden, so dass diese bei Bedarf einen kontinuierlichen Einblick in die Lernprozesse ihrer Kinder erhalten und diesbezüglich auch über die digitale Plattform mit der Lehrkraft kommunizieren können.

Abbildung 16.5: Menü zur Aktivitätenerstellung in SeeSaw (Nr. 1) mit Eingabemaske für einen schriftlichen, mündlichen und/oder multimedial gestützten Arbeitsauftrag (Nr. 2) sowie Optionen zur Erstellung bzw. Darstellung von Ergebnissen (Nr. 3).

Beispiele für Funktionen:
Verschiedene Möglichkeiten zur Gestaltung von Aufgabenstellungen
- *Multimedia Instructions* (visuelle Aufgabenstellung in Form von Text, Links, Bildern, Freihandzeichnungen, Videos etc.)
- *Voice Instructions* (auditive Aufgabenstellung in Form einer Audio- oder Videoaufnahme in Ergänzung zur verschriftlichten Instruktion)

Verschiedene Möglichkeiten zur Erstellung von Portfolio-Produkten
- Texte
- Bilder (von Kamera oder aus anderen Quellen)
- Freihandzeichnungen
- Audioaufnahmen
- Videoaufnahmen

Bedienoberfläche: Die Bedienung der Plattform erfolgt für alle Beteiligten über große, gut sichtbare Schaltflächen, die u. a. Icons und Schriftsprache vereinen. Die Größe der Schaltflächen ist so komfortabel gestaltet, dass auf jedem Endgerät (auch auf dem Smartphone) eine sichere Bedienung gewährleistet ist, auch wenn feinmotorische Einschränkungen bestehen.

Beispiele, Chancen und Grenzen des Einsatzes vor dem Hintergrund der UDL Guidelines: Genauso wie ThingLink ermöglicht SeeSaw verschiedene Möglichkeiten zur Ergebnispräsentation, die im Rahmen von *Flexible Learning Goals* (vgl. Abschnitt 16.2.2) unter den in Abschnitt 16.3.1 und 16.3.2 diskutierten Voraussetzungen und Grenzen in Betracht gezogen werden können (vgl. Richtlinie 5). Beispielsweise könnten Lernenden Vorschläge zur Gestaltung einer *Sightseeing Tour* als auditive Podcast-Episode, als Video (bei dem Schüler*innen die Tour auf einer Karte zeigen und mündlich beschreiben) oder als Freihandzeichnung der *Sightseeing*-Route mit erläuternden Texten oder Audioaufnahmen in ihrem Portfolio veröffentlichen und mit anderen freigeschalteten Personen teilen (vgl. Abbildung 16.5). Selbstverständlich ist bei Bedarf auch die gezielte Förderung einzelner kommunikativer Fertigkeiten vor dem Hintergrund von *Constricted Learning Goals* (vgl. Abschnitt 16.2.2) möglich. SeeSaw bietet den Lernenden somit eine Plattform, um ihre eigenen Leistungen und Arbeitsergebnisse auf verschiedene Art und Weise zu präsentieren (vgl. CP 7.1), wobei unmittelbare Wertschätzung und Feedback erfolgen können (vgl. CP 8.4). Zudem trägt die Sammlung der individuellen Lernprodukte im Rahmen des Portfolios zur Dokumentation bzw. Visualisierung der individuellen Leistungen bei, wobei der persönliche Lernfortschritt im Hinblick auf die angestrebten Kompetenzen verdeutlicht und überwacht werden kann (vgl. CP 6.4). Der Fokus auf die individuelle bzw. kriteriale Bezugsnorm kann z. B. Georg helfen, Frustration im sozialen Vergleich zu vermeiden und eigene Lernzuwächse bewusster wahrzunehmen. Zudem könnten die Lernenden mithilfe von Reflexionsbögen in SeeSaw zur systematischen Selbstevaluation und -reflexion angeregt werden (vgl. CP 9.3). Beispielsweise könnte eine Reflexion im Hinblick auf verschiedene Lernstrategien oder andere Kompetenzen in Form von *Can Do*-Aussagen erfolgen (z. B. *I can tell others why I want to visit a certain sight* oder *I can remember words better* *after going through the SeeSaw mindmap with my parents*, vgl. Leidig/Marnett 2015; Skorge 2020). Da die Reflexionen in SeeSaw abgespeichert und somit für Lehrkräfte und Eltern zugänglich sind, können diese als Basis für Lernbegleitungsgespräche oder auch für das Erstellen von Förderplänen dienen (vgl. Vogt 2018). Über die Förderung der Lernmotivation und der verschiedenen Möglichkeit zur Präsentation von Lernergebnissen hinaus (vgl. Prinzip *Action & Expression*), bietet SeeSaw zudem im Hinblick auf die Anpassung der Darstellung von Informationen ähnliche Funktionen wie ThingLink und der Immersive Reader (vgl. Prinzip *Representation*).

16.4 Fazit und Ausblick

In diesem Artikel wurde vor dem Hintergrund des UDL-Rahmenkonzepts am Beispiel von drei Tools diskutiert, welches Potenzial digitalen Medien beim Abbau von Lernbarrieren im Englischunterricht im Hinblick auf ausgewählte Anwendungskontexte und exemplarische Lernvoraussetzungen zukommen kann. Abschließend wird das Fazit gezogen, dass die Tools Immersive Reader, ThingLink und SeeSaw eine Hilfe zur Realisierung von *UDL Guidelines* und effektiver individueller Förderung sein können. Dies ist jedoch nur der Fall, wenn eine Passung der curricularen Komponenten *Ziele, Evaluationsformen, Methoden* sowie *Materialien und Medien* hergestellt wird. Der Einsatz digitaler Medien sollte daher stets zum Erreichen angestrebter Lernziele beitragen und keinen Selbstzweck darstellen (vgl. Rose/Gravel/Domings 2012). Zudem sollte berücksichtigt werden, dass die Vielzahl an Wahlmöglichkeiten, die den beschriebenen digitalen Tools größtenteils immanent ist, einerseits eine große Stärke im Hinblick auf individuelle Anpassbarkeit und damit auch auf die Wertschätzung der natürlichen Variabilität von Lernenden darstellt. Andererseits kann ein unreflektierter Medieneinsatz jedoch auch die Gefahr der Erzeugung von Lernbarrieren wie Überforderung und/oder Ablenkung vom Lernziel für manche Schüler*innen erhöhen. In zukünftigen empirischen Untersuchungen sollten Chancen und Grenzen zum Abbau von Lernbarrieren im individualisierenden Englischunterricht mithilfe verschiedener digitaler Medien im Hinblick auf unterschiedliche Lernvoraussetzungen in verschiedenen Anwendungskontexten genauer erforscht werden.

Anhang

	Immersive Reader	ThingLink	SeeSaw
Zugang und Verfügbarkeit	Kostenloser Download als Add-In von Microsoft für die Programme *OneNote, Word, Office Lens, Teams* und *Edge*	Direkt auf der Website *https://www.thinglink. com* oder als App für Android/iOS, kostenfreier Zugang (E-Mail-Adresse ist erforderlich), kostenpflichtige Version für Lehrkräfte mit Funktionen zum Klassen- und Aufgabenmanagement	Kostenloser Download unter *https://web. seesaw.me/*, Klassencodes; kostenpflichtige Variante mit umfangreicheren Funktionen in den Bereichen *Aktivitäten, Feedback* und *Kommunikation*
Verwendungszweck	Hilfe zur Textdekodierung (z. B. Texte lesen und verstehen)	Möglichkeit Bilder mit *Hotspots* (Verlinkungen zu anderen Bildern, Texten, Websites, Videos, Audios etc.) zu versehen	Erstellung individueller, digitaler Portfolios, in die auch Eltern Einblick haben können
Funktionen	Visueller Zugang (z. B. anpassbare Bedienoberfläche und Textdarbietung); auditiver Zugang (z. B. anpassbare Vorlesefunktion)	Visueller Zugang (z. B. Aufnahme eines Bildes, Texteingabe); auditiver Zugang (z. B. Audio- bzw. Videoaufzeichnung); Integrierung: Immersive Reader	Verschiedene Möglichkeiten zur Gestaltung von Aufgabenstellungen bzw. Erstellung von Portfolio-Produkten (visuell oder auditiv)
Benutzeroberfläche	Wahlweise Aktivierung bzw. Deaktivierung der Funktionen; Kennzeichnung der Funktionen mit selbsterklärenden Symbolen	Nahezu intuitives, rezeptives Erkunden von bereits erstellten Thing-Link-Bildern; größtenteils sprachbasierte Bedienoberfläche, jedoch mit kleiner Schrift und komplexem Aufbau bzw. Menüs	Große, gut sichtbare Schaltflächen, die u. a. Icons und Schriftsprache vereinen
Anwendungsbeispiele vor dem Hintergrund der *UDL Guidelines*	Einsatz bei der Zusammenstellung von Informationen über *Sights of London* oder beim Üben der Lesestrategie *Scanning* im Kontext *A Trip to London*	Zusammenstellen von Informationen über *Sights of London* auf einer vorbereiteten Karte bzw. Einsprechen eines Informationstextes für eine Sehenswürdigkeit auf einer kollaborativ erstellten Karte	Erstellung einer *Mindmap* zum Thema *Visiting Another City* als Einführung in die Unterrichtseinheit; Zusammenstellen von Tourvorschlägen für einen Tag einer Londonwoche in Gruppen

PLE-Kasten

Die Website des *Center for Applied Special Technology* (CAST, www.cast.org) bietet weitere und stetig aktualisierte Informationen zum UDL-Konzept.

CAST ist auch auf Twitter: twitter.com/CAST_UDL

Es gibt ein kompaktes Einführungsvideo zu UDL: https://youtu.be/bDvKnY0g6e4

Das Netzwerk Inklusiver Englischunterricht bietet Publikationen, Expert*innen und Materialien zum inklusiven Englischunterricht: www.inklusiver-englischunterricht.de

Dort gibt es auch eine UDL-Kurzvorstellung von Katharina Böhm, zu der Mitglieder des Netzwerks weiterführende (Reflexions-)Fragen erstellt haben: www.inklusiver-englischunterricht.de/2019/11/universal-design-for-learning-udl-und-inklusiver-englischunterricht/

Die Tools aus diesem Artikel und weitere Informationen sind hier zu finden: www.onenote.com/learningtools (Immersive Reader), www.thinglink.com, web.seesaw. me.

Literatur

Blume, Carolyn/Gerlach, David/Benitt, Nora/Eßer, Susanne/Roters, Bianca/Springob, Jan/ Schmidt, Torben (2019): „Perspektiven inklusiven Englischunterrichts: Gemeinsam lehren und lernen. Vorwort zur Tagungspublikation". www.inklusiver-englischunterricht.de/tagung-2018/vorwort/ (Abfrage: 03.04.2020).

CAST (2011): „Universal design for learning guidelines version 2.0. Wakefield, MA: Author". www.udlguidelines.cast.org/binaries/content/assets/udlguidelines/udlg-v2-0/ udlg_graphicorganizer_v2-0.pdf (Abfrage: 03.04.2020).

CAST (2018): „Universal design for learning guidelines version 2.2 [graphic organizer]. Wakefield, MA: Author". www.udlguidelines.cast.org/binaries/content/assets/udlguidelines/udlg-v2-2/udlg_graphicorganizer_v2-2_numbers-yes.pdf (Abfrage: 03.04.2020).

Edyburn, Dave L. (2010): Would you recognize universal design for learning if you saw it? Ten propositions for new directions for the second decade of UDL. In: Learning disability quarterly 33, H. 1, S. 33–41.

Eßer, Susanne (2019): Gemeinsames Lernen im Englischunterricht zieldifferent gestalten. In: Blume, Carolyn/Gerlach, David/Benitt, Nora/Eßer, Susanne/Roters, Bianca/ Springob, Jan/Schmidt, Torben (Hrsg.): „Perspektiven inklusiven Englischunterrichts: Gemeinsam lehren und lernen". www.inklusiver-englischunterricht.de/2019/08/gemeinsames-lernen-im-englischunterricht-zieldifferent-gestalten/ (Abfrage: 03.04.2020).

Eßer, Susanne/Gerlach, David/Roters, Bianca (2018): Unterrichtsentwicklung im inklusiven Englischunterricht. In: Roters, Bianca/Gerlach, David/Eßer, Susanne (Hrsg.): Inklusiver Englischunterricht: Impulse zur Unterrichtsentwicklung aus fachdidaktischer und sonderpädagogischer Perspektive. Münster und New York: Waxmann, S. 9–24.

Gerlach, David (2019): *Design matters!* Materialien für schwache Lernende gestalten. In: Der fremdsprachliche Unterricht Englisch 53, H. 157, S. 46–48.

Hecht, Agnes T. (2014). „Ressourcenorientierte Lernförderung in der Grundschule: Der Einfluss des Aufgabendesigns auf die Übungsleistungen von Zweitklässlern in Rechtschreiben und Mathematik". d-nb.info/1068589027/34 (Abfrage: 03.04.2020).

Hüninghake, Rebecca/Krause, Katharina/Bartz, Janieta/Wember, Franz B. (2019): Inklusionsorientierte Bildung von Lehrkräften durch gemeinsame Lehrveranstaltungen in vernetzten Kooperationen: Das Beispiel Universal Design for Learning im Projekt DoProfiL. In: Ricken, Gabi/Degenhardt, Sven (Hrsg.): Vernetzung, Kooperation, sozialer Raum: Inklusion als Querschnittaufgabe. Bad Heilbrunn: Julius Klinkhardt, S. 43–53.

IRIS Center (2020): „To meet the needs of the widest range of students, what should teachers consider when planning their instruction? Page 3: Curricular Components [Vanderbilt University]". www.iris.peabody.vanderbilt.edu/module/udl/cresource/q2/p03/ (Abfrage: 03.04.2020).

Kaliampos, Joannis (2019): Scaffolding learner agency in technology-enhanced language learning environments. In: Blume, Carolyn/Gerlach, David/Benitt, Nora/Eßer, Susanne/Roters, Bianca/Springob, Jan/Schmidt, Torben (Hrsg.): „Perspektiven inklusiven Englischunterrichts: Gemeinsam lehren und lernen". www.inklusiver-englischunterricht.de/2019/08/scaffolding-learner-agency-in-technology-enhanced-language-learning-environments/ (Abfrage: 03.04.2020).

Kormos, Judith (2019). Sechs Dinge, die Fremdsprachenlehrkräfte über Lese-Rechtschreib-Schwierigkeiten/Legasthenie wissen müssen. In: Blume, Carolyn/Gerlach, David/Benitt, Nora/Eßer, Susanne/Roters, Bianca/Springob, Jan/Schmidt, Torben (Hrsg.): „Perspektiven inklusiven Englischunterrichts: Gemeinsam lehren und lernen". www.inklusiver-englischunterricht.de/2019/08/sechs-dinge-die-fremdsprachenlehrkraefte-ueber-lese-rechtschreib-schwierigkeiten-legasthenie-wissen-muessen/ (Abfrage: 03.04.2020).

Košak-Babuder, Milena/Kormos, Judith/Ratajczak, Michael/Pižorn, Karmen (2018): The effect of read-aloud assistance on the text comprehension of dyslexic and non-dyslexic English language learners. In: Language testing 36, H. 1, S. 51–75.

Krause, Katharina/Kuhl, Jan (2018): Was ist guter inklusiver Fachunterricht? Qualitätsverständnis, Prinzipien und Rahmenkonzeption. In: Roters, Bianca/Gerlach, David/Eßer, Susanne. (Hrsg.): Inklusiver Englischunterricht: Impulse zur Unterrichtsentwicklung aus fachdidaktischer und sonderpädagogischer Perspektive. Münster und New York: Waxmann, 175–195.

Lapinski, Scott/Gravel, Jenna W./Rose, David H. (2012): Tools for practice: The universal design for learning guidelines. In: Hall, Tracey E./Meyer, Anne/Rose, David H. (Hrsg.): Universal design for learning in the classroom: Practical applications. New York, NY: The Guilford Press, S. 9–24.

Leidig, Tatjana/Marnett, Paulina (2015): Selbsteinschätzung im inklusiven Englischunterricht unter besonderer Berücksichtigung des Förderschwerpunktes Emotionale und soziale Entwicklung. In: Bongartz, Christiana M./Rohde, Andreas (Hrsg.): Inklusion im Englischunterricht. Frankfurt a.M.: Peter Lang, S. 263–282.

Microsoft (2020a): „Verwenden des immersiven Readers in Microsoft Teams". www.support.office.com/de-de/article/verwenden-des-immersiven-readers-in-microsoft-teams-a700c0d0-bc53-4696-a94d-4fbc86ac7a9a (Abfrage: 03.04.2020).

Microsoft (2020b): „Plastischer Reader. Microsoft-Lerntools. Leseverständnis verbessern". www.onenote.com/learningtools (Abfrage: 03.04.2020).

Meyer, Anne/Rose, David H./Gordon, David (2014): Universal Design for Learning: Theory and Practice. Wakefield, MA: CAST Professional Publishing.

QUA-LiS NRW (2020): „Lernaufgabe A trip to London (Klasse 6, Gy) mit Impulsen zur Binnendifferenzierung/zum zieldifferenten Lernen". www.schulentwicklung.nrw.de/cms/inklusiver-fachunterricht/zum-fach-englisch/uv-6.1-london/london.html (Abfrage: 03.04.2020).

Ralabate, Patti K. (2016): Your UDL lesson planner: The step-by-step guide for teaching all learners. Baltimore, MD: Paul H. Brookes Publishing.

Roebers, Claudia M./Röthlisberger, Marianne/Neuenschwander, Regula/Cimeli, Patrizia (2014): Nele und Noa im Regenwald: Berner Material zur Förderung exekutiver Funktionen – Manual. München: Reinhardt Verlag.

Rose, David H./Gravel, Jenna W./Domings, Yvonne (2012): Universal design for learning „unplugged": Applications in low-tech settings. In: Hall, Tracey E./Meyer, Anne/Rose, David H. (Hrsg.): Universal design for learning in the classroom: Practical applications. New York, NY: Guilford Press, S. 120–134.

Rose, David H./Meyer, Anne (2002): Teaching every student in the digital age: Universal design for learning. Alexandria, VA: Association for Supervision and Curriculum Development.

Schlüter, Ann-Kathrin/Melle, Insa/Wember, Franz B. (2016): Unterrichtsgestaltung in Klassen des Gemeinsamen Lernens: Universal Design for Learning. In: Sonderpädagogische Förderung heute 61, H. 3, S. 270–285.

Skorge, Patricia (2020): A dedicated English portfolio for a bilingual primary school. In: Schildhauer, Peter/Sauer, Jochen/Schröder, Anne (Hrsg.): Standards – Margins – New Horizons: Teaching language and literature in the 21st century. Sonderheft der PflB. https://www.pflb-journal.de/index.php/pflb/article/view/3434 (Abfrage: 29.09.2020).

Schmidt, Thorben (2019): Digitally empowered teaching and learning: Kompetente Fremdsprachenlehrkräfte + intelligente Technologie. In: Burwitz-Melzer, Eva/Riemer, Claudia/Schmelter, Lars (Hrsg.): Das Lehren und Lernen von Fremd- und Zweitsprachen im digitalen Wandel. Tübingen: Narr Francke Attempto, S. 228–236.

Timpe-Laughlin, Veronika/Laughlin, Michael K. (2018): Universal design for learning: Review and recommendations for EFL instruction. In: Roters, Bianca/Gerlach, David/Eßer, Susanne (Hrsg.): Inklusiver Englischunterricht: Impulse zur Unterrichtsentwicklung aus fachdidaktischer und sonderpädagogischer Perspektive. Münster: Waxmann, S. 161–174.

Vogt, Karin (2018): *No child left behind:* Individuelle Förderung im inklusiven Englischunterricht. In: Der fremdsprachliche Unterricht Englisch 52, H. 156, S. 2–48.

Vogt, Karin (2019): Digitaler Wandel im inklusiven Englischunterricht. In: Burwitz-Melzer, Eva/Riemer, Claudia/Schmelter, Lars (Hrsg.): Das Lehren und Lernen von Fremd- und Zweitsprachen im digitalen Wandel. Tübingen: Narr Francke Attempto, S. 281–291.

17 Mehrsprachigkeit und Digitalisierung im Englischunterricht

Judith Bündgens-Kosten und Viviane Lohe

17.1 Mehrsprachigkeit als gesellschaftliches Phänomen

Ein paar Fragen zu Beginn: Würden Sie sich selbst als mehrsprachig bezeichnen? Wie viele Schüler*innen in Ihrer Klasse sind Ihrer Meinung nach mehrsprachig? Und was bedeutet das für Sie in der Praxis? Ist es ein Vor- oder Nachteil? Kennen Sie konkrete Materialien oder Apps, die die Sprachen, die Sie oder Ihre Schüler*innen schon beherrschen, nutzbar für das weitere Sprachenlernen machen? Und: Was heißt es eigentlich, in einer von Digitalisierung und Mehrsprachigkeit geprägten Welt eine Sprache zu beherrschen?

„Mehrsprachigkeit" ist ein vielschichtiger Begriff, der manchmal in Abgrenzung zu, und manchmal synonym zu, Begriffen wie „Zweisprachigkeit"/ „Bilingualität" oder „Plurilingualität" verwendet wird. Sowohl im umgangssprachlichen Gebrauch als auch in der Sprachwissenschaft wird der Begriff oft verwendet, um Personen zu beschreiben, die in ihrer frühen Kindheit mit zwei (oder mehr) Sprachen aufgewachsen sind und heute diese Sprachen auf einem hohen Niveau beherrschen („early balanced bilingualism", „simultaneous bilingualism"), oder die zuerst die Sprache(n) ihrer Eltern erwerben, und erst später, z.B. im Kindergarten oder der Grundschule, beginnen, die Umgebungssprache zu erwerben („sequential bilingualism"). Wenn „Mehrsprachigkeit" im Kontrast zu „Zweisprachigkeit" verwendet wird, wird darüber hinaus die exakte Anzahl an Sprachen in den Blick gerückt.

Für uns als Autorinnen dieses Textes sind *simulateneous bilingualism* und *sequential bilingualism* nur zwei der vielen möglichen Formen, die Mehrsprachigkeit annehmen kann. Eine Quelle für Mehrsprachigkeit ist die Lebenswelt: Wir erwerben sprachliche Ressourcen indem wir spielen, kochen, arbeiten, Matheunterricht haben, Fußball spielen oder mit der Nachbarin streiten; in der Kindheit, Jugend und im Erwachsenenalter. Aber auch die fremdsprachliche Mehrsprachigkeit spielt eine große Rolle, sprich diejenigen Ressourcen, die man im Englischunterricht, im VHS-Kurs, oder mit Duolingo erwirbt (Gogolin 2004). Mehrsprachigkeit in diesem (plurilingualen) Sinne bezieht sich auf *alle* Sprachkenntnisse, also z.B. auch auf rein rezeptive Fähigkeiten, sehr geringe Fähigkeiten, oder Fähigkeiten, die z.B. auf Interkomprehension[1] zurückführbar sind (vgl. Council of Europe 2001, siehe auch Diskussion unten). Das Ideal ist nicht die Person, die eine bestimmte Anzahl von Sprachen perfekt beherrscht, sondern die plurilinguale Person, die in der Lage ist, all ihre sprachlichen Ressourcen in kommunikativen Situationen (rezeptiv und/oder produktiv) flexibel zu nutzen (vgl. ebd.). Das sind dann, je nach Sprachprofil, nicht nur das Deutsche, mit Migration assoziierte Sprachen und die schulischen Fremdsprachen, sondern auch Regional- und Minderheitensprachen (z.B. Sorbisch, Deutsche Gebärdensprache) und Sprachvarietäten wie Dialekte (vgl. Riehl 2014).

Warum aber diskutieren wir Mehrsprachigkeit gerade in einem Sammelband zu Englischunterricht in einer digitalisierten Welt? Dies hat mehrere Gründe:

- Mehrsprachigkeit ist eine Voraussetzung im Englischunterricht, die angemessen – auch unter Rückgriff auf digitale Optionen – genutzt werden sollte, um alle Lernenden in ihrem Lernprozess optimal zu unterstützen.
- Mehrsprachigkeit ist sowohl ein allgemeines Bildungsziel als auch insbesondere ein Ziel des Englischunterrichts. Dazu gehört auch die Befähigung, z.B. in mehrsprachigen digitalen Räumen angemessen agieren zu können.

Diese beiden Aspekte werden wir im Folgenden beleuchten, bevor wir zur Frage übergehen, was *Multilingual Computer-Assisted Language Learning* ausmacht, und wie man es für den Englischunterricht nutzbar macht.

17.2 Mehrsprachigkeit als Voraussetzung

Schüler*innen sind keine ‚blank slates‘, die ohne Vorwissen und Vorerfahrung in den Englischunterricht kommen. Sie können auf vielfältige Sprachlern- und -erwerbserfahrungen aufbauen: Auf den Englischunterricht der Grundschule, die Französisch-AG, die Phrasen, die im Italienurlaub oder in Gesprächen mit der Großmutter aufgeschnappt wurden – oder auf die Erfahrungen beim Erwerb der Schulsprache Deutsch. Es gibt zahlreiche Überlegungen und Studien zu der Frage, welche Sprachprofile das Lernen bzw. den Erwerb der schulischen Fremdsprache Englisch besonders erleichtern können. Die Datenlage dazu ist durchaus komplex und zeigt teilweise, aber nicht durchgängig, Vorteile für mehrsprachige (hier im Sinne von: spricht in

---

1   Mit Interkomprehension ist gemeint, dass man eine Sprache, die man beherrscht, nutzt, um eine andere Sprache zu verstehen, etwa wie man Deutsch nutzen kann, um niederländische Texte zu lesen, oder Französisch, um Spanisch zu verstehen.

der Familie eine andere Sprache als Deutsch oder spricht in der Familie mehr als eine Sprache) Schüler*innen beim Erwerb der Schulfremdsprache(n).

Jetzt ließe sich fragen, wie relevant dies für die Praxis des Englischunterrichts letztlich ist – die außerschulisch gemachten Spracherfahrungen, z.B. in den ersten drei Lebensjahren, sind durch den Englischunterricht in der Sekundarstufe nicht beeinflussbar. Was aber natürlich im Einflussbereich des Englischunterrichts liegt, ist *wie* die vorhandenen sprachlichen Ressourcen – insbesondere vorhandene Muttersprachen – im Englischunterricht genutzt werden.

Studien fanden heraus, dass (Drittsprachen-)Lerner*innen von mehrsprachigkeitsbewusstem Unterricht profitierten (vgl. Marx 2008; Göbel/Vieluf/ Hesse 2010). Das bedeutet für den (Englisch-)Unterricht, dass Lehrkräfte Transfersynergien von vorgelernten Sprachen für das Erlernen anderer Sprachen nutzen sollten.

Lohe (2018) ermittelte zudem, dass sowohl einsprachige als auch mehrsprachige Grundschulkinder von der Integration mehrerer (Herkunfts-)Sprachen im Englischunterricht hinsichtlich ihrer Sprachbewusstheit, d.h. dem Gefühl und Verständnis für Sprache(n) und deren Funktion, profitieren konnten. Entsprechende Aufgaben fördern daher nicht nur die Kinder mit bestimmten Sprachprofilen, sondern potenziell *alle* Schüler*innen.

17.3 Mehrsprachigkeit als Ziel

Oben haben wir argumentiert, dass der Einbezug von bereits vorhandenen sprachlichen Ressourcen den Zielen des Englischunterrichts entgegenkommt. Durch Sprachtransferunterstützung und Aufgaben zur Entwicklung von Sprachbewusstheit lernen Schüler*innen grammatische Formen und Zielwortschatz etwas schneller, oder verstehen mehr bei der Lektüre eines Texts oder dem Anhören einer Audioaufnahme.

Diese Perspektive auf die Ziele des Englischunterrichts ist aber natürlich beschränkt. Es gibt mindestens so viele Antworten auf die Frage nach dem Ziel des Englischunterrichts, wie es Kerncurricula gibt. Gemein ist ihnen aber allen, dass es darum geht, Schüler*innen zu befähigen, in der Fremdsprache und mit der Fremdsprache zu agieren. Oder, ganz einfach gesagt, Dinge mit Sprache zu tun. In einer mehrsprachigen Welt findet sprachliches Handeln aber nicht notwendigerweise in einer einzigen Sprache statt. Schon die *New London Group* argumentierte, dass heutzutage *literacy* sowohl die wandelnde Rolle von Technologie reflektieren, als auch Lerner*innen in den Stand versetzen müsse, mit sprachlicher Pluralität umzugehen, z.B. mit „the code switching often to be found within a text among different languages, dialects, or registers" (New London Group 1996, S. 69). Entsprechend listet der *Companion Volume*, die 2018er Ergänzung des Gemeinsamen Europäischen Referenzrahmens, auch explizit Deskriptoren für plurilinguale Kompetenzen, z. B. auf der produktiven Ebene:

> B2-Niveau: „Can make use of different *languages in his/her plurilingual repertoire* to encourage other people to use the language in which they feel more comfortable" (Council of Europe 2018, S. 162)

> C2-Niveau: „Can explore similarities and differences between metaphors and other figures of speech in the *languages in his/her plurilingual repertoire*, either for rhetoric effect or for fun." (Council of Europe 2018, S. 162)

Oder auf der rezeptiven Ebene:

> A2-Niveau: „Can use simple warnings, instructions and product information given in parallel *in different languages* to find relevant information." (Council of Europe 2018, S. 160)

> B2-Niveau: „Can use what he/she has understood in *one language* to understand the topic and main message of a text in *another language* (e. g. when reading short newspaper articles on the same theme written in different languages)." (Council of Europe 2018, S. 160)

Eine letzte Zieldimension sollte ebenfalls beachtet werden: Dem Englischunterricht kommt bei der Förderung von Mehrsprachigkeit eine besondere Rolle zu. Englisch kann als „bridge language" (vgl. EuroCom-Projekt in Marx 2008) bzw. „gateway" zu anderen Sprachen (vgl. Schröder 2009), oder als ein Sprungbrett (vgl. Kollmeyer 2007) gesehen werden. Es hilft, als Brückensprache andere Sprachen zu erlernen. Der Englischwortschatz wird damit eine Ressource zum Erlernen des Französischwortschatzes, die Lesestrategien im Englischen beeinflussen die Lesestrategien im Russischen, und die Erfolgserlebnisse aus dem Englischunterricht ermutigen den/die Lerner*in, sich auch das Lernen des Chinesischen zuzutrauen.

17.4 Das Potenzial von CALL im Kontext von Mehrsprachigkeit

Wenn wir von Digitalisierung im Kontext von Mehrsprachigkeit sprechen, nutzen wir häufig den Begriff *CALL,* der in den frühen Achtzigern geprägt wurde. *CALL* steht für *Computer-assisted language learning*. Historisch beschrieb CALL das Lehren und Lernen von Sprachen mit dem Computer; heute umfasst der Begriff natürlich auch andere digitale Endgeräte, vom Interactive Whiteboard über das Tablet und das Smartphone hin zum *Reading Pen*. CALL kann die Form von E-Learning annehmen (also komplett ohne Präsenzzeiten auskommen), umfasst aber auch die verschiedenen Formen des *Blended Learning* (z. B. *Flipped Classroom*, vgl. auch Kuty in diesem Band) und des medien-unterstützten Präsenzunterrichts.

Natürlich gibt es eine ganze Reihe an Materialien und Konzepten, um mehrsprachigkeitsbewussten Unterricht auch ohne expliziten Digitalisierungsanspruch umzusetzen, siehe etwa Elsner/Lohe (erscheint), oder – primär für eine gymnasiale Zielgruppe – Kahlden et al. (2015). CALL und Mehrsprachigkeit haben aber eine besondere Verbindung. CALL erlaubt etwa:

- Das Einbinden von Sprachen im Unterricht, die die Lehrkraft selbst nicht (ausreichend) beherrscht
- Das Einbinden von vielen verschiedenen Sprachen (z. B. die verschiedenen Herkunftssprachen der Schüler*innen einer Klasse), wie es in einem Printprodukt aus rein praktischen Gründen nicht möglich wäre
- Multimedia-Unterstützung (relevant z. B. wenn Schüler*innen eine Sprache mündlich beherrschen, aber nicht (gut) lesen oder schreiben können, vgl. auch Böhm/Schildhauer/Zehne in diesem Band)
- Existierende mehrsprachige Nischen (Erard 2012) in den sogenannten „Digital Wilds" (also Internetverwendung außerhalb des schulischen Kontexts, vgl. auch Uhl-Martin in diesem Band) sichtbar werden zu lassen (Thorne/Sauro/Smith 2015), und selber solche Nischen für Lernende zu schaffen (Melo-Pfeifer 2013; Buendgens-Kosten 2016)

Buendgens-Kosten/Elsner (2018a) prägen hierfür den Begriff *Multilingual CALL* (MCALL):

> „Multilingual CALL is the study and practice of language learning with digital media in non-monolingual contexts or settings or using non-monolingual media. This may involve the use and/or activation of native language(s), previously studied language(s), heritage language(s) or dialect(s). Multilingual CALL can be multilingual due to the multilinguality of learners, due to the multilinguality of group of learners (including telecollaboration or CMC settings) or due to the multilinguality of teaching material/tasks." (2018, S. xiv)

In diesem Beitrag wollen wir einen Überblick darüber geben, welche Tools und Materialien es im MCALL heute schon gibt, und wie diese für den Englischunterricht der Sekundarstufe nutzbar gemacht werden können.

17.5 MCALL und der rezeptive Einsatz verschiedener Sprachen

17.5.1 (Multimodale) Übersetzungen

Bereits erworbene Sprachen können sinnvoll als *Scaffolding,* also als Lernunterstützung, für neu zu erwerbende Sprachen genutzt werden. Manchmal kann das einfach die Form annehmen, dass z. B. eine Grammatikerklärung in der L1 oder Schulsprache der Lernenden angeboten wird, oder Wortschatz mehrsprachig präsentiert wird.

Übersetzungstools wie z. B. *Google Translate* oder *DeepL* können genutzt werden, um auch spontan Übersetzungen in verschiedene Zielsprachen anzubieten. Mithilfe der *Google Translate* App können etwa deutschsprachige Grammatikerklärungen im Lehrbuch gescannt und dann in der gewünschten Sprache (etwa der Muttersprache einer Schülerin, die erst seit Kurzem in Deutschland ist) angezeigt werden. Die Qualität dieser Übersetzungen schwankt stark, aber eine erste Orientierung können sie oft geben. Als ergänzende Ressourcen lässt sich natürlich auch auf existierende, vielsprachige Textrepositorien – voran Wikipedia – zurückgreifen (Alvarez 2018).

Manchmal bietet es sich an, Übersetzungen nicht nur als Schrift zu präsentieren, sondern auch akustisch. Lesestifte (*Reading Pens,* auch: Hörstifte, (Vor-)Lesestifte) können im Englischunterricht genutzt werden, um beliebige gesprochene Informationen akustisch festzuhalten, so dass Schüler*innen diese flexibel abrufen können (vgl. z. B. Dube/Gursöy 2018). Ein Lesestift mit Aufnahmefunktion kostet ab ca. 33 Euro aufwärts (bookii, tiptoi CREATE; in der gehobenen Preisklasse: Franklin Anybook). Die Aufnahmen müssen dabei selbst angefertigt werden (Anybook); bei bookii und tiptoi CREATE können zusätzlich kompatible kommerzielle Printprodukte wie etwa mehrsprachige Bildwörterbücher, auch für Zielgruppen jenseits der Grundschule[2], genutzt werden.

---

2   Z. B. „Bildwörterbuch. Das sprechende visuelle Wörterbuch" des Brockhaus Verlags (vgl. auch Freudenau in diesem Band).

17.5.2 Rezeptives Codeswitching und Sprachvergleiche

Es existieren eine Reihe von Tools, die Texte schon von vorneherein mehrsprachig – in zwei oder mehr Varianten – anbieten. Ein Beispiel hierfür ist etwa die mehrsprachige Geschichtensoftware MuViT (Elsner 2011), die grundschulfreundliche Texte in Deutsch, Englisch, Spanisch, Russisch und Türkisch anbietet. Die Besonderheit hierbei ist, dass die Lerner*innen flexibel zwischen den Sprachen wechseln können, etwa um das Verständnis des Textes zu sichern, aber auch um informelle Sprachvergleiche zu unternehmen und damit ggf. die eigene Sprachbewusstheit auszubauen (Elsner/Buendgens-Kosten 2018; Lohe 2018).

Solche Materialien sind auch für ältere Lerner*innen entwickelt worden, z. B. die Beelingua App (in-app Käufe, Werbung) mit einer Reihe von Sprachkombinationen (z. B. Deutsch, Russisch, Türkisch und Englisch; teilweise aber in schlechter Übersetzungsqualität) und mit Audiounterstützung. Ein Produkt, das systematisch die in Deutschland verbreiteten Minderheitensprachen und Migrationssprachen einbezieht und Übersetzungen auf hohem Niveau bietet, ist bisher auf dem Markt nicht verfügbar (siehe aber unten die Ausführungen zum *Serious Game* MElang-E).

Für den reinen Sprachvergleich gibt es auch Materialien, die z. B. Interkomprehension fokussieren. Für die germanischen Sprachen, zu denen auch Deutsch und Englisch gehören, sollte EuroComGerm (eurocomgerm.de), die Plattform zur Interkomprehension germanischer Sprachen, nicht unerwähnt bleiben – auch wenn sie mittlerweile in die Jahre gekommen ist. Hier werden Schüler*innen systematisch an die „sieben Siebe" herangeführt, mit denen sie Texte in germanischen Sprachen entschlüsseln können. Für die romanischen Sprachen gibt es mit Romanica eine moderne, kostenfreie und werbefreie App, die Lehrkräfte der germanischen Sprachen vor Neid erblassen lässt. Spielerisch lernt man mit dieser App, Worte den verschiedenen Sprachen zuzuordnen, und durch Vergleich mit bekanntem Wortschatz deren Bedeutung zu erraten. Es wäre sehr zu wünschen, dass ähnliche Produkte auch für andere Sprachfamilien veröffentlicht würden.

17.5.3 Translanguaging-unterstützender Input

Für Lerner*innen verschiedener Erstsprachen, die ihre kommunikativen Fähigkeiten auf A1-Niveau ausbauen wollen, bietet sich die EU·DO·IT Plattform (eudoit.eu) an. Die Lerner*innen können eines von drei Sprachprofilen wählen: Englisch (stellvertretend für die germanischen Sprachen), Französisch (stellvertretend für die romanischen Sprachen) oder Arabisch (stellvertretend für die arabisch/semitischen Sprachen). Die englischen Dialoge, durch die sie dann interaktiv navigieren, haben einen besonders hohen Anteil an Lehnworten aus oder Kognaten[3] mit den jeweiligen Profilsprachen und unterstützen damit das sogenannte *Translanguaging*. Da die Dialoge sich vom Inhalt (z. B. WG-Party) eher an ältere Lerner*innen richten, sind sie vor allem für schwächere Lerner*innen am Ende der Sekundarstufe I, für Quereinsteiger*innen in der Sekundarstufe mit wenig Englischkenntnissen, oder ggf. für einige Berufsschulkontexte geeignet. Neben Englisch können auch andere europäische Sprachen (Deutsch, Türkisch, Französisch, Spanisch, Katalanisch, Luxemburgisch) geübt werden, teilweise jedoch mit weniger Sprachprofil-relevantem Support. Für den Einsatz im Unterricht stehen Arbeitsblätter und ein Aufgabenpool zur Verfügung. Weiterführende Informationen bietet z. B. Buendgens-Kosten/Lohe/Elsner (2019).

17.6 Mehrsprachige Praktiken modellieren

Englisch wird, als Lingua Franca, auf der ganzen Welt gesprochen. Das *Serious Game* MElang-E (eudoit.eu/melang-e) erlaubt es Lerner*innen, diese Weltsprache im europäischen Kontext zu erleben. Wie klingt Englisch in Spanien? Anders als in Luxemburg? (Vgl. auch Zehne in diesem Band) Natürlich blendet das *Serious Game* nicht aus, dass das Englische i. d. R. nicht die einzige Sprache ist, die in Europa gesprochen wird. Der/die Spieler*in kann also auch ausprobieren, ob die Mitarbeiterin am Infostand am Bahnhof in Luxemburg anders reagiert, wenn man zumindest ein paar französische Floskeln benutzt, oder kann versuchen, an ihn/sie gerichtete Fragen in Spanisch und Katalanisch zu verstehen, auch wenn die Antwort dann vielleicht auf Englisch gegeben wird. Interkomprehension, bewusste Sprachenwahl, Code-Switching (das Wechseln zwischen Sprachen während einer Äußerung), Mediation/Sprachmittlung – all dies wird in MElang-E vorgelebt. Es ist ideal für Schüler*innen auf dem Englischniveau A2/B1, die typische kommunikative Situationen (Check-in im Hostel, Bestellung im Restaurant, Souvenirs kaufen, Wegbeschreibung erfragen, sich vorstellen, über Interessen reden) üben wollen. Für den Einsatz im Englischunterricht stehen Arbeitsblätter und ein Aufgabenpool zur Verfügung.

Ein konkretes Beispiel zur Nutzung von MElang-E im Unterricht mit dem Ziel des *Translanguaging* beschreiben Elsner/Lohe (erscheint): Nach einer kurzen technischen Einführung machen sich die Schüler*innen zunächst mit

---

3   Worte mit gemeinsamer Herkunft, wie z. B. *oxen/Ochsen*.

dem ersten Kapitel des Spiels vertraut. Begleitet wird dies von Leitfragen, mit denen sichergestellt werden soll, dass die Lernenden das Spielziel eruieren und die Hauptfigur Mali kennenlernen. Dafür gehen sie in Paaren vor ein Endgerät und besprechen sich währenddessen nach Bedarf, soweit wie möglich in englischer Sprache.

In einem zweiten Schritt spielen die Lernenden ein ausgewähltes Kapitel des Spiels in Tandems. Ziel dieser Phase ist es, dass die Lernenden gemeinsam die mehrsprachigen kommunikativen Situationen lösen, um dem Spielziel näher zu kommen. Dazu nutzen sie implizit ihre Sprachkenntnisse und -strategien, die sie sie im nächsten Schritt bewusst reflektieren.

Durch Leitfragen reflektieren die Lernenden die Nutzung ihrer sprachlichen Ressourcen im Spiel und im Alltag, und tauschen sich über Strategien aus, mit denen sie fremdsprachige kommunikative Situationen einfacher bewältigen können.

Im Anschluss entwickeln die Schüler*innen eigene mehrsprachige Avatare, dabei können sie auf ihre eigenen bereits vorhandenen (Herkunfts-)Sprachen zurückgreifen, sich an Mitschüler*innen orientieren oder auch Sprachprofile erfinden. Zum Abschluss stellen die Schüler*innen sich die Avatare anhand von vorgegebenen Punkten in Kleingruppen vor.

Für mehr Informationen zu MElang-E, siehe auch Buendgens-Kosten/ Elsner (2018b).

17.7 MCALL und der produktive Einsatz verschiedener Sprachen

17.7.1 Multilingual Storytelling

Wenn unser Alltag mehrsprachig ist, warum sind dann unsere Geschichten einsprachig? Das Projekt FanTALES kombiniert Expertise in *Fanfiction,* in *Interactive Fiction,* und in *Multilingual Storytelling,* und destilliert daraus *Creative Writing*-Projekte für die Sekundarstufe. Lehrkräfte, die mehrsprachiges *Creative Writing* im Englischunterricht ausprobieren wollen, können entweder die verschiedenen frei-kombinierbaren *Tasks* nutzen, oder auf die von Lehrkräften entwickelten und in der Praxis getesteten *Lesson Plans* zurückgreifen (siehe fantales.eu). Die Tasks erlauben, sowohl die Muttersprachen der Schüler*innen als auch vorgelernte Fremdsprachen oder sonstige Sprachen, an denen die Schüler*innen Interesse haben, in die zu schreibenden Geschichten einzuweben. Die Tasks mit Fokus auf *Multilingual Storytelling* können auch ideal mit Tasks kombiniert werden, die *Interactive Fiction* oder *Virtual Exchanges* (siehe unten) einbeziehen. Für mehr Informationen zum

Projekt FanTALES, insbesondere zum Aspekt der *Interactive Fiction,* vgl. auch Leonhardt/Turpin/May in diesem Band.

17.7.2 Virtual Exchanges

Der Begriff *Virtual Exchanges* – auch bekannt als *Telecollaboration* – bezeichnet, vereinfachend gesagt, Zusammenarbeit von Klassen an verschiedenen Orten (oft: verschiedenen Ländern) via Internet. Dabei werden in der Regel sprachliche Ziele und Ziele in Bezug auf das inter- und transkulturelle Lernen gemeinsam verfolgt. Bekannte Projekte und Projektplattformen sind hier etwa eTwinning (etwinning.net), oder, für Universitäten, das Soliya Connect-Projekt (soliya.net/programs/connect-program).

Virtuelle Austauschprojekte können ganz explizit mehrsprachige Ziele verfolgen, etwa GALANET, ein chat-basiertes Projekt zur Interkomprehension romanischer Sprachen (Melo-Pfeifer 2014) oder Projekte zum *Multilingual Storytelling* (z. B. FanTALES, oder auch Priego/Liaw 2017).

Aber auch wenn mehrsprachige Ziele an sich nicht eingeplant waren: Wenn zwei Menschen mit unterschiedlicher Muttersprache miteinander sprechen, entstehen oft von allein spannende mehrsprachige Szenarien. Das konnte für den Grundschulkontext und die Zusammenarbeit einer französischen und einer deutschen Grundschulklasse via *Interactive Whiteboards* etwa Cutrim Schmid (2018) zeigen. Der Wechsel in eine andere, von der Lehrkraft vielleicht an sich nicht gewünschte, Sprache, hat dabei oft vielfältige Funktionen, von der Verständnisunterstützung über Höflichkeit hin zu Humor (z. B. Kulavuz-Onal/Vásquez 2018), und sollte nicht tabuisiert werden.

17.8 Fazit

In diesem Beitrag haben wir argumentiert, warum es relevant ist, im Englischunterricht nicht nur das Englische, sondern auch von den Schüler*innen bereits mitgebrachte, sowie zukünftig noch zu erlernende Sprachen und Sprachen aus dem sozialen Umfeld einzubeziehen. Wir haben anschließend kurz einige Projekte und Ideen skizziert, wie dies medienunterstützt möglich ist.

Mehrsprachigkeit kann und sollte im Englischunterricht gefördert werden. Medien können hier sinnvoll unterstützen – auch, wenn Sprachen der Schüler*innen einbezogen werden sollen, die die Lehrkraft nicht beherrscht. Ob Schüler*innen unterstützt werden sollen, die die Schulsprache Deutsch noch nicht gut beherrschen, oder ob alle Schüler*innen einer Klasse spielerisch verschiedene Sprachen erforschen und vergleichen sollen – für beides gibt es mediale Unterstützung. Dabei haben nicht nur klassisch mehrsprachige Schüler*innen Vorteile, sondern auch vermeintlich einsprachige Schüler*innen profitieren z. B. im Bereich der Sprachbewusstheit von einem mehrsprachigkeitsorientierten Unterricht.

Auch für kreative, mehrsprachige Projekte – etwa unter Einsatz von *Multilingual Storytellling* oder für Kooperationen über Ländergrenzen hinweg – eröffnen Medien weitere Handlungsräume. Medien bieten hier hilfreiche Werkzeuge auf dem Weg zur *Intercultural Communicative Competence,* und der Ausbildung plurilingualer Kompetenzen.

PLE-Kasten

Das FanTALES-Projekt: twitter.com/fantales_eu; fantales.eu

MOOC zum Thema „Multilingualism in a globalised world":
https://www.futurelearn.com/courses/multilingual/1/todo/4564

MOOC zum Thema „Multilingual Practices: Tackling Challenges and Creating Opportunities": https://www.futurelearn.com/courses/multilingual-practices

Literatur

Alvarez, John Michael (2018): Über die Grenzen des einsprachigen Habitus: Application of computer assisted language learning through home language content in secondary level classrooms. In: Buendgens-Kosten, Judith/Elsner, Daniela (Hrsg.): Multilingual computer assisted language learning. Bristol: Multilingual Matters, S. 95–114.

Bildwörterbuch. Das sprechende visuelle Wörterbuch (2015). Augsburg: Brockhaus.

Buendgens-Kosten, Judith (2016): Building a multilingual niche: code-choice and code-alternation at the day of multilingual blogging. In: Domínios de lingu@gem 10, H. 4, S. 1379–1403.

Buendgens-Kosten, Judith/Elsner, Daniela (2018a): Multilingual CALL: Introduction. In: Buendgens-Kosten, Judith/Elsner, Daniela (Hrsg.): Multilingual computer assisted language learning. Bristol: Multilingual Matters.

Buendgens-Kosten, Judith/Elsner, Daniela (2018b): Playful plurilingualism? Exploring language(s) with the multilingual serious game MElang-E. In: Buendgens-Kosten, Judith/Elsner, Daniela (Hrsg.): Multilingual computer assisted language learning. Bristol: Multilingual Matters, S. 115–131.

Buendgens-Kosten, Judith/Lohe, Viviane/Elsner, Daniela (2019): Beyond the monolingual habitus in game-based language learning: The MElang-E and EU·DO·IT projects in the interstices between linguistics, pedagogy and technology. In: Journal of gaming & virtual worlds 11, H. 1, S. 67–83.

Council of Europe (2001): „Common European framework of reference for languages: Learning, teaching, assessment. Strasbourg: Language Policy Unit". www.coe.int/t/dg4/linguistic/Source/Framework_EN.pdf (Abfrage: 29. 03. 2020).

Council of Europe (2018): „Common European framework of references for languages: Learning, teaching, assessment: Companion volume with new descriptors". rm.coe.int/cefr-companion-volume-with-new-descriptors-2018/1680787989 (Abfrage: 29. 03. 2020).

Cutrim Schmid, Euline (2018): Developing plurilingual competence in the EFL primary classroom through telecollaboration. In: Buendgens-Kosten, Judith/Elsner, Daniela (Hrsg.): Multilingual computer assisted language learning. Bristol: Multilingual Matters. S, 169–188.

Dube, Juliane/Gürsoy, Erkan (2018): Sprachintegrierte Leseförderung mit mehrsprachigen Bilderbüchern und digitalen Hörstiften im Unterricht mit neu zugewanderten Schülerinnen und Schülern. In: Kutzelmann, Sabine/Massler, Ute (Hrsg.): Mehrsprachige Leseförderung: Grundlagen und Konzepte. Tübingen: Narr, S. 131–145.

Elsner, Daniela (2011): Developing multiliteracies, plurilingual awareness & critical thinking in the primary language classroom with multilingual virtual talkingbooks. In: Encuentro 20, S. 27–38.

Elsner, Daniela/Buendgens-Kosten, Judith (2018): Awareness of multilingual sources: EFL primary students' receptive code-switching during collaborative reading. In: Buendgens-Kosten, Judith/Elsner, Daniela (Hrsg.): Multilingual computer assisted language learning. Bristol: Multilingual Matters, S. 59–94.

Elsner, Daniela/Lohe, Viviane (erscheint): Themenheft Mehrsprachigkeit. Zeitschrift „Der Fremdsprachliche Unterricht Englisch". Friedrich.

Elsner, Daniela/Lohe, Viviane (erscheint): Translanguaging: Mehrsprachige Kompetenzen durch das Computerspiel „MElang-E" entwickeln. In: Elsner, Daniela/Lohe, Viviane (erscheint): Themenheft Mehrsprachigkeit. Zeitschrift „Der Fremdsprachliche Unterricht Englisch". Friedrich.

Erard, Michael (2012): Babel no more: The search for the world's most extraordinary language learners. 1. Auflage. New York: Free Press.

Göbel, Kerstin/Vieluf, Svenja/Hesse, Hermann-Günter (2010): Die Sprachentransferunterstützung im Deutsch- und Englischunterricht bei Schülerinnen und Schülern unterschiedlicher Sprachlernerfahrung. In: Allemann-Ghionda, Cristina/Stanat, Petra/Göbel, Kerstin/Röhner, Charlotte (Hrsg.): Migration, Identität, Sprache und Bildungserfolg. Zeitschrift für Pädagogik – 55. Beiheft, S. 101–122.

Gogolin, Ingrid (2004): Lebensweltliche Mehrsprachigkeit. In: Bausch, Karl-Richard (Hrsg.): Mehrsprachigkeit im Fokus. Arbeitspapiere der 24. Frühjahrskonferenz zur Erforschung des Fremdsprachenunterrichts. Tübingen: Narr, S. 55–61.

Kahlden, Ute von/Klotz, Ulrike/Maier, Christina/Reutter, Ursula/Schöberle, Wolfgang/Semrau, Bernhard/Wirth, Götz (2015): Mehrsprachigkeit im Fremdsprachenunterricht. Stuttgart, Leipzig: Ernst Klett.

Kollmeyer, Kathrin (2007): Englischunterricht als Fenster zur Mehrsprachigkeit. In: Elsner, Daniela/Küster, Lutz/Viebrock, Britta (Hrsg.): Fremdsprachenkompetenzen für ein wachsendes Europa: Das Leitziel „Multiliteralität". Frankfurt am Main: Peter Lang, S. 257–268.

Kulavuz-Onal, Derya/Vásquez, Camilla (2018): „Thanks, shokran, gracias": Translingual practices in a Facebook group. In: Language learning & technology 22, H. 1, S. 240–255.

Lohe, Viviane (2018): Die Entwicklung von Language Awareness bei Grundschulkindern durch mehrsprachige digitale Bilderbücher: Eine quasi-experimentelle Untersuchung zum Einsatz von MuViT in mehrsprachigen Lernumgebungen. Tübingen: Narr.

Marx, Nicole (2008): Is it necessary to train learners in interlingual comprehension strategies? In: Gibson, Martha/Hufeisen, Britta/Personne, Cornelia (Hrsg.): Mehrsprachigkeit: Lernen und lehren, Multilingualism: learning and instruction, Le Plurilinguisme: appendre er enseigner, O Plurilinguismo: aprender ensinar. Selected papers from the L3 conference in Freiburg/Switzerland 2005. Baltmannsweiler: Schneider Hohengehren, S. 135–150.

Melo-Pfeifer, Sílvia (2013): Blogs and the development of plurilingual and intercultural competence: Report of a co-actional approach in Portuguese foreign language classroom. In: Computer assisted language learning 28, H. 3, S. 220–240.

Melo-Pfeifer, Sílvia (2014): Intercomprehension between Romance languages and the role of English: A study of multilingual chat rooms. In: International journal of multilingualism 11, H. 1, S. 120–137.

New London Group. (1996): A pedagogy of multiliteracies: Designing social futures. Harvard Educational Review 66, H. 1, S. 60–92.

Priego, Sabrina/Liaw, Meei-Ling (2017): Understanding different levels of group functionality: activity systems analysis of an intercultural telecollaborative multilingual digital storytelling project. In: Computer assisted language learning 30, H. 5, S. 368–389.

Riehl, Claudia Maria (2014): Mehrsprachigkeit: Eine Einführung. Darmstadt: Wissenschaftliche Buchgesellschaft.

Schröder, Konrad (2009): Englisch als *Gateway to Languages*. In: Fäcke, Christiane (Hrsg.): Sprachbegegnung und Sprachkontakt in europäischer Dimension. Frankfurt am Main (u. a.): Peter Lang, S. 69–85.

Thorne, Steven L./Sauro, Shannon/Smith, Bryan (2015): Technologies, identities, and expressive activity. In: Annual review of applied linguistics 35, S. 215–233.

Apps, Programme und Projekte, die in diesem Artikel erwähnt werden

Google Translate
(https://play.google.com/store/apps/details?id=com.google.android.apps.translate&hl=de,
https://apps.apple.com/de/app/google-%C3%BCbersetzer/id414706506)
MuViT (https://www.uni-frankfurt.de/44712109/ContentPage_44712109)
Beelingua App (https://www.beelinguapp.com/)
EuroCommGerm (eurocomgerm.de)
Romanica (https://apps.apple.com/de/app/romanica/id1447122863,
https://play.google.com/store/apps/details?id=com.CCCP.Romanica&hl=de)
EU·DO·IT (eudoit.eu)
MElang-E (eudoit.eu/melang-e)
FanTALES (fantales.eu)
eTwinning (etwinning.net)
Soliya Connect-Projekt (soliya.net/programs/connect-program)

Autor*innen

Bob Blume ist Oberstudienrat am Windeck-Gymnasium in Bühl und unterrichtet die Fächer Englisch, Deutsch und Geschichte. Neben seiner Arbeit als Lehrer betreibt er einen Youtube-Kanal und einen Blog, in dem er über die Herausforderungen des Referendariats, die Chancen der Digitalisierung und politische Themen schreibt. Als „Netzlehrer" ist er auf Twitter unterwegs und betreibt auch einen Podcast mit diesem Namen. Nebenher publiziert er für Zeitungen und veröffentlicht Texte in verschiedenen Online-Magazinen. Kontakt: http://bobblume.de, twitter.com/blume_bob, @Netzlehrer (Instagram), https://youtube.com/user/Coymister

Dr. Carolyn Blume ist Junior-Professorin am Dortmunder Kompetenzzentrum für Lehren und Lernen (DoKoLL) der TU Dortmund. Ihre Doktorarbeit über digitale Fremdsprachen(lern)spiele in der Englischdidaktik fokussiert die Charakteristika gängiger Lernspiele sowie das diesbezügliche Wissen und die Einstellungen von Lehramtsstudierenden. Dr. Blumes weitere Forschungsinteressen im Bereich der Inklusion und der (digitalen) Teilhabe sind durch ihre mehrjährige Erfahrung als Lehrkraft sowohl in den USA als auch in Deutschland geprägt. In Drittmittelprojekten (u. a. in der gemeinsam durch Bund und Länder geförderten „Qualitätsoffensive Lehrerbildung") unterstützt sie durch die Entwicklung von Blended-Learning-Szenarien die Aus- und Weiterbildung von (angehenden) Englischlehrkräften. Dr. Blume veröffentlicht sowohl empirische als auch praxisorientierte Beiträge zu den genannten Themen in nationalen und internationalen peer-reviewed Fachzeitschriften und ist Mitherausgeberin der Tagungsdokumentation „Inklusiver Englischunterricht – Gemeinsam Lehren und Lernen" (2019). Kontakt: twitter.com/CaroBlume

Katharina Böhm war von 2016 bis 2019 wissenschaftliche Mitarbeiterin in den Fachgebieten *Rehabilitation und Pädagogik bei Lernbehinderungen* und *Unterrichtsentwicklungsforschung mit dem Schwerpunkt Inklusion* sowie Lehrbeauftragte am Institut für Anglistik und Amerikanistik im Rahmen des Projekts DoProfiL („Dortmunder Profil für inklusionsorientierte Lehrer/-innenbildung") an der Technischen Universität Dortmund. Im Rahmen ihrer Doktorarbeit beschäftigt sie sich mit inklusivem Englischunterricht vor dem Hintergrund des *Universal Design for Learning*. Zurzeit absolviert sie den Vorbereitungsdienst für das Lehramt für sonderpädagogische Förderung. Kontakt: katharina.boehm@lwl-raoul-wallenberg-schule-dorsten.de

Patrick Brauweiler ist Oberstudienrat für Englisch, Französisch und Praktische Philosophie am Montessori-Gymnasium in Köln. Er versucht schon lange, den digitalen Kulturwandel in die Schule zu bringen und die Schüler*innen zu unterstützen, ihren Lernprozess selbst zu gestalten. Zuvor war er Lehrer am Clara Schumann-Gymnasium in Bonn, eine Schule, die im Bereich des Digitalen eher schlecht ausgestattet war, und hat dort federführend das BYOD (Bring your own device)-Medienkonzept mitentwickelt, bevor er an die neu gegründete Inklusive Universitätsschule Heliosschule in Köln wechselte und dort den didaktischen Einsatz der 1-1 iPad-Ausstattung mitentwickelt und während der Corona-Schulschließungen besonders im Fremdsprachenbereich wirksame Distanzlerneinheiten entwickelt hat. Ein besonderer Fokus seiner momentanen Arbeit ist, die Kommunikation und die Kreativität mit digitalen Medien in kollaborativen Projektarbeiten seiner Schüler*innen zu stärken. Er ist neben seiner schulischen Tätigkeit auch als Autor und Referent im Bereich der digitaler Bildung besonders im Fremdsprachenbereich tätig.

Kontakt: twitter.com/MrBrauweiler; LinkedIn: Patrick Brauweiler

Dr. Judith Bündgens-Kosten ist wissenenschaftliche Mitarbeiterin an der Goethe-Universität Frankfurt am Main, wo Sie zu den Themen „Multilingual Computer-assisted Language Learning" und „Inclusive education in the EFL classroom" forscht.

Kontakt: twitter.com/JudithBK; buendgens-kosten@em.uni-frankfurt.de

Dr. Tanja Freudenau ist abgeordnete Lehrerin an der Universität Bielefeld in der Fakultät für Linguistik und Literaturwissenschaft/Germanistik. Sie promovierte an der Universität Bielefeld in der Fachdidaktik Englisch zum Thema „Wortschatzarbeit im Englischunterricht der Grundschule". Als Grundschullehrerin war sie viele Jahre in der Unterrichtspraxis im Kreis Herford und in Bielefeld tätig sowie als Fachleiterin für das Fach Englisch am Zentrum für schulpraktische Lehrerausbildung in Minden. Mehrere Jahre war sie Co-Leitung und Moderatorin für das Fach Englisch im Kompetenzteam Bielefeld. Sie war Mitglied der Kommission „Englisch Grundschule" in der Qualitäts- und Unterstützungsagentur – Landesinstitut für Schule NRW. Das Lehramtsstudium Primarstufe absolvierte sie an der Universität Bielefeld und darüber hinaus das Studium Motologie an der Philipps-Universität Marburg. Ihre Arbeitsschwerpunkte liegen in der Fachdidaktik Deutsch und Englisch für die Grundschule, in der Thematik des Übergangs und in Lehr-Lernprozessen mit digitalen Medien.

Kontakt: tanja.freudenau@uni-bielefeld.de

Dr. Andreas Hübner ist Lehrkraft für besondere Aufgaben am Institute of English Studies der Leuphana-Universität Lüneburg. Er hat an der Justus-Liebig-Universität Gießen promoviert. Seine Forschungsschwerpunkte umfassen die Global- und Kulturgeschichte sowie die Geschichts- und Fremdsprachendidaktik. 2016 war er Dianne Woest Fellow der Historic New Orleans Collection, 2018 Joseph Horner Memorial Library Fellowship der German Society of Pennsylvania und des Deutschen Historischen Instituts, Washington, DC. 2020 hatte er eine Gastdozentur für „World History and Contemporary History" an der Università di Macerata inne. In Co-Autorschaft mit Mieke Roscher erschien zuletzt u. a. der Beitrag „Pandadiplomatie im Klassenraum: Mensch-Tier-Beziehungen als geschichtsdidaktische Aufgabe" in der Zeitschrift für Geschichtsdidaktik (2019).
Kontakt: twitter.com/his_huebner

Dr. Lotta König ist seit dem Wintersemester 2019/2020 Professorin für die Didaktik englischsprachiger Literaturen und Kulturen in Bielefeld. Zuvor war sie als Englisch- und Französischlehrerin tätig und hat zum Thema „Gender-Reflexion mit Literatur im Fremdsprachenunterricht" (Metzler 2018) promoviert. Ihre Forschungsschwerpunkte liegen im Bereich des kritischen kulturellen Lernens, dem Fremdsprachenerwerb an außerschulischen Lernorten, in Konzepten von Sprachmittlung und diversitätssensibler Literaturdidaktik.
Kontakt: lotta.koenig@uni-bielefeld.de

Dr. Margitta Kuty ist seit über 25 Jahren in der Lehrer*innenaus- und fortbildung tätig. Sie leitet den Fachbereich Fachdidaktik Englisch am Institut für Anglistik/Amerikanistik der Universität Greifswald. Zu ihren Schwerpunkten gehören neben Fragestellungen zur sinnvollen Einbindung digitaler Lehr- und Lernformate vor allem Aspekte des gemeinsamen inklusiven Englischunterrichts, des bilinguales Lehrens und Lernens oder des Theorie-Praxis-transfers in der universitären Lehrer*innenausbildung. Sie ist Mitherausgeberin der Fachzeitschrift Englisch 5–10 und Mitglied der Klett Akademie.
Kontakt: kuty@uni-greifswald.de

Carina Leonhardt arbeitet seit 2017 als wissenschaftliche Mitarbeiterin am Institut für England- und Amerikastudien an der Goethe-Universität in Frankfurt am Main. Sie promoviert bei Frau Prof. Dr. Viebrock zum Thema „Professionalisierung und Mehrsprachigkeit" und ist Mitarbeiterin in den beiden vom BMBF geförderten Projekten „The Next Level" und „Digi_Gap" im Rahmen der zweiten Förderphase der Qualitätsoffensive Lehrerbildung. Darüber hinaus arbeitet sie in den Erasmus+ Projekten „FanTALES" und „ENROPE". Sie studierte die Fächer Englisch und Geschichte für das Lehramt

an Gymnasien und absolvierte 2017 ihr erstes Staatsexamen. 2016 erhielt sie den Calliopean-Preis für die beste fachdidaktische Abschlussarbeit am Institut für England- und Amerikastudien.
Kontakt: twitter.com/Carinasalesman; c.leonhardt@em.uni-frankfurt.de

Jan-Erik Leonhardt ist wissenschaftlicher Mitarbeiter am Institut für England- und Amerikastudien der Goethe-Universität Frankfurt am Main und Lehrer für die Fächer Englisch und Deutsch. Er promoviert zum Thema *„Film Literacy* im Englischunterricht: Die Entwicklung und Erprobung einer Testreihe für die Sekundarstufe I".
Kontakt: leonhardt@em.uni-frankfurt.de

Dr. Viviane Lohe ist seit September 2020 Akademische Rätin an der Universität Erfurt. Dort forscht sie zum Thema „Mehrsprachigkeit" sowie zu „Gender im Fremdsprachenunterricht". Ihre Dissertation mit dem Titel „Die Entwicklung von Language Awareness bei Grundschulkindern durch mehrsprachige digitale Bilderbücher – Eine quasi-experimentelle Untersuchung zum Einsatz von MuViT in mehrsprachigen Lernumgebungen" ist 2018 erschienen. Ihre Forschungs- und Arbeitsschwerpunkte sind Mehrsprachigkeit im Englischunterricht, Language Awareness, Frühes Fremdsprachenlernen, Bildungsstandards und kompetenzorientierter Unterricht, Genderbewusstheit im Englischunterricht, Filme und Serien im Englischunterricht sowie Triangulation in der Fremdsprachenforschung.
Kontakt: viviane.lohe@uni-erfurt.de

Dr. Christian Ludwig ist seit 2020 Gastprofessor für die Didaktik des Englischen an der Freien Universität Berlin. Seine Lehr- und Forschungsschwerpunkte umfassen die Literatur- und Mediendidaktik sowie die Förderung differenz- und autonomiesensibler Lernumgebungen. Seit seiner Promotion 2015 hat er Gastprofessuren u. a. in Japan, Belgien und Südafrika wahrgenommen.
Kontakt: christian.ludwig@fu-berlin.de

Stefanie May arbeitet seit 2013 an der Georg-Forster-Gesamtschule Wörrstadt und unterrichtet dort die Fächer Biologie und Englisch. Das Lehramtsstudium absolvierte sie an der Johannes Gutenberg-Universität Mainz und schloss es 2011 mit dem ersten Staatsexamen ab. Ihr Referendariat erfolgte anschließend am Heinrich-Böll-Gymnasium in Ludwigshafen. Neben dem zweiten Staatsexamen erlangte sie hier außerdem die Befähigung, Biologie bilingual unterrichten zu dürfen. Sie ist Mitarbeiterin in dem Erasmus+ Projekt „FanTALES".
Kontakt: may@gfg-woerrstadt.de

Dr. Peter Schildhauer ist Akademischer Rat im Bereich Fachdidaktik Englisch an der Universität Bielefeld. Dort arbeitet er u. a. zu den Themen *Corpora in ELT*, *Global Englishes* und *Interaction in Inclusive English Teaching*. Kontakt: twitter.com/PetSchildhauer; peter.schildhauer@uni-bielefeld.de

Dr. Patricia Skorge ist in Südafrika aufgewachsen und unterrichtet Englisch als Fremdsprache seit fast 40 Jahren. Seit Anfang der 2000er Jahren ist sie an der Universität Bielefeld im Fach British and American Studies in den Bereichen TEFL und Sprachpraxis tätig. Pat Skorge hat – gegen damaligen Widerstand – auch 2004 Seminare zum kreativen Schreiben im Fach eingeführt. Seitdem unterrichtet sie jedes Semester Creative Writing. Die Seminare machen allen Beteiligten ungeheuer viel Spaß und entrüsten solche Menschen, die meinen, Universitätsveranstaltungen sollen trocken und todernst sein. Kontakt: patricia.skorge@uni-bielefeld.de

Mark Turpin arbeitet seit 2017 an der Georg-Forster-Gesamtschule Wörrstadt und unterrichtet die Fächer Englisch und Gesellschaftslehre. Er studierte Englisch und Geschichte auf Lehramt an der Johannes Gutenberg-Universität Mainz und legte 2014 sein erstes Staatsexamen ab. Er absolvierte sein Referendariat am Albertus-Magnus-Gymnasium in Bensberg, an welchem er 2016 sein zweites Staatsexamen sowie die Befähigung, Geschichte bilingual zu unterrichten, erwarb. Er ist Mitarbeiter im Erasmus+ Projekt „FanTALES". Kontakt: Turpin@gfg-woerrstadt.de; twitter.com/@_mturpin_

Dr. Johanna Uhl-Martin ist als Lehrerin am Gymnasium für die Tablet-Klassen verantwortlich und entwickelt sowie (er)lebt Mobiles Lernen seit vielen Jahren täglich in ihrem Englisch- und Deutschunterricht. Im Rahmen ihrer Promotion am Lehrstuhl der English Didactics der KU Eichstätt hat sie sich intensiv mit Mobile Language Learning beschäftigt; dabei standen v. a. informelle Sprachlernbegegnungen mit dem Englischen bei der Mediennutzung von Jugendlichen im Fokus, die sowohl beim intentionalen Lernen stattfinden, als auch implizit bzw. inzidentell bei freizeitbezogenen Aktivitäten, wie dem Ansehen von Videos auf Plattformen wie YouTube und Netflix, dem Gaming oder im Bereich Social Media. Ihre Erfahrung bzw. Expertise gibt sie in der Lehreraus- und -fortbildung weiter, sowohl in praxisorientierten Hochschulseminaren, als auch in Lehrerfortbildungen. Kontakt: twitter.com/uhl_edu; uhl-edu.de

Dr. Britta Viebrock ist Professorin für Didaktik der englischen Sprache und Literatur an der Goethe-Universität Frankfurt am Main. Ihre Forschungsinteressen umfassen *Content and Language Integrated Learning* (CLIL), *Digital*

and Multimodal Literacies, Film im Englischunterricht, Lehrerprofessionalisierung, qualitative Forschungsmethoden sowie Forschungsethik.
Kontakt: viebrock@em.uni-frankfurt.de

Carolin Zehne ist Lehrkraft für besondere Aufgaben in der Englischdidaktik der Universität Bielefeld. In ihrer noch laufenden Promotion untersucht sie, welche Konzepte von „Englisch" Schüler*innen, Lehrkräfte und relevante Kernlehrpläne aufweisen. Ihre Forschungsinteressen umfassen Englisch als Lingua Franca und dessen potenzielle Auswirkungen auf den Englischunterricht, Sprachideologien und -einstellungen, Inklusion im Englischunterricht, sowie das Potenzial digitaler Medien für den (inklusiven) Englischunterricht.
Kontakt: carolin.zehne@uni-bielefeld.de